Weiterführend empfehlen wir:

**Personalaktenrecht im öffent-
lichen und kirchlichen Dienst**
ISBN 978-3-8029-1571-0

**Betriebliches Eingliederungs-
management**
ISBN 978-3-8029-1569-7

**Das Stelleninterview
zur Eingruppierung**
ISBN 978-3-8029-1578-9

**Stellenbeschreibung
für den öffentlichen und
kirchlichen Dienst**
ISBN 978-3-8029-1580-2

**Das gesamte
Eingruppierungsrecht**
ISBN 978-3-8029-7999-6

Weitere Titel unter: www.WALHALLA.de

Wir freuen uns über Ihr Interesse an diesem Buch. Gerne stellen wir Ihnen zusätzliche Informationen zu diesem Programmsegment zur Verfügung.

Bitte sprechen Sie uns an:

E-Mail: WALHALLA@WALHALLA.de
http://www.WALHALLA.de

Walhalla Fachverlag · Haus an der Eisernen Brücke · 93042 Regensburg
Telefon (09 41) 56 84-0 · Telefax (09 41) 56 84-111

Korrekt eingruppieren

Das Tarifrecht der Versorgungswirtschaft ist in Bewegung; Fragen nach der tarifkonformen Eingruppierung werden immer wichtiger, denn neue Mitarbeiter müssen gewonnen und gehalten werden, zugleich steigt der Kostendruck. Auch Versorgungsunternehmen müssen sich zunehmend für Personalkosten rechtfertigen.

Vor diesem Hintergrund ist der TV-V das erste „moderne" Tarifwerk des öffentlichen Dienstes. Die Regelung der Arbeitsverhältnisse sollte gestrafft und vereinfacht werden. Ein wesentlicher Bestandteil sind die Regelungen zur Eingruppierung der Arbeitnehmer (§ 5 Abs. 1 und Anlage 1 zum TV-V).

Trotz vieler praktischer Anwendungsprobleme existiert weiterhin wenig Rechtsprechung. Auch die Literatur hat die Eingruppierungsregelungen des TV-V kaum thematisiert.

Auf den ersten Blick spricht dies wohl dafür, dass nicht nur die gewünschte Straffung, sondern auch die Vereinfachung erfolgreich war. Doch unsere Beratungspraxis sieht anders aus. Die Anfragen zur tarifrechtlich abgesicherten Eingruppierung nehmen stetig zu. Die geschlossenen Regelungen sind zwar knapp gehalten, werfen aber viele Auslegungsfragen auf.

Zudem wird die mit der Umsetzung des neuen Energiewirtschaftsgesetzes 2005 verbundene Offenlegung und staatliche Kontrolle der Netznutzungsentgelte weiterhin zu erhöhtem Kostendruck führen. Die Versorgungsbranche ist damit in Zukunft stärker als bisher auch zur tarifgerechten Anwendung der Eingruppierungsbestimmungen des TV-V gezwungen.

Wir freuen uns über die vielen Rückmeldungen der Praktiker, die wir erhalten haben. Mit unserer dritten Auflage möchten wir Arbeitgebern, Betriebs- und Personalräten sowie Arbeitnehmern eine aktualisierte, praktische und juristisch fundierte Anwendungshilfe bieten.

Den Leserinnen und Lesern dieses Buches wollen wir eine schnelle und zuverlässige Hilfe an die Hand geben. Ausschließlich im Interesse der Lesefreundlichkeit verwenden wir die männliche Sprachform.

Fulda

Annett Gamisch   *Thomas Mohr*

Abkürzungen

a. A.	anderer Ansicht
a. a. O.	am angegebenen Ort
Abs.	Absatz
AEVO	Ausbilder-Eignungsverordnung
Anm.	Anmerkung
AP	Hueck, Nipperdey, Dietz, Arbeitsrechtliche Praxis, Nachschlagewerk des Bundesarbeitsgerichts
ArbG	Arbeitsgericht
ArbSchG	Arbeitsschutzgesetz
ArbuR	Arbeit und Recht (Zeitschrift)
AuA	Arbeit und Arbeitsrecht (Zeitschrift)
AVBEltV	Allgemeine Bedingungen für die Elektrizitätsversorgung von Tarifkunden
BAG	Bundesarbeitsgericht
BAT/-O	Bundes-Angestelltentarifvertrag/-Ost
BBiG	Berufsbildungsgesetz
BDSG	Bundesdatenschutzgesetz
BetrVG	Betriebsverfassungsgesetz
BGB	Bürgerliches Gesetzbuch
BGBl.	Bundesgesetzblatt
BMT-G II/-O	Bundesmanteltarifvertrag für Arbeiter gemeindlicher Verwaltungen und Betriebe/-Ost
BPersVG	Bundespersonalvertretungsgesetz
BTOElt	Bundestarifordnung Elektrizität
bzgl.	bezüglich
bzw.	beziehungsweise
ca.	circa
DIN	Deutsches Institut für Normung e. V.
DV	Datenverarbeitung
EDV	elektronische Datenverarbeitung
EG	Entgeltgruppe
EnWG	Energiewirtschaftsgesetz

Richter · Gamisch · Mohr

Eingruppierung

Tarifvertrag

Versorgung

Den TV-V korrekt umsetzen

3., aktualisierte Auflage

Bibliografische Information der Deutschen Nationalbibliothek
Die Deutsche Nationalbibliothek verzeichnet diese Publikation in der
Deutschen Nationalbibliografie; detaillierte bibliografische Daten sind im Internet
über http://dnb.dnb.de abrufbar.

Zitiervorschlag:
Achim Richter, Annett Gamisch, Thomas Mohr, Eingruppierung Tarifvertrag Versorgung
Walhalla Fachverlag, Regensburg 2015

Hinweis: Unsere Werke sind stets bemüht, Sie nach bestem Wissen zu informieren.
Die vorliegende Ausgabe beruht auf dem Stand von August 2015. Verbindliche Auskünfte
holen Sie gegebenenfalls beim Rechtsanwalt ein.

3., aktualisierte Auflage

© Walhalla u. Praetoria Verlag GmbH & Co. KG, Regensburg

Produktion: Walhalla Fachverlag, 93042 Regensburg
Umschlaggestaltung: grubergrafik, Augsburg
Druck und Bindung: Westermann Druck Zwickau GmbH
Printed in Germany
ISBN 978-3-8029-1579-6

SBL-KDM-0815-7676-POD

Schnellübersicht

f., ff.	folgende
FG	Fallgruppe
FH	Fachhochschule
GewO	Gewerbeordnung
ggf.	gegebenenfalls
ggü.	gegenüber
gwf	Das Gas- und Wasserfach – gwf Wasser/Abwasser (Zeitschrift)
HGB	Handelsgesetzbuch
HGTAV	Gehaltstarifvertrag für Angestellte in Versorgungs- und Verkehrsbetrieben im Lande Hessen
HOAI	Honorarordnung für Architekten und Ingenieure
HRG	Hochschulrahmengesetz
HwO	Handwerksordnung
i. d. F.	in der Fassung
i. d. R.	in der Regel
IHK	Industrie- und Handelskammer
IT/it	Informationstechnologie
i. V. m.	in Verbindung mit
Kfz	Kraftfahrzeug
KSchG	Kündigungsschutzgesetz
kV	Kilovolt
LAG	Landesarbeitsgericht
LAGE	Entscheidungen der Landesarbeitsgerichte
LG	Lohngruppe
LPVG NW	Landespersonalvertretungsgesetz Nordrhein-Westfalen
Ls	Leitsatz
MTArb/-O	Manteltarifvertrag für Arbeiterinnen und Arbeiter des Bundes und der Länder/-Ost
MuSchG	Mutterschutzgesetz
MW	Megawatt
m. w. N.	mit weiteren Nachweisen
NachwG	Nachweisgesetz
Nr./Nrn.	Nummer/n
NRW	Nordrhein-Westfalen

Abkürzungen

NZA	Neue Zeitschrift für Arbeitsrecht (Zeitschrift)
o. Ä.	oder Ähnliches
OVG	Oberverwaltungsgericht
Rn.	Randnummer
RiA	Recht im Amt (Zeitschrift)
rkr.	rechtskräftig
S.	Seite
SGB IX	Sozialgesetzbuch Neuntes Buch
sog.	sogenannt
StVG	Straßenverkehrsgesetz
t	Tonne
TOA	Tarifordnung A für Angestellte
TV AL II	Tarifvertrag für die Arbeitnehmer bei den Stationierungs-streitkräften im Gebiet der Bundesrepublik Deutschland
TV-L	Tarifvertrag für den öffentlichen Dienst der Länder
TVöD	Tarifvertrag für den öffentlichen Dienst
TV-V	Tarifvertrag für Versorgungsbetriebe
Unterabs.	Unterabsatz
u. E.	unseres Erachtens
u. U.	unter Umständen
VDE	Verband der Elektrotechnik, Elektronik und Informations-technik e. V.
VergO	Vergütungsordnung
VG	Vergütungsgruppe
VGH	Verwaltungsgericht
vgl.	vergleiche
VOB/-A/-B	Verdingungsordnung für Bauleistungen, Teil A und B
z. B.	zum Beispiel
ZBR	Zeitschrift für Beamtenrecht (Zeitschrift)
zit.	zitiert
ZPO	Zivilprozessordnung
z. T.	zum Teil
ZTR	Zeitschrift für Tarifrecht (Zeitschrift)

Der Tarifvertrag für die Versorgungsbranche

1

1. Entstehung

Das Ziel der Entwicklung eigener tariflicher Regelungen für die Versorgungsbranche war zum einen, mehr Wettbewerbsfähigkeit mit den privatwirtschaftlichen Unternehmen zu erreichen, zum anderen die unterschiedlichen Regelungen für Arbeiter und Angestellte in ein gemeinsames Tarifwerk zusammenzuführen. Die Öffnung des Strommarkts im Jahr 1998 und die damit einhergehende Wettbewerbssituation brachten den erforderlichen Schwung, um die seit 1990 (mit Unterbrechungen) laufenden Tarifverhandlungen zum Abschluss zu führen.

Die Modernisierung des Tarifrechts für Versorgungsbetriebe sollte dafür sorgen, dass die mit der Liberalisierung des Energiemarkts verbundenen Ziele besser umgesetzt werden können:

- Produktivitätssteigerung (Kostenreduktion)
- Optimierung des Faktors Zeit
- Qualitätsverbesserung
- Produktentwicklung
- stärkere Kundenorientierung

(vgl. Herzberg/Schlusen, Kapitel B, Rn. 1 ff.)

2. Einführung

Die Einführung des TV-V ist in §§ 22 bzw. 22a TV-V geregelt. Da die Arbeitnehmer das Tarifwerk wechseln, sprechen die Tarifvertragsparteien entsprechend von Überleitung. Im Wesentlichen regelt die Überleitung:

§ 22 TV-V		
Abs.	**Satz**	**Regelungsinhalt**
1	1	Stichtag der Überleitung
	2	Zuordnung der alten Vergütungsgruppen und Lohngruppen zu den neuen Entgeltgruppen
	3	Stufenzuordnung
	4, 5	Grundlagen der Überleitung für Angestellte und Arbeiter
	6	Umfang der Berücksichtigung von Funktionszulagen
	7	Bildung des Vergleichsentgelts als sogenanntes erhöhtes Entgelt

§ 22 TV-V

Abs.	Satz	Regelungsinhalt
	8	Betragsmäßige Zuordnung (individuelle Zwischenstufe) innerhalb der übergeleiteten Entgeltgruppe
	9	Sogenannte „Überläuferfälle", deren betragsmäßige Zuordnung (individuelle Zwischenstufe) aufgrund der Höhe des Betrags nicht mehr innerhalb der übergeleiteten Entgeltgruppe möglich ist
2		„Verrechnung" ausstehender Bewährungs-, Zeit- oder Tätigkeitsaufstiege bzw. Vergütungsgruppenzulagen
	1	Unter 2 Jahren
	2	Mehr als 2 Jahre
4		Überleitung der Zulage für Vorarbeiter, Vorhandwerker und Fachvorarbeiter

Hinzu kommen diese Besitzstandsregelungen:

§ 22 TV-V

Abs.	Regelungsinhalt
3	Kinderbezogene Entgeltbestandteile
5	Vertretungszuschlag nach BMT-G/-O
6	Weitergeltung der landesbezirklichen Regelungen zu Leistungszuschlägen nach § 20 BMT-G für Baden-Württemberg, Nordrhein-Westfalen und das Saarland
7	Weitergeltung bzw. Anerkennung des Unkündbaren-Status
8	Zahlungen wegen Leistungsminderung gemäß §§ 28, 28a BMT-G
9	Erschwerniszuschläge
10	a) Entgelte für Bereitschaftsdienste b) Arbeitsbefreiung aus persönlichen Gründen c) Jubiläumsgeld
11	Anerkennung von Beschäftigungszeiten als Betriebszugehörigkeit für Jubiläumsgeld und Kündigungsfristen
12	Besondere Regelungen für den Geltungsbereich des HGTAV
13	Besondere Regelungen zur Rufbereitschaft für den Bereich des KAV Niedersachsen

§ 22 TV-V regelt die Überleitung aus den alten Tarifverträgen des öffentlichen Dienstes (BAT(-O); BTM-G(-O)), § 22a TV-V hingegen die Überleitung vom TVöD in den TV-V:

§ 22a TV-V

Abs.	Satz	Regelungsinhalt
1	1	Stichtag der Überleitung
	2	Zuordnung der Entgeltgruppen des TVöD zu den Entgeltgruppen des TV-V
	3	Stufenzuordnung
	4, 5	Bildung des Vergleichsentgelts als sogenanntes erhöhtes Entgelt
	6	Betragsmäßige Zuordnung (individuelle Zwischenstufe) innerhalb der übergeleiteten Entgeltgruppe
	7	Sogenannte „Überläuferfälle", deren betragsmäßige Zuordnung (individuelle Zwischenstufe) aufgrund der Höhe des Betrags nicht mehr innerhalb der übergeleiteten Entgeltgruppe möglich ist
2		„Verrechnung" ausstehender Bewährungs-, Zeit- oder Tätigkeitsaufstiege bzw. Vergütungsgruppenzulagen gemäß § 8 Abs. 3 TVÜ-VKA
4		Überleitung der Zulage für Vorarbeiter, Vorhandwerker und Fachvorarbeiter

Hinzu kommen diese Besitzstandsregelungen:

§ 22a TV-V

Abs.	Regelungsinhalt
3	Kinderbezogene Entgeltbestandteile
5	Vertretungszuschlag nach § 14 TVöD i. V. m. § 5 Abs. 3 TV-V (Differenzzahlung)
6	Weitergeltung der landesbezirklichen Regelungen zu Leistungsentgelten nach § 20 BMT-G für Baden-Württemberg, Nordrhein-Westfalen und das Saarland
7	Weitergeltung bzw. Anerkennung des Unkündbaren-Status
8	Zahlungen wegen Leistungsminderung gemäß §§ 28, 28a BMT-G i. V. m. TVÜ-VKA

§ 22a TV-V	
Abs.	**Regelungsinhalt**
9	Erschwerniszuschläge
10	a) Entgelte für Bereitschaftsdienste
	b) Arbeitsbefreiung aus persönlichen Gründen
	c) Jubiläumsgeld
11	Anerkennung von Beschäftigungszeiten als Betriebszugehörigkeit für Jubiläumsgeld und Kündigungsfristen
12	Besondere Regelungen für den Geltungsbereich des HGTAV
13	Arbeitnehmer in Altersteilzeit

1

3. Status quo

Seit Inkrafttreten des Tarifvertrags sind – soweit ersichtlich – nur vereinzelt Urteile zur Eingruppierung nach dem TV-V ergangen. Aufgrund der in der Praxis regelmäßig über der Tarifnorm liegenden Bezahlung sind diese vorerst auch nicht zu erwarten. Bei der Auslegung kommt es somit darauf an, welche Urteile zur Vorläuferregelung des BAT noch Anwendung finden können und welche BAT-Urteile gut geeignet sind, da sie mit den Strukturen bzw. den Tätigkeiten eines Versorgungsbetriebs vergleichbar sind bzw. zumindest gleiche Problemstellungen aufwerfen. Wir haben im Folgenden deshalb alle Urteile nicht nur nach Aktualität, sondern auch nach Übertragbarkeit auf die Situation in Versorgungsbetrieben ausgewählt.

4. Ausblick

Durch die geänderten Rahmenbedingungen in der Versorgungswirtschaft werden Personalkosten eine stärkere Rolle spielen als bisher (vgl. Richter/Gamisch, gwf 2011, S. 606 f.). Das Wissen um die tarifgerechte Eingruppierung erlangt wegen des Energiewirtschaftsgesetzes von 2005 eine neue Bedeutung, sei es als Vergütungs- oder Verhandlungsgrundlage.

Die Grundlagen der Eingruppierung gemäß § 5 TV-V

2

1. Regelmäßig auszuübende Tätigkeit

§ 5 Abs. 1 TV-V Eingruppierung

(1) Der Arbeitnehmer ist entsprechend seiner ... **regelmäßig auszuübenden** Tätigkeit in einer Entgeltgruppe ... eingruppiert. ...

(Hervorhebung durch die Verfasser)

Das Arbeitsentgelt bemisst sich nach der jeweiligen Entgeltgruppe. Für deren Bestimmung kommt es auf die *regelmäßig* auszuübende Tätigkeit an. Eine Tätigkeit ist im Sinne des allgemeinen Sprachgebrauchs regelmäßig, wenn sie nach einer bestimmten Ordnung, in gleichmäßigen Abständen und in ihrer gleichmäßigen Aufeinanderfolge wiederkehrt. Der Rhythmus der Wiederholung ist nicht maßgeblich. Schwankungen und Ausnahmen vom Ablauf sind möglich. Entscheidend ist die Gleichförmigkeit über eine bestimmte Zeit und damit eine gewisse Stetigkeit und Dauer (vgl. BAG 05.11.1992, AP Nr. 1 zu § 2 MTB II SR 2a).

> **Praxis-Tipp:**
>
> Es müssen auch Aufgaben und Zeiten von Bereitschaftsdienst und Rufbereitschaft erfasst werden (vgl. BAG 29.11.2001, 4 AZR 736/00, NZA 2002, S. 1288 = AP Nr. 288 zu §§ 22, 23 BAT 1975).

Anknüpfend an den BAT wird auf die auszuübende Tätigkeit abgestellt. Auszuübende Tätigkeit ist die vom Arbeitgeber übertragene Tätigkeit.

Wichtig: Nicht die „ausgeübte" Tätigkeit!

Die auszuübende Tätigkeit ergibt sich regelmäßig aus dem Arbeitsvertrag. Für die Eingruppierung sind somit allein die Tätigkeiten maßgeblich, die der Arbeitgeber auf Basis des Arbeitsvertrags überträgt und im Rahmen seines Direktionsrechts weiter konkretisiert (vgl. BAG 26.03.1997, AP Nr. 223 zu §§ 22, 23 BAT 1975).

Damit stellt sich die Frage, wer diese Arbeitgeberfunktion inne hat. Das ist in der Regel die Personalabteilung als ausführendes Organ des Arbeitgebers. Überträgt hingegen ein dazu nicht befugter (Fach-)Vorgesetzter einem Beschäftigten höherwertigere Tätigkeiten, stellen diese keine auszuübenden Tätigkeiten dar. Folglich hat der Beschäftigte auch keinen tariflichen Anspruch auf das entsprechend höhere Entgelt. Dieser entsteht erst, wenn die Tätigkeiten

2

direkt durch das sachlich zuständige Organ des Betriebs/der Dienststelle übertragen oder zumindest stillschweigend geduldet wurden (vgl. zur vergleichbaren Rechtslage im BAT: BAG 26.03.1997, AP Nr. 223; BAG 05.05.1999, AP Nr. 268 beide zu §§ 22, 23 BAT 1975). In bestimmten Fällen ist dem Mitarbeiter indes Vertrauensschutz zuzubilligen.

Beispiel:

Überschreitet der Leiter einer Beschäftigungsstelle seinen Zuständigkeitsrahmen, indem er dem Mitarbeiter einen tariflich höher bewerteten Arbeitsplatz zuweist, kann dem einzelnen Mitarbeiter grundsätzlich nicht zugemutet werden, bei der Beurteilung der Maßnahme klüger zu sein als der ihm vorgesetzte Leiter der Beschäftigungsstelle. Der Mitarbeiter muss sich grundsätzlich darauf verlassen können, dass die Tätigkeit vom Betriebsstättenleiter zugewiesen wurde, die von ihm auszuübende Tätigkeit ist und tarifgerecht vergütet wird. Etwas anderes gilt nur, wenn die Unzuständigkeit des Betriebsstättenleiters für die Zuweisung der Tätigkeit dem Mitarbeiter bekannt und doch offensichtlich ist (vgl. LAG Köln 06.08.2014, 5 Sa 877/13).

Da der Tarifvertrag auf die auszuübende Tätigkeit abstellt, kommt es auf die ausgeübte Tätigkeit nicht an. Für die Eingruppierung ist nur die Tätigkeit maßgeblich, die dem Arbeitnehmer vom Arbeitgeber übertragen worden ist. Die Übertragung erfolgt auf der Grundlage einer Stellenbeschreibung (vgl. Herzberg/Schlusen, Kapitel B, § 5, Rn. 2), ohne die im TV-V nicht sachgerecht eingruppiert werden kann (vgl. Richter/Gamisch, StB, S. 22).

2. Der Grundsatz der Tarifautomatik

Neben diesem Grundsatz ist in § 5 Abs. 1 Satz 1 TV-V der Grundsatz der Tarifautomatik verankert: Der Arbeitnehmer „wird" nicht, vielmehr „ist" er in eine Entgeltgruppe eingruppiert. Es erfolgt demnach kein „Eingruppierungsakt", sondern eine „automatische" Eingruppierung. In diesem Zusammenhang spricht man von einem „Akt der Rechtsanwendung", mit dem die Äußerung einer Rechtsansicht durch den Arbeitgeber verbunden ist (vgl. BAG 27.07.1993, AP Nr. 110 zu § 99 BetrVG 1972).

Nach diesem Modell kann es folglich keine falsche Eingruppierung geben; sie ist stets korrekt. Es ist eine andere Frage, ob der Arbeitgeber das tarifgerechte Ergebnis erkannt hat: Objektive Fehler bei der Eingruppierung können folglich grundsätzlich im Wege einer sogenannten korrigierenden Herabgruppierung beseitigt werden (vgl. Richter/Gamisch, gEG, IV.B.13.3 m. w. N.).

Dementsprechend sind folgende Aspekte ohne Bedeutung für die Eingruppierung:

■ Stellenplan

■ Geschäftsverteilungspläne

■ Stellenanzeigen und Ausschreibungstexte

■ Angabe der Eingruppierung/Entgeltgruppe im Arbeitsvertrag

■ Beschlüsse der Unternehmensleitung

■ Bewertungen von Stellenbewertungskommissionen

■ Einarbeitungszeit (Ausnahme: Entgeltgruppe 3, Entgeltgruppe 12 Fallgruppe 12.1 TV-V)

■ Eingruppierung vergleichbarer (ausgeschiedener) Arbeitnehmer

■ Eingruppierung durch andere Arbeitgeber

■ Eingruppierungsrichtlinien einer Tarifvertragspartei

■ Qualität der geleisteten Arbeit der Mitarbeiter

■ Quantität der geleisteten Arbeit der Mitarbeiter

■ Schlüsselqualifikationen (z. B. Kontaktfähigkeit, Phantasie, Eigeninitiative, Verhandlungsgeschick)

(vgl. Richter/Gamisch, StB, S. 101 f.; Richter/Gamisch, gEG, IV.B.4 m. w. N.)

Wichtig: Sofern Unternehmen (intern) Kataloge von Tätigkeitsbeispielen erarbeiten, stellen diese lediglich eine Arbeitshilfe bei der Personalsachbearbeitung dar, die keine unmittelbare Auswirkung auf die Eingruppierung hat (a. A. wohl Herzberg/Schlusen, Kapitel B, § 5, Rn. 1, 80 ff.).

§ 5 TV-V trifft – wie auch der TVöD/BAT bzw. TV-L/BAT – hinsichtlich des Bewertungssystems eine bindende und abschließende Regelung. Es stellt auf die summarische Arbeitsbewertung ab (a. A. wohl Herzberg/Schlusen, Kapitel B, § 5, Rn. 80 f.). Das BAG hat zur vergleichbaren Rechtslage im BAT entschieden, dass eine analytische Stellenbewertung nicht zulässig ist (BAG 15.02.1971, AP Nr. 38 zu §§ 22, 23 BAT, BAG 14.08.1985, AP Nr. 190 zu §§ 22, 23 BAT 1975; zur Unterscheidung summarisches und analytisches Verfahren siehe Richter/Kaufmann, AuA 5/2005, S. 282 f.; Richter/Gamisch, gEG, IV.Kom B. 2 m. w. N.). Das gilt auch für den TV-V, und zwar durchgängig für alle Entgeltgruppen.

Es ist wegen § 5 Abs. 1 TV-V nicht möglich, ab der Entgeltgruppe 12 ergänzend zum summarischen Verfahren eine analytische Stellenbewertung durchzuführen (so aber Herzberg/Schlusen, Kapitel B, § 5, Rn. 81). Die Kombination eines summarischen und analytischen Verfahrens ist grundsätzlich möglich, im TV-V aber gerade nicht vorgesehen. Das von Herzberg/Schlusen vorgeschlagene Verfahren ist tarifwidrig und würde über den TV-V hinaus ein System betrieblicher Lohngestaltung im Sinne des § 87 Abs. 1 Nr. 10 BetrVG einführen, das seinerseits mitbestimmungspflichtig wäre (insoweit ungeklärt Herzberg/Schlusen, Kapitel B, § 5, Rn. 119).

2

3. Begriff der Tätigkeit

§ 5 Abs. 1 TV-V Eingruppierung

(1) Der Arbeitnehmer ist entsprechend seiner ... regelmäßig auszuübenden **Tätigkeit** in einer Entgeltgruppe nach Anlage 1 eingruppiert. ...

(Hervorhebung durch die Verfasser)

Im TV-V werden, anders als im TVöD/BAT bzw. TV-L/BAT, keine Arbeitsvorgänge mehr gebildet. Nach welchen Kriterien die Gliederung der Tätigkeiten erfolgen kann, wird offen gelassen. Tarifrechtliche Grundlage ist alleine der Begriff der *Tätigkeit*, der im Tarifvertragstext nicht definiert wird.

Die Rechtsprechung hat sich – soweit ersichtlich – mit dem Begriff „Tätigkeit" bislang nicht befasst. Im allgemeinen Sprachgebrauch wird unter Tätigkeit das mit etwas „sich beschäftigen" verstanden. Darüber hinaus umschreibt „Tätigkeit" die Gesamtheit derjenigen Verrichtungen, mit denen jemand in Ausübung seines Berufs zu tun hat. Tätigkeit wird somit synonym für Arbeit verwandt. Entsprechend wird der Begriff „Arbeit" gedeutet als „Tätigkeit mit einzelnen Verrichtungen bzw. Ausführen eines Auftrages" (vgl. Duden, S. 174, 1732). Dementsprechend hat das BAG die Tätigkeit mit „typischen Aufgaben" in Zusammenhang gebracht (vgl. BAG 18.11.2004, AP Nr. 88 zu § 1 TVG Tarifverträge Einzelhandel).

Wenn bei einer bestimmten Tätigkeit erhöhte fachliche Anforderungen anfallen, betrifft dies insoweit die gesamte Tätigkeit, da die erhöhte fachliche Qualifikation während der Ausübung dieser Tätigkeit ständig vorgehalten werden muss. Das gilt aber stets nur für die jeweilige Einzeltätigkeit des Arbeitnehmers, sofern sie von anderen Tätigkeiten abtrennbar ist. Übt ein Arbeitnehmer mehrere Tätigkeiten gleichzeitig aus, die in verschiedene Entgeltgruppen fallen, erfolgt die Eingruppierung entsprechend der zeitlich überwiegenden Tätigkeit, das heißt beim TV-V zur Hälfte (Richter/Gamisch, StB, S. 93 f. mit Hinweis auf BAG 18.11.2004, AP Nr. 88 zu § 1 TVG Tarifverträge Einzelhandel).

2

Konkretisiert der Tarifvertrag seine Tätigkeitsmerkmale durch Beispiele, sind alle zu diesem Aufgabenbereich/Beispiel gehörenden Einzeltätigkeiten zu einer Tätigkeit zusammenzufassen (siehe zur vergleichbaren Rechtslage im BAT und zum Arbeitsvorgang: BAG 14.05.1986, AP Nr. 119 zu §§ 22, 23 BAT 1975 m. w. N.).

Fraglich ist, ob sich der Zeitanteil von 50 Prozent auf „eine Tätigkeit" oder „mehrere Tätigkeiten" erstrecken muss. Anders als § 22 Abs. 2 Unterabs. 2 Satz 2 BAT schreibt der TV-V nicht ausdrücklich die sogenannte zusammenfassende Betrachtung vor. Das BAG hat zu einem vergleichbaren Fall im Tarifvertrag Einzelhandel Sachsen ausgeführt:

Übt ein/e Arbeitnehmer/in mehrere Tätigkeiten gleichzeitig aus, die in verschiedene Gehalts- und Lohngruppen fallen, so erfolgt die Eingruppierung entsprechend der zeitlich überwiegenden **(beim TV-V zur Hälfte)** Tätigkeit.

(Hervorgehobene Ergänzung durch die Verfasser)

Der Wortlaut des TV-V lässt Zweifel aufkommen, weil einerseits in § 5 Abs. 1 TV-V von der „Tätigkeit" und andererseits in Anlage 1 Vorbemerkung Nr. 1 TV-V von „Tätigkeiten" gesprochen wird. Das BAG hat in einem vergleichbaren Fall zum MTArb entschieden:

BAG vom 15.02.2006

Anders als der Bundes-Angestelltentarifvertrag (BAT) für die Eingruppierung stellt der TV Lohngruppen-O-TdL für die Einreihung des Arbeiters nicht auf Arbeitsvorgänge ab. Dies steht der Zusammenfassung von Einzeltätigkeiten zu einer einheitlich zu bewertenden Gesamttätigkeit oder mehreren jeweils eine Einheit bildenden Teiltätigkeiten für deren jeweils einheitliche

Bewertung nicht entgegen. Dafür gelten vergleichbare Kriterien wie bei der Bestimmung des Arbeitsvorgangs, lediglich die anzuwendenden Maßstäbe sind weniger streng.

(BAG 15.02.2006, AP Nr. 3 zu §§ 22, 23 BAT Rückgruppierung m. w. N.; BAG 27.08.2008, AP Nr. 210 zu § 1 TVG)

Folglich fehlt im TV-V, wie im BMT-G II und MTArb, die Möglichkeit der zusammenfassenden Betrachtung. Gleichwohl existiert ein vergleichbares Instrument, das schon der BAT in seiner bis 1975 geltenden Fassung vorsah: die einheitlich zu bewertende Gesamttätigkeit. **2**

Die zusammenfassende Betrachtung

§ 22 Abs. 2 Unterabs. 2 Satz 2 BAT-VKA

Kann die Erfüllung einer Anforderung in der Regel erst bei der Betrachtung mehrerer Arbeitsvorgänge festgestellt werden (z. B. vielseitige Fachkenntnisse), sind diese Arbeitsvorgänge für die Feststellung, ob diese Anforderung erfüllt ist, insoweit zusammen zu beurteilen.

Diese Regel findet sich auch in § 12 TV-L und TVöD-Bund. Als ergänzende Form der Bewertung sichert sie einem Arbeitnehmer, der nebeneinander Aufgaben unterschiedlicher Art auszuüben hat und dafür jeweils andersartige Kenntnisse und Erfahrungen einsetzen muss, eine höhere Eingruppierungsmöglichkeit.

Der entsprechende Bewertungsvorgang erfolgt in zwei Schritten:

1. Bildung von Arbeitsvorgängen

Beispiel:

vier Aufgaben unterschiedlicher Art (anderer Arbeitsweg sowie unterschiedliche, voneinander abgrenzbare Arbeitsergebnisse)

Folge: vier Arbeitsvorgänge

Bewertungsergebnis der einzelnen Arbeitsvorgänge: Jeder Arbeitsvorgang erfüllt für sich die Anforderungen des Tätigkeitsmerkmals „gründliche und vielseitige Fachkenntnisse".

2. Zusammenfassende Betrachtung der Aufgaben und Kenntnisse und erneute Prüfung der Erfüllung der nächsthöheren Tätigkeitsmerkmale (soweit für die zusammenfassende Betrachtung zugelassen!)

> **Fortführung des obigen Beispiels:**
>
> erneute Prüfung der vier Arbeitsvorgänge, ob ggf. das auf den „gründlichen und vielseitigen Fachkenntnissen" aufbauende Tarifmerkmal der „gründlichen, umfassenden Fachkenntnisse" erfüllt ist

Diese zusammenfassende Betrachtung wurde durch die Rechtsprechung bei folgenden Tätigkeitsmerkmalen zugelassen:

- gründliche Fachkenntnisse

- gründliche und vielseitige Fachkenntnisse

- gründliche, umfassende Fachkenntnisse

- Maß der Verantwortung

- abgeschlossene wissenschaftliche Hochschulbildung

(vgl. Hofmann/Reidelbach, Z 200)

Für den TV-V wird dieses Verfahren ausdrücklich untersagt:

§ 5 Abs. 1 Satz 3 TV-V

Erreicht keine der vom Arbeitnehmer auszuübenden Tätigkeiten das in Satz 1 oder 2 geforderte Maß, werden höherwertige Tätigkeiten zu der jeweils nächstniedrigeren Tätigkeit hinzugerechnet.

Dieses Verbot schließt aber nicht aus, dass es sich bei den übertragenen auszuübenden Tätigkeiten um eine einheitlich zu bewertende Gesamttätigkeit handelt (vgl. z. B. BAG 15.02.2006, AP Nr. 3 zu §§ 22, 23 BAT Rückgruppierung m. w. N.; BAG 27.08.2008, AP Nr. 210 zu § 1 TVG).

Einheitlich zu bewertende Gesamttätigkeit

Eine einheitlich zu bewertende Gesamttätigkeit liegt vor, wenn alle dem Arbeitnehmer übertragenen Aufgaben einem bestimmten Tätigkeitsmerkmal der Entgeltordnung zugeordnet werden können. Eine Aufspaltung der übertragenen Aufgaben in mehrere jeweils getrennt zu bewertende Tätigkeiten im Sinne des TV-V ist dann nicht mehr erforderlich.

Wichtig: Innerhalb der zu bewertenden Tätigkeit (Gesamt- oder Teiltätigkeit) ist nicht mehr zu prüfen, ob die zu erfüllenden Anforderungen zeitlich überwiegen (*im TV-V die Hälfte – Anm. der Verfasser*; BAG 23.08.2006, AP Nr. 12 zu § 51 TV AL II).

Für die Anwendung der Eingruppierungsregeln des TV-V ist Folgendes zu beachten: Der TV-V hat zum Teil Tätigkeitsmerkmale aus dem BAT übernommen (gründliche Fachkenntnisse, gründliche und vielseitige Fachkenntnisse, Maß der Verantwortung, abgeschlossene wissenschaftliche Hochschulbildung). Damit kann für die Auslegung dieser Tätigkeitsmerkmale grundsätzlich auf die BAT-Rechtsprechung zurückgegriffen werden. Da diese aber vom (zum Teil) kleinteiligeren Begriff des Arbeitsvorgangs ausgeht, kann die Rechtsprechung nur sinngemäß übernommen werden, da die Basis der Feststellung der tarifgerechten Entgeltgruppe die Gliederung der Aufgaben nach den tarifvertraglichen Vorgaben ist: Der BAT geht vom kleinteiligeren Begriff des Arbeitsvorgangs, der TV-V vom umfassenderen Begriff der Tätigkeit aus.

2

Wichtig: Wird das nicht beachtet, kommt es bei Anwendung der oben genannten Tätigkeitsmerkmale zwangsläufig zu schlechteren Ergebnissen.

4. Die 50-Prozent-Grenze

§ 5 Abs. 1 TV-V – Eingruppierung

(1) Der Arbeitnehmer ist entsprechend seiner **mindestens zur Hälfte** regelmäßig auszuübenden Tätigkeit … eingruppiert. Soweit in Anlage 1 ausdrücklich ein von Satz 1 **abweichendes Maß** bestimmt ist, gilt dieses.

(Hervorhebungen durch die Verfasser)

§ 5 Abs. 1 Satz 1 TV-V bestimmt, dass hinsichtlich der regelmäßig auszuübenden Tätigkeit ein Zeitfaktor maßgeblich ist: mindestens zur Hälfte, das heißt 50 Prozent der Tätigkeit.

Wichtig: Stellenbeschreibungen, die die Grundlage für jede Eingruppierung im TV-V darstellen, müssen dementsprechend Zeitanteile enthalten (vgl. Richter/Gamisch, StB, S. 123 ff.).

Abweichend gilt gemäß § 5 Abs. 1 Satz 2 TV-V ein anderes Maß, soweit Anlage 1 TV-V dies ausdrücklich bestimmt.

Einziges Beispiel: Entgeltgruppe 6 Fallgruppe 6.2

... die gründliche und vielseitige Fachkenntnisse und mindestens zu **einem Fünftel** selbständige Leistungen erfordert.

(Hervorhebung durch die Verfasser)

Für die Praxis stellt sich damit die Frage, auf welchem Weg die Zeitanteile ermittelt werden können; insbesondere ob der Arbeitgeber Arbeitsaufzeichnungen durch den Arbeitnehmer verlangen kann.

Regelmäßig werden Bedenken auf die Rechtsprechung des BAG gestützt, wonach Angestellte im Geltungsbereich des BAT nicht verpflichtet sind, tagebuchähnliche oder sonstige Aufzeichnungen über Einzelheiten ihrer Tätigkeit und den Zeitaufwand zu führen (vgl. BAG 28.03.1979, AP Nr. 19 zu §§ 22, 23 BAT 1975; BAG 24.09.1980, AP Nr. 36 zu §§ 22, 23 BAT 1975). Diese Feststellungen beziehen sich aber nur auf prozessrechtliche Fragen hinsichtlich der Zulässigkeit und Begründetheit einer Eingruppierungsfeststellungsklage. Selbstverständlich darf der Arbeitgeber aufgrund seines Direktionsrechts gemäß § 106 GewO die Beschäftigten anweisen, Arbeitsaufzeichnungen zu erstellen (vgl. BAG 19.04.2007, AP Nr. 77 zu § 611 BGB Direktionsrecht; ebenso Krasemann, 12. Kapitel, Rn. 315). Im Einzelfall ist jedoch zu prüfen, ob diese Weisung mitbestimmungspflichtig ist.

5. Die Anlage 1 zum TV-V

§ 5 Abs. 1 TV-V Eingruppierung

(1) Der Arbeitnehmer ist ... in einer Entgeltgruppe nach **Anlage 1** eingruppiert.

(Hervorhebung durch die Verfasser)

Der TV-V bestimmt die „Regeln der Eingruppierung" in § 5 Abs. 1 TV-V, der durch die Vorbemerkungen der Anlage 1 TV-V ergänzt wird. Die maßgebliche Entgeltgruppe folgt aus der Anlage 1 TV-V.

2

Entgeltgruppe 1 bis 8

EG	FG 1	FG 2	FG 3
1	einfachste Tätigkeiten		
2	einfache Tätigkeiten		
3	eingehende Einarbeitung		
4	gründliche Fachkenntnisse	„sonstige Arbeitnehmer"	
5	+ abgeschlossene Ausbildung in einem anerkannten Ausbildungsberuf + entsprechende Tätigkeiten	gründliche und vielseitige Fachkenntnisse	„sonstige Arbeitnehmer"
6	besonders hochwertig besonders vielseitig	+ gründliche und vielseitige Fachkenntnisse + selbstständige Leistungen zu 1/5	„sonstige Arbeitnehmer"
7	besondere Spezialkenntnisse	+ gründliche und vielseitige Fachkenntnisse + selbstständige Leistungen	„sonstige Arbeitnehmer"
8	*Erhebliches Herausheben* durch das Maß der Verantwortung	...	

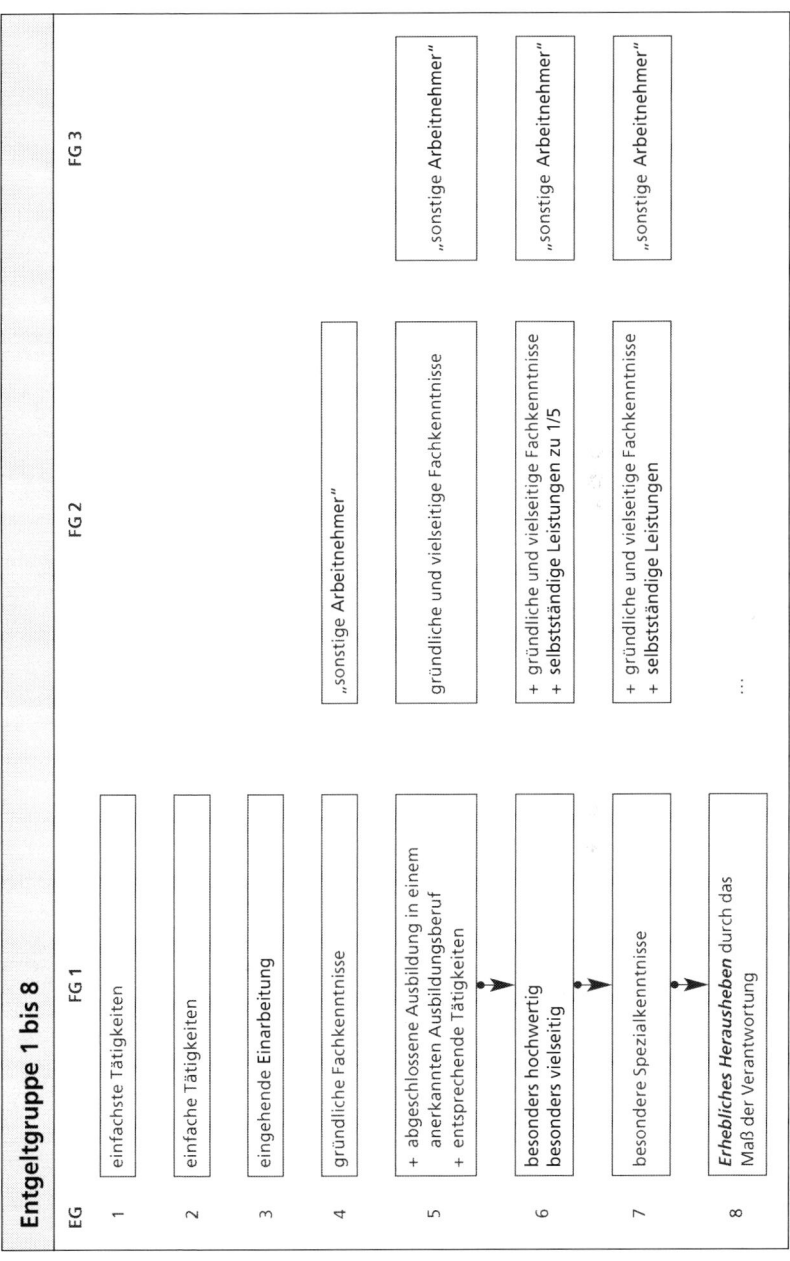

2

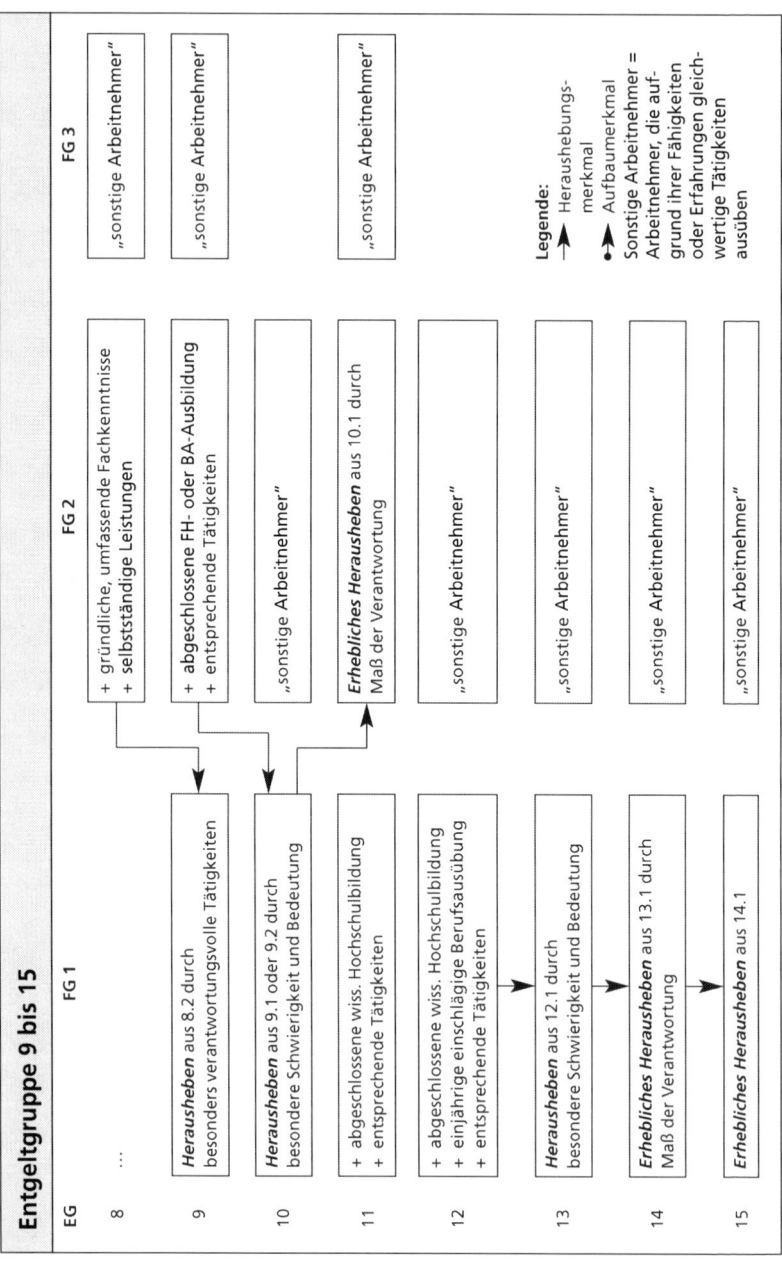

Der Aufbau der Entgeltordnung

3

1. Vorbemerkungen

Vergleichbar zum BAT erläutert der TV-V die Prinzipien der Eingruppierung in den „Vorbemerkungen" zur Anlage 1. Diese enthalten Regeln, die § 5 Abs. 1 TV-V ergänzen und bei der Ermittlung der Eingruppierung stets beachtet werden müssen:

Nr. 1 Satz 1   Die **Tätigkeiten** des Arbeitnehmers müssen die Voraussetzungen eines **Oberbegriffs** und die ihm zugrunde liegende Wertigkeit erfüllen.

Nr. 1 Satz 2   Die in den **Beispielen** zu den Entgeltgruppen umschriebenen Tätigkeiten entsprechen der Wertigkeit eines Oberbegriffs.

Nr. 1 Satz 3   Sind Tätigkeiten als **Beispiele** nur in einer Entgeltgruppe vereinbart, wird dadurch nicht ausgeschlossen, dass die Anforderungen eines Oberbegriffs einer höheren Entgeltgruppe erfüllt sein können.

Nr. 2   Sind in einer Entgeltgruppe mehrere Oberbegriffe vorhanden, stehen diese gleichwertig nebeneinander.

Nr. 3   Für Arbeitnehmer in den Entgeltgruppen 1 bis 11 können durch **landesbezirklichen Tarifvertrag** unter Beachtung der allgemeinen Voraussetzungen des jeweils zutreffenden Oberbegriffs und der ihm zugrunde liegenden Wertigkeit weitere Beispiele vereinbart werden.

Nr. 4   Arbeitnehmer, denen die Funktion eines Vorarbeiters oder Vorhandwerkers übertragen worden ist, werden für die Dauer dieser Tätigkeit jeweils eine Entgeltgruppe höher eingruppiert.
Diese Eingruppierung ist jederzeit widerruflich.

(Hervorhebungen durch die Verfasser)

Die Vorbemerkung Nr. 1 der Anlage 1 zum TV-V spricht von „Tätigkeiten des Arbeitnehmers", obwohl in § 5 Abs. 1 TV-V auf die „Tätigkeit" abgestellt wird. Die unterschiedliche Formulierung ist in der Praxis für die Ermittlung der Entgeltgruppe ohne Bedeutung.

Darüber hinaus bestimmt Vorbemerkung Nr. 3 der Anlage 1 zum TV-V, dass für die Entgeltgruppen 1 bis 11 durch landesbezirkliche Tarifverträge weitere Tätigkeitsbeispiele vereinbart werden können. Dabei müssen die allgemeinen Voraussetzungen des jeweils zutreffenden Oberbegriffs und die ihm zugrunde liegende Wertigkeit beachtet werden (vgl. Landesbezirklicher Tarifvertrag NRW vom 06.10.2003 zur Ergänzung der Anlage 1 Entgeltgruppen zum TV-V, abgedruckt bei Herzberg/Schlusen, Kapitel B, § 5, S. 10 ff. und Hofmann/Reidelbach, A 270, S. 7 ff.).

2. Entgeltgruppen

Die Entgeltgruppen enthalten unbestimmte Rechtsbegriffe, die dem BAT bzw. dem BMT-G II entnommen worden sind und auch Eingang in den TVöD-Bund und TV-L gefunden haben. Auf diesem Weg wird ein hohes Maß an Rechtssicherheit erreicht, da zum Eingruppierungsrecht des BAT eine Vielzahl von Gerichtsurteilen vorliegt (vgl. Hofmann/Reidelbach). Das gilt auch für die Entgeltgruppen 11 bis 15 (a. A. Herzberg/Schlusen, Kapitel B, § 5, Rn. 81).

Die Entgeltgruppen sind in Qualifikationsebenen unterteilt, die (mit Modifikationen) dem Laufbahnrecht der Beamten nachgebildet worden sind:

3

EG	auszuübende Tätigkeit auf dem Niveau einer ...
11–15	... abgeschlossenen wissenschaftlichen Hochschulbildung
9–11	... abgeschlossenen Fachhochschul- bzw. Bachelorausbildung
4/5–8	... abgeschlossenen Berufsausbildung
1–4	... Anlerntätigkeit (kein Ausbildungsniveau)

Diese Qualifikationsebenen bilden grundsätzlich die Struktur des (alten) BAT ab und sind im TVöD-Bund entsprechend übernommen worden (vgl. Richter/Gamisch, gEG, IV.D.2, D.3). Unterschiede in den Tarifen bestehen aber zwischen Entgeltgruppe 8 und 9:

So hat das BAG in den letzten Jahren beispielsweise die Tätigkeitsmerkmale „gründliche, umfassende Fachkenntnisse" des BAT dem Niveau einer Fachhochschulausbildung gleichgesetzt: Der Angestellte mit Fachhochschulabschluss wird bei Eintritt in den öffentlichen Dienst als Berufsanfänger regelmäßig nach Vergütungsgruppe Vb vergütet. Insbesondere stellt dies die Anfangseingruppierung für Betriebswirte mit Fachhochschulabschluss und entsprechender Tätigkeit dar (vgl. BAG 15.02.2006, 4 AZR 645/04; vgl. LAG Niedersachsen 29.04.2002, 8 Sa 1049/01 E). Demgegenüber ordnet der TV-V diese der Entgeltgruppe 8 Fallgruppe 8.2 zu, während Tätigkeiten, die eine abgeschlossene Fachhochschul- bzw. Bachelorausbildung erfordern, sich in der höheren Entgeltgruppe 9 Fallgruppe 9.2 finden. Demzufolge können im Geltungsbereich des TV-V gründliche, umfassende Fachkenntnisse einer Fachhochschul- bzw. Bachelorausbildung nicht gleichgesetzt werden; gegenüber der alten Rechtslage im BAT werden die Voraussetzungen für gründliche, umfassende Fachkenntnisse abgesenkt (zu den Einzelheiten siehe auch Seite 129 f.).

Wichtig: Bei der Anwendung des TV-V dürfen die Begriffsbestimmungen und Gerichtsentscheidungen zum BAT nicht ungeprüft übernommen werden. Im Detail bestehen zum Teil erhebliche Unterschiede.

Die Qualifikationsebenen sind anders als im BAT ab Entgeltgruppe 4 durchlässig, das heißt auch ohne eine formale Qualifikation (Berufsausbildung, Fachhochschul-/Bachelor- bzw. wissenschaftliches Hochschulstudium) kann unter bestimmten Voraussetzungen eine entsprechende Eingruppierung aufgrund beruflichen Erfahrungswissens erreicht werden:

„Arbeitnehmer, die aufgrund ihrer Fähigkeiten und Erfahrungen entsprechend gleichwertige Tätigkeiten ausüben"

- Entgeltgruppe 4 Fallgruppe 4.2

- Entgeltgruppe 5 Fallgruppe 5.3, Entgeltgruppe 6 Fallgruppe 6.3, Entgeltgruppe 7 Fallgruppe 7.3, Entgeltgruppe 8 Fallgruppe 8.3

- Entgeltgruppe 9 Fallgruppe 9.3, Entgeltgruppe 10 Fallgruppe 10.2, Entgeltgruppe 11 Fallgruppe 11.3

- Entgeltgruppe 12 Fallgruppe 12.2, Entgeltgruppe 13 Fallgruppe 13.2, Entgeltgruppe 14 Fallgruppe 14.2, Entgeltgruppe 15 Fallgruppe 15.2

3. Tätigkeitsmerkmale

Die Entgeltgruppen enthalten Tätigkeitsmerkmale, die die Anforderungen an die auszuübende Tätigkeit beschreiben.

In den Entgeltgruppen 1 bis 8 werden diese durch tarifvertragliche Definitionen in Klammerzusätzen erläutert. Ab der Entgeltgruppe 9 fehlen derartige Festschreibungen, so dass auf die Rechtsprechung der Arbeitsgerichte bzw. die Literatur zurückgegriffen werden muss.

Die Technik gleicht dem BAT, dem regelmäßig vorgeworfen wurde, in seinen Bestimmungen zu abstrakt zu sein. Vor diesem Hintergrund werden die Oberbegriffe durch Tätigkeitsbeispiele erläutert, die auch Beispielstätigkeiten, Regel- oder Richtbeispiele genannt werden. Der TV-V spricht von „Beispielen".

Oberbegriffe

Oberbegriffe sind abstrakte Tätigkeitsmerkmale, die sich eingangs jeder Entgeltgruppe finden.

Beispiele:

- einfachste Tätigkeiten

- einfache Tätigkeiten

- Tätigkeiten, die eine eingehende fachliche Einarbeitung erfordern

- gründliche Fachkenntnisse

- abgeschlossene Berufsausbildung

- gründliche und vielseitige Fachkenntnisse

- gründliche, umfassende Fachkenntnisse

- abgeschlossene Fachhochschul- oder Bachelorausbildung

- abgeschlossene wissenschaftliche Hochschulbildung usw.

3

Beispielstätigkeiten

Tätigkeitsbeispiele bzw. Beispielstätigkeiten konkretisieren die bewusst abstrakt gehaltenen Oberbegriffe.

Wichtig: Der TV-V verzichtet erst ab Entgeltgruppe 12 auf diese Regelungstechnik.

Die Beispielstätigkeiten erfüllen zwei Funktionen. Zum einen sollen sie die abstrakten Oberbegriffe verdeutlichen und verständlich machen:

BAG vom 18.11.2004

... die Tarifvertragsparteien haben mit den Beispielen **Maß und Richtung für die Auslegung** des allgemeinen Begriffs vorgegeben. Bei der Auslegung von unbestimmten Rechtsbegriffen in den allgemeinen Tätigkeitsmerkmalen sind die Tätigkeitsbeispiele daher als Richtlinie für die Bewertung mit zu berücksichtigen ...

(BAG 18.11.2004, AP Nr. 88 zu § 1 TVG Tarifverträge Einzelhandel; *Hervorhebung durch die Verfasser*)

Zum anderen erleichtern sie die Anwendung des Tarifvertrags:

 **BAG vom 08.03.2006**

... sind die allgemeinen Merkmale einer Vergütungsgruppe grundsätzlich erfüllt, wenn der Arbeitnehmer eine Tätigkeit ausübt, die als Regel-, Richt- oder Tätigkeitsbeispiel zu dieser Vergütungsgruppe genannt ist ...

(BAG 08.03.2006, 10 AZR 538/05)

Sofern eine Beispielstätigkeit zu 50 Prozent der Arbeitszeit auszuüben ist, muss nicht mehr unter den abstrakten Oberbegriff subsumiert werden (vgl. BAG 29.10.1980, AP Nr. 41, BAG 14.05.1986, AP Nr. 119 beide zu §§ 22, 23 BAT 1975; BAG 17.01.1996, AP Nr. 4 zu §§ 22, 23 BAT Sparkassenangestellte; BAG 13.11.1996, 4 AZR 747/94, zit. nach Hofmann/Reidelbach, T 90, VII.; BAG 21.08.2002, AP Nr. 1 zu § 1 TVG Tarifverträge Krankenkassen). Die Beispielstätigkeiten haben grundsätzlich Vorrang: Sie sind zunächst zu prüfen, weil die Tarifvertragsparteien mit der Bezeichnung der Tätigkeit in dem Beispielskatalog zum Ausdruck bringen, dass die Voraussetzungen der Entgeltgruppe erfüllt werden.

Auf die Oberbegriffe muss bzw. darf nur zurückgegriffen werden, wenn

- auch bei Erfüllung eines Tätigkeitsbeispiels eine sichere Zuordnung in eine Entgeltgruppe nicht möglich ist, weil zum Beispiel das konkrete Tätigkeitsbeispiel selbst einen unbestimmten Rechtsbegriff enthält (BAG 08.03.2006, 10 AZR 538/05)

- die in unterschiedlichen Entgeltgruppen vorkommen und so als Kriterium für eine bestimmte Entgeltgruppe ausscheiden (BAG 08.03.2006, 10 AZR 538/05)

- die Tarifvertragsparteien in anderer Weise eindeutig zum Ausdruck gebracht haben, dass die Erfüllung der Beispielstätigkeit nach ihrem Willen nicht für die Zuordnung zur Entgeltgruppe ausreichen soll (vgl. BAG 25.10.2006, 4 AZR 622/04).

Entgegen den tariflichen Regelungen im BAT regelt der TV-V aber:

 **Vorbemerkung Nr. 1 Satz 3 der Anlage 1 zum TV-V**

Sind Tätigkeiten als Beispiel nur in einer Entgeltgruppe vereinbart, wird dadurch nicht ausgeschlossen, dass die Anforderungen eines Oberbegriffs einer höheren Entgeltgruppe erfüllt sein können.

Es ist somit (theoretisch) möglich, dass der Arbeitnehmer trotz Erfüllung einer bestimmten Beispielstätigkeit nicht in diese, sondern in

34

die nächsthöhere Entgeltgruppe eingruppiert werden kann. Dazu muss er das jeweilige Obermerkmal erfüllen.

Beispiel:

Erfüllung der Beispieltätigkeit Entgeltgruppe 9 Fallgruppe 9.4.1: Handwerks- und Industriemeister, die ausdrücklich zu Leitern von großen Arbeitsstätten, in denen Handwerker oder Facharbeiter beschäftigt sind, bestellt sind.

Obermerkmal der Entgeltgruppe 10 Fallgruppe 10.1: Arbeitnehmer, deren Tätigkeiten sich durch besondere Schwierigkeit und Bedeutung aus der Entgeltgruppe 9.1 oder 9.2 herausheben.

Die Tätigkeit müsste demnach Anforderungen stellen, die über das ab Entgeltgruppe 9 Fallgruppe 9.2 geforderte Dipl.-FH-/ Bachelor-Niveau noch einmal deutlich hinausgehen, was regelmäßig nicht der Fall sein wird.

Es ist fragwürdig, warum der TV-V ab Entgeltgruppe 12 auf diese Erleichterung verzichtet. Den Tarifvertragsparteien soll es daran gelegen haben, die Flexibilität der Entgeltfindung in diesem Bereich nicht einzuschränken (vgl. Herzberg/Schlusen, Kapitel B, § 5, Rn. 72). Gleichzeitig wird in der Literatur beklagt, dass die Tätigkeitsmerkmale ab Entgeltgruppe 12 „wenig Substanz" bieten (Herzberg/Schlusen, Kapitel B, § 5, Rn. 81). Vor diesem Hintergrund ist es insbesondere bei Eingruppierungen ab Entgeltgruppe 12 – sofern eine tarifgerechte Eingruppierung überhaupt erwünscht ist – erforderlich, die Rechtsprechung zum BAT zu beachten. Aufgrund der vorliegenden Entscheidungen und Literatur kann jede Stelle zutreffend bewertet werden. Anderenfalls unterläge die Eingruppierung in dieser Qualifikationsebene der Beliebigkeit des Arbeitgebers, woran insbesondere Personal- und Betriebsräte kein Interesse haben können.

Wichtig: Der Landesbezirkliche Tarifvertrag NRW vom 06.10.2003 zur Ergänzung der Anlage 1 (Entgeltgruppen) zum TV-V (Abdruck in Herzberg/Schlusen, Kapitel B, § 5, S. 10 ff.; Hofmann/Reidelbach, A 270, S. 7 ff.) führt in den Entgeltgruppen 1 bis 9 TV-V weitere Tätigkeitsbeispiele auf.

Der „sonstige Arbeitnehmer"

Der TV-V knüpft hinsichtlich der auszuübenden Tätigkeit – wie der BAT – an Fachkenntnisse und Ausbildungen an (sog. subjektives Eingruppierungsmerkmal). Damit wird die Frage aufgeworfen, ob berufliches Erfahrungswissen bei der Eingruppierung berücksichtigt wird bzw. werden kann.

Der BAT und die neuen Entgeltordnungen zum TVöD-Bund und TV-L sehen an verschiedenen Stellen den sogenannten Sonstigen Arbeitnehmer vor: Auch ohne die formale Qualifikation ist für bestimmte Tätigkeiten eine Eingruppierung in der entsprechend höheren Vergütungsgruppe möglich, obwohl beim Mitarbeiter das subjektive Eingruppierungsmerkmal fehlt. Allerdings waren und sind die Voraussetzungen so streng, dass diese in der Praxis regelmäßig nicht vorlagen/vorliegen. Trotzdem wurden/werden die Mitarbeiter entsprechend und damit zu hoch eingruppiert, was immer wieder von Prüfungsstellen beanstandet wurde/wird.

Demgegenüber erkennt der TV-V praktische Erfahrung an. Ab der Entgeltgruppe 4 gibt es einen eigenen allgemein gehaltenen Oberbegriff:

Arbeitnehmer, die aufgrund ihrer Fähigkeiten und Erfahrungen entsprechend gleichwertige Tätigkeiten ausüben.

Im Unterschied zum BAT sind die Voraussetzungen an den „sonstigen Arbeitnehmer" eher weit gefasst: Die BAT-Rechtsprechung zum „sonstigen Angestellten" kann nicht mehr angewendet werden, weil diese Anforderungen keine Grundlage im TV-V finden. Der Tarifvertrag beschränkt sich auf die Formulierung „gleichwertige Tätigkeiten".

In der Sache ist zu fordern, dass der Arbeitnehmer ohne das subjektive Eingruppierungsmerkmal in gleicher Funktion wie der Arbeitnehmer mit der formalen Qualifikation eingesetzt werden kann. Dazu muss eine praktische Erfahrung vorliegen, die mindestens der jeweils vorgeschriebenen Regelausbildungszeit entspricht, denn das BAG hat in einer Entscheidung zum vergleichbaren Bundesentgelttarifvertrag für die Chemische Industrie ausgeführt:

BAG vom 19.08.2004

Eine eigene Definition der Tarifvertragsparteien für die verwendeten Begriffe „gleichwertige Kenntnisse und Fertigkeiten" ... enthält der Tarifvertrag nicht. Darüber hinaus handelt es sich nicht um feststehende Rechtsbegriffe, so dass der allgemeine Sprachgebrauch maßgeblich ist. In subjektiver Hinsicht ist danach erforderlich, dass der Arbeitnehmer über einen mehrere Jahre umfassenden Zeitraum (mindestens 3 Jahre im Hinblick auf Absatz 1 der Entgeltgruppe 6) seine Arbeit ausübt ... und in der Ausübung Fachwissen und praktisches Können (Kenntnisse und Fertigkeiten) erworben hat, das mit dem mittels der dreijährigen Berufsausbildung erworbenen Wissen und Können vergleichbar ist (vgl. zu allem Wahrig, Deutsches Wörterbuch 7. Aufl.). In objektiver Hinsicht muss es sich nach der Auslegung bei der ausgeübten Tätigkeit ebenfalls um eine Tätigkeit handeln, für die die durch die Berufspraxis erworbenen Kenntnisse und Fertigkeiten benötigt werden (vgl. Wahrig a. a. O.).

(BAG 19.08.2004, 8 AZR 375/03, ZTR 2005, S. 202)

Die Bedeutung von Heraushebungsmerkmalen

Der TV-V folgt – wie der BAT – dem sogenannten Baukastenprinzip: die Tätigkeitsmerkmale der Entgeltgruppen bauen grundsätzlich aufeinander auf. An verschiedenen Stellen erfolgt darüber hinaus eine Heraushebung durch sogenannte Heraushebungsmerkmale.

3

Beispiele:

... das Maß ihrer Verantwortung (Entgeltgruppe 8 Fallgruppe 8.1)

... dass sie besonders verantwortungsvoll sind (Entgeltgruppe 9 Fallgruppe 9.1)

... sich durch besondere Schwierigkeit und Bedeutung ... herausheben (Entgeltgruppe 10 Fallgruppe 10.1, Entgeltgruppe 13 Fallgruppe 13.1)

... das Maß der Verantwortung (Entgeltgruppe 11 Fallgruppe 11.2, Entgeltgruppe 14 Fallgruppe 14.1)

... die sich erheblich aus der Entgeltgruppe 14.1 herausheben (Entgeltgruppe 15 Fallgruppe 15.1)

Diese erfordern ein zusätzliches qualifizierendes Tätigkeitsmerkmal (vgl. Krasemann, 7. Kapitel, Rn. 115). Dementsprechend sind sie nur zu prüfen, wenn die zugrunde liegenden Anforderungen erfüllt sind (vgl. BAG 12.05.2004, AP Nr. 301 zu §§ 22, 23 BAT 1975; BAG 07.05.2008, AP Nr. 37 zu §§ 22, 23 BAT-O).

4. Eingruppierung von Vorarbeitern und Vorhandwerkern

Der TV-V kennt die frühere Vorarbeiter- bzw. Vorhandwerkerzulage nicht mehr. Arbeitnehmer, denen die Funktion eines Vorarbeiters oder Vorhandwerkers übertragen worden ist, werden gemäß Vorbemerkung Nr. 4 der Anlage 1 zum TV-V für die Dauer dieser Tätigkeit jeweils eine Entgeltgruppe höher eingruppiert. Der Tarifvertrag erweitert damit in zulässiger Weise das Weisungsrecht des Arbeitgebers (vgl. BAG 10.11.1992, AP Nr. 6 zu § 72 LPVG NW).

Der TV-V bestimmt nicht, welche Anforderungen an den Vorarbeiter bzw. Vorhandwerker gestellt werden.

Der Begriff greift die bisherige Bezeichnung auf, die eine Weisungsbefugnis zum Ausdruck brachte. Sinn und Zweck der Zulage war es, die Leitungs- und Überwachungsfunktion für eine Gruppe abzugelten (vgl. BAG 22.02.1978, AP Nr. 3 zu § 21 MTB II). Da die kleinste Gruppe aus zwei Personen besteht, ist für die widerrufliche Höhergruppierung die Unterstellung von mindestens zwei Arbeitnehmern erforderlich.

Kennzeichnend für die Vorarbeitertätigkeit ist, dass der Vorarbeiter mit den ihm zugeteilten Mitarbeitern gemeinsam arbeitet, ihnen somit durch praktische Arbeit Anweisung und Beispiel gibt (vgl. LAG Köln 14.02.2011, 5 Sa 1123/10).

Gemäß Vorbemerkung Nr. 4 der Anlage 1 zum TV-V ist diese Eingruppierung jederzeit widerruflich. Der Ausspruch einer Änderungskündigung ist nicht erforderlich. Der Widerruf darf aber nicht willkürlich erfolgen. Vielmehr muss der Arbeitgeber sein Ermessen fehlerfrei ausüben (vgl. Brunhöber, Rn. 110 ff. m. w. N.). So sind Beanstandungen einer Prüfbehörde (hier des Bundesrechnungshofs) kein ausreichender Widerrufsgrund (vgl. LAG Köln 14.02.2011, 5 Sa 1123/10).

Aber auch bei Abberufung wegen betrieblicher Konflikte, die durch die Ausübung der Vorarbeiterfunktion entstanden sind, ist zu beachten, dass hier der Arbeitgeber beweisen muss, dass die Abberufung sachgerecht war. Wurde der Vorarbeiter ohne Grund tätlich angegriffen, ist das kein Anlass, die Vorarbeiterfunktion – nebst höherem Entgelt – zu entziehen (vgl. LAG Rheinland-Pfalz 06.09.2005, 5 Sa 230/05, zit. nach Busemann, ZTR 2015, S. 68).

Der Arbeitgeber sollte bei der Übertragung dieser Tätigkeiten vorsorglich auf die vorübergehende Natur der Eingruppierung und das Widerrufsrecht hinweisen.

Die Auslegung der Entgeltordnung

4

1. Auslegungsgrundsätze

Rechtsnormen können nicht derart präzise formuliert werden, dass jeder denkbare Streitfall erfasst wird. Sie müssen aus drei Gründen ausgelegt werden:

1. Begriffe und Zeichen sind immer auslegungs- und interpretationsbedürftig.

2. Normen- bzw. Zielkonflikte können nicht ausgeschlossen werden.

3. Rechtslücken sind unvermeidbar.

(vgl. Schwintowski, S. 51 ff.)

Die Vorgehensweise zur Auslegung von Rechtsnormen ist nicht gesetzlich geregelt. Vielmehr ist die Methode der Rechtswissenschaft und Rechtsprechung überlassen. Das (Tarif-)Recht wird erst durch seine Anwendung auf den Einzelfall konkretisiert. Die Rechtsanwendung, auch die des Tarifvertrags, darf sich nicht im rechtsfreien Raum bewegen, sondern muss einer Methode folgen.

Der juristische Entscheidungsprozess erfolgt in zwei Schritten:

1. Es wird versucht, das Problem mithilfe des Gesetzes bzw. Tarifvertrags zu lösen (sog. interne Begründung).

2. Sofern mit ausfüllungsbedürftigen Begriffen gearbeitet werden muss, wird nach der Funktion der Vorschrift, mit anderen Worten nach dem Sinn und Zweck gefragt (sog. externe Begründung).

Die Juristen „subsumieren" unter gesetzliche bzw. tarifvertragliche Vorschriften (einführend Schwintowski, S. 59 ff.).

Beispiel: ───────────

T = Gesetzestatbestand
R = Rechtsfolge
S = Sachverhalt

Beispiel:

Obersatz (Prämisse)	Für T gilt R
Untersatz	S ist T
Schlussfolgerung (Konklusion)	Für S gilt R

(vgl. Larenz, S. 271 f.)

Das BAG hat festgestellt, dass Tarifverträge wie Gesetze ausgelegt werden:

BAG vom 21.05.2003

Die Auslegung des normativen Teils eines Tarifvertrages ... **folgt** nach ständiger Rechtsprechung **den für die Auslegung von Gesetzen geltenden Regeln.** Danach ist zunächst vom **Tarifwortlaut** auszugehen, wobei der maßgebliche Sinn der Erklärung zu erforschen ist, ohne am Buchstaben zu haften. Bei nicht eindeutigem Tarifwortlaut ist der **wirkliche Wille** der Tarifvertragsparteien **zu berücksichtigen**, soweit er in den tariflichen Normen seinen **Niederschlag gefunden** hat. Abzustellen ist stets auf den **tariflichen Gesamtzusammenhang**, weil dieser Anhaltspunkte für den wirklichen Willen der Tarifvertragsparteien liefert und nur so **Sinn und Zweck** der Tarifnorm zutreffend ermittelt werden können. Lässt dieser zweifelsfreie Auslegungsergebnisse nicht zu, können die Gerichte für Arbeitssachen ohne Bindung an eine Reihenfolge weitere Kriterien wie die **Entstehungsgeschichte** des Tarifvertrages, ggf. auch die **praktische Tarifübung** ergänzend hinzuziehen. Auch die **Praktikabilität** denkbarer Auslegungsergebnisse ist zu berücksichtigen; im Zweifel gebührt derjenigen Tarifauslegung der Vorrang, die zu einer vernünftigen, sachgerechten, zweckorientierten und praktisch brauchbaren Regelung führt.

(BAG 21.05.2003, AP Nr. 37 zu § 611 BGB Kirchendienst; mit Hinweis auf BAG 09.08.2000, AP § 1 TVG Tarifverträge Holz Nr. 21, BAG 05.10.1999, AP § 4 TVG Verdienstsicherung Nr. 15; *Hervorhebungen durch die Verfasser*)

BAG vom 08.03.2006

... Ist ein im Tarifvertrag gebrauchter Begriff weder **gesetzlich definiert**, noch nach der **Anschauung der beteiligten Fachkreise** oder dem **allgemeinen Sprachgebrauch** eindeutig, erhalten systematische Auslegungskriterien entscheidendes Gewicht.

(BAG 08.03.2006, 10 AZR 129/05, AP Nr. 3 zu § 1 TVG, Tarifverträge: Telekom; *Hervorhebungen durch die Verfasser*)

Der tarifliche Gesamtzusammenhang erschließt sich nur, wenn alle maßgeblichen Tarifnormen berücksichtigt werden:

Der tarifrechtliche Gesamtzusammenhang

- Vorbemerkungen
- Tätigkeitsmerkmale
  - Oberbegriffe
  - Beispielstätigkeiten
- Klammersätze

(in Anlehnung an Krasemann, 8. Kapitel, Rn. 57)

Demzufolge wird der Tarifvertrag in folgenden Schritten ausgelegt:

Checkliste

1. Auslegung des Wortlauts (sog. grammatikalische Auslegung)
   Definition im Tarifvertrag
   Definition im Gesetz
   Definition der verständigen Fachkreise
   Definition im allgemeinen Sprachgebrauch

2. Auslegung unter Berücksichtigung der Stellung der Tarifnorm im Gesamtgefüge des Tarifvertrags (sog. systematische Auslegung)

3. Auslegung nach Sinn und Zweck (sog. teleologische Auslegung)

4. Auslegung nach der Tarifgeschichte (sog. historische Auslegung)

5. Praktische Tarifübung

6. Praktikabilität

Verwenden die Tarifvertragsparteien einen

- Rechtsbegriff, ist anzunehmen, dass sie diesen in seiner rechtlichen Bedeutung verwenden wollen,

- Fachbegriff, ist anzunehmen, dass dieser im Geltungsbereich des betreffenden Tarifvertrags in seiner allgemeinen fachlichen Bedeutung Geltung haben soll.

(vgl. BAG 19.05.2011, AP Nr. 1 zu § 6 TV-L)

2. Die Bedeutung von Berufsbildern

Berufsbilder beschreiben die Elemente eines Berufs im Hinblick auf:

- Erforderliche Vorbildung

- Ausbildungsinhalte

- Berufstypische Tätigkeiten

- Aufstiegschancen

- Weiterbildungsformen

- Verdienstmöglichkeiten

Sie bilden die Ausbildungs- und Prüfungsanforderungen des Berufs und entsprechende Aktualisierungs-/Weiterbildungsmöglichkeiten bzw. Aufstiegschancen ab.

Praxis-Tipp:

Informationen zu den Berufsbildern werden von der Bundesagentur für Arbeit in Zusammenarbeit mit dem Bundesinstitut für Berufsbildung entwickelt und veröffentlicht. Sie sind zu finden unter: www.berufenet.arbeitsagentur.de

Ihnen kommt im TV-V eine besondere Bedeutung zu, da ab Entgeltgruppe 5 Fallgruppe 5.1 eine abgeschlossene Ausbildung in einem anerkannten Ausbildungsberuf gefordert wird und die Entgeltgruppe 6 Fallgruppe 6.1 bis Entgeltgruppe 8 Fallgruppe 8.1 unmittelbar aufeinander Bezug nehmen, das heißt aufeinander aufbauen. Aber auch die Entgeltgruppen 9 bis 15 fordern einen formellen Abschluss. In den Entgeltgruppen 9 bis 10 ist es die abgeschlossene FH- oder Bachelorausbildung, ab Entgeltgruppe 11 die abgeschlossene wissenschaftliche Hochschulbildung.

4

Praxis-Tipp:

Auch für diese Ausbildungsformen führt das offizielle Informationsportal der Bundesagentur für Arbeit Berufsbeschreibungen (www.berufenet.arbeitsagentur.de).

Für die alten Hochschulabschlüsse (Diplom/Diplom-FH) finden sich seit 2007 keine Berufsbeschreibungen mehr im „berufenet". Vielmehr wird die neue Hochschulwelt mit ihren Bachelor- und Masterabschlüssen dargestellt. Dabei wird auf die möglichen Aufgaben allerdings nur sehr kurz und pauschal eingegangen.

Das reicht für eine Eingruppierungsentscheidung nicht aus. Hierfür bedarf es weiterführender Informationen zu den jeweils zu prüfenden/einschlägigen Studienrichtungen. Die deutschen (Fach-)Hochschulen und Universitäten können über www.studienwahl.de oder über www.hochschulkompass.de ermittelt werden. Über konkrete Studieninhalte informieren die einzelnen (Fach-)Hochschulen und Universitäten selbst.

Die Bedeutung der Berufsbilder (Ausbildungs- und Prüfungsanforderungen des jeweiligen Berufs) liegt darin, dass nur mit ihrer Hilfe objektive Aussagen zum Vorliegen „entsprechender Tätigkeiten" – als dem zweiten Anforderungsmerkmal ab der Entgeltgruppe 5 Fallgruppe 5.1 – möglich sind (vgl. z. B. BAG 24.11.1999, AP Nr. 273 zu §§ 22, 23 BAT 1975 i. V. m. BAG 24.11.1999, AP Nr. 11 zu § 51 TV AL II; BAG 28.09.1994, AP Nr. 192; BAG 22.03.2000, AP Nr. 275 beide zu §§ 22, 23 BAT 1975).

4

Die Auslegung der Beispielstätigkeiten

1. Un- und Angelernte

Vorbemerkung

Bei der Eingruppierung von Arbeitnehmern, die früher der Rentenversicherung der Arbeiter unterlagen, ist § 23 TV-V zu beachten. Danach gelten die in den Bezirkstarifverträgen bzw. im Tarifvertrag zu § 20 Abs. 1 BMT-G-O (Lohngruppenverzeichnis) vereinbarten Tätigkeiten weiter, soweit sie den Obermerkmalen nicht widersprechen und solange kein landesbezirklicher Tarifvertrag nach Nr. 3 der Vorbemerkungen vereinbart ist. Damit können – außer in NRW – die alten Beispieltätigkeiten weiter herangezogen werden. Voraussetzung ist, dass sich die Obermerkmale der entsprechenden Lohngruppen nicht mit den Obermerkmalen der TV-V-Entgeltgruppen widersprechen. Welche Lohngruppe welcher Entgeltgruppe entspricht, regelt § 23 TV-V wie folgt:

Entgeltgruppe nach TV-V	Lohngruppe
1	–
2	2
3	2
4	3, 4
5	5
6	6
7	7, 9

5

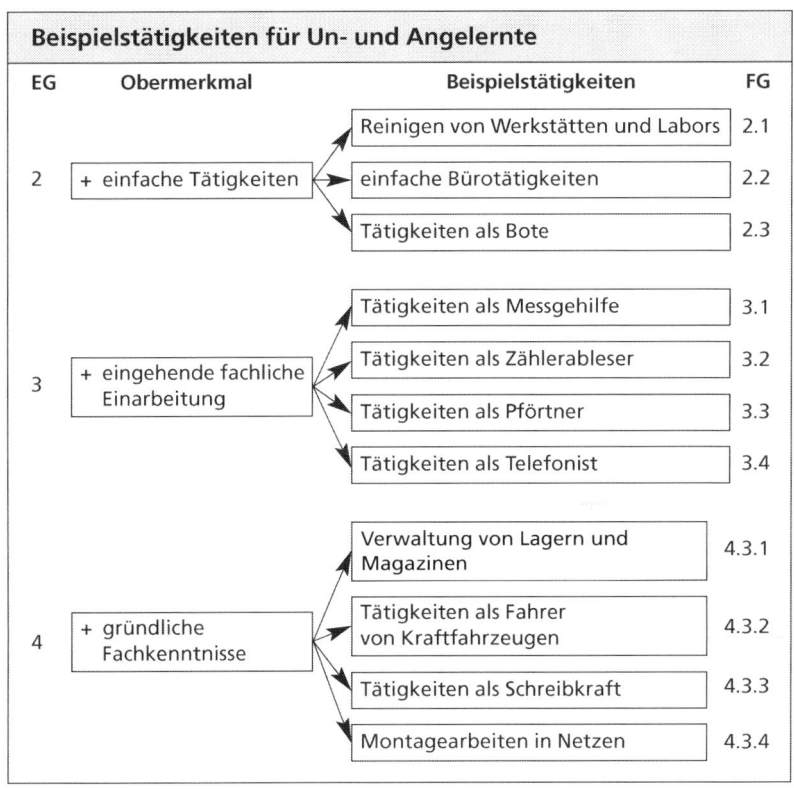

Beispielstätigkeiten für Un- und Angelernte

EG	Obermerkmal	Beispieltätigkeiten	FG
2	+ einfache Tätigkeiten	Reinigen von Werkstätten und Labors	2.1
		einfache Bürotätigkeiten	2.2
		Tätigkeiten als Bote	2.3
3	+ eingehende fachliche Einarbeitung	Tätigkeiten als Messgehilfe	3.1
		Tätigkeiten als Zählerableser	3.2
		Tätigkeiten als Pförtner	3.3
		Tätigkeiten als Telefonist	3.4
4	+ gründliche Fachkenntnisse	Verwaltung von Lagern und Magazinen	4.3.1
		Tätigkeiten als Fahrer von Kraftfahrzeugen	4.3.2
		Tätigkeiten als Schreibkraft	4.3.3
		Montagearbeiten in Netzen	4.3.4

Einfache Bürotätigkeiten (Beispiel 2.2 der Entgeltgruppe 2)

Einfache Bürotätigkeiten gemäß Klammersatz zu Beispiel 2.2 sind:

- Führen von einfachen Listen
- Mithilfe bei der Postabfertigung
- Registratur
- Fotokopien

Tätigkeiten als Bote (Beispiel 2.3 der Entgeltgruppe 2)

Die Aufgabe von Boten besteht insbesondere darin, Nachrichten und Gegenstände an Adressaten zu überbringen. Dazu gehören:

- Verteilen der internen Hauspost
- Paketdienste
- Kurierfahrten

Weitere Einsatzgebiete von Boten sind:

- Warenannahme
- Bearbeiten der Eingangs- und Ausgangspost
- Erledigen von Büro-Hilfsarbeiten wie Kopiertätigkeiten

Eine Einarbeitung am Arbeitsplatz ist üblich (vgl. http://berufenet. arbeitsagentur.de/berufe/start?dest=profession&prof-id=7448).

Damit finden sich die Auslegungskriterien für die Tätigkeiten von Boten durch verständige Fachkreise (hier die Bundesagentur für Arbeit in Zusammenarbeit mit dem Bundesinstitut für Berufsbildung) entsprechend in den tarifvertraglichen Regelungen wieder.

5 **Tätigkeiten als Messgehilfe (Beispiel 3.1 der Entgeltgruppe 3)**

Bei diesem Tätigkeitsbeispiel handelt es sich um ein Beispiel aus dem Arbeiterbereich. Der Messgehilfe führt Zuarbeiten im Rahmen von Vermessungen durch. Dazu gehören regelmäßig Arbeiten wie Bestücken der Vermessungspunkte mit Geräten unter Anleitung, Vorbereitung der Messgeräte unter Anleitung, Entlastung des Messtruppführers bei der Datenerfassung. Daneben sind sie für die Wartung der Geräteausstattung sowie für das Führen und Warten des Messwagens zuständig (vgl. BAG 26.04.2000, AP Nr. 3 zu § 22 MTAng-LV).

Tätigkeiten als Zählerableser (Beispiel 3.2 der Entgeltgruppe 3)

Zu den berufstypischen Aufgaben von Zählerablesern zählen:

- Ablesen von Zählern für Strom, Gas, Wasser, Heizung und Fernwärme
- Dokumentieren der Zählerstände
- Bedienen mobiler Datenerfassungsgeräte (MDE)
- Entgegennehmen und Weiterleiten von Beschwerden und Reklamationen
- Überprüfen, ob Bleiverschlüsse (Plomben) an den Zählern unversehrt sind

Eine rechtlich geregelte Ausbildung für eine Tätigkeit als Zählerableser gibt es nicht. Eine Ausbildung im Bereich Heizung und Sanitär kann aber von Vorteil sein (vgl. http://berufenet.arbeitsagentur.de/berufe/start?dest=profession&prof-id=7101).

Das entspricht auch der Ansicht der Tarifvertragsparteien, die mit der Einordnung der Tätigkeit in Entgeltgruppe 3 ebenfalls deutlich zum Ausdruck bringen, dass eine Berufsausbildung **nicht erforderlich** ist.

Tätigkeiten als Pförtner (Beispiel 3.3 der Entgeltgruppe 3)

Da die Tarifvertragsparteien keine eigene Definition vorgenommen haben, kann davon ausgegangen werden, dass der Begriff des Pförtners im Sinne des allgemeinen Sprachgebrauchs auszulegen ist. Danach umfassen die Aufgaben eines Pförtners:

- Überwachen des Zutritts zu einem Gebäude oder Grundstück
- Kontrolle der Ein- und Ausgänge
- Empfang und Einweisung von Gästen einschließlich Wahrnehmung entsprechender Kontrollfunktionen

Laut Rechtsprechung sind ausgehend von dieser allgemeinen Begriffsdefinition zusätzlich die speziellen Bedürfnisse und Besonderheiten am Arbeitsplatz mit zu berücksichtigen. Demnach gehören auch diese Tätigkeiten zum Aufgabengebiet eines Pförtners:

- Überwachen des Eingangs und des Parkplatzes
- Einlass, Kontrolle und Einweisung ankommender Personen
- Schlüsselausgabe und -rücknahme einschließlich Führen entsprechender Bücher
- Annehmen und Weitervermitteln von Telefongesprächen
- Entgegennehmen eingehender Post
- Überwachen der im Pförtnerraum installierten Alarmanlage und im Brandfall Alarmweitermeldung, Einlassen und ggf. Einweisen der Feuerwehr
- Überwachen der Fahrstuhlalarmanlage
- unter anderem vergleichbare Arbeiten, wie beispielsweise die Überwachung zentraler Wasser-, Gas- und Stromleitungen, sofern sie im Pförtnerraum installiert sind (vgl. BAG 26.05.1976, AP Nr. 92 zu §§ 22, 23 BAT m. w. N.).

Tätigkeiten als Telefonist (Beispiel 3.4 der Entgeltgruppe 3)

Telefonisten sind Angestellte im Fernsprechwesen, in Betrieben o. Ä. Sie bedienen Telefone und vermitteln Telefongespräche (vgl. Duden, S. 1738).

Verwaltung von Lagern und Magazinen (Beispiel 4.3.1 der Entgeltgruppe 4)

Im allgemeinen Sprachgebrauch werden die Begriffe „Lager" und „Magazin" synonym verwendet. Danach ist unter einem „Lager" ein Platz, Raum oder Gebäude zu verstehen, in dem Warenbestände und -vorräte gelagert werden (vgl. Duden, S. 1083).

So hat die BAG-Rechtsprechung zum BAT-Funktionsmerkmal des Lagerverwalters klargestellt, dass die Tarifvertragsparteien in den einschlägigen Tarifmerkmalen den Begriff des „Lagers" nicht nur im Sinne des allgemeinen Sprachgebrauchs, sondern auch ohne eine gegenständliche Beschränkung bezüglich des jeweils zu lagernden Gutes oder Materials verwenden. Zudem sei charakteristisch, dass das Lager zwar der Aufbewahrung der Waren oder Güter, aber nicht ihrer eigentlichen Zweckbestimmung dient (vgl. BAG 25.03.1981, AP Nr. 43; BAG 22.10.1986, AP Nr. 126 beide zu §§ 22, 23 BAT 1975).

Der Begriff der Verwaltung ist im allgemeinen Sprachgebrauch ebenfalls weit umspannt. Er bedeutet, im Auftrag von jemandem etwas betreuen, in Obhut haben, in Ordnung halten, aber auch, etwas verantwortlich leiten bzw. führen (vgl. Duden, S. 1916).

Beispiel:

Nach der Rechtsprechung zum Funktionsbeispiel des Lagerverwalters fallen alle diese Tätigkeiten unter die Funktion „Lagerverwalter" (hier an einer Universität):

Verwaltungsaufgaben

- Erledigung des anfallenden Schriftverkehrs mit den Hochschulinstituten und Einrichtungen
- Sichtung der schriftlichen Bedarfsanforderungen und Überprüfung der Lieferbarkeit
- Ausstellung der Empfangsbescheinigungen mit Warengliederung

- Auskunftserteilung über Art und Anwendung der von den Instituten angeforderten Waren einschließlich chemischer Reinigungs- und Lösungsmittel
- Führung der Bestandskarteien der rund 900 verschiedenen Warensorten
- laufende Überprüfung des Lagerbestands und der Restmengen nach Anzahl
- rechnerische Prüfung der Firmenrechnungen und Weiterleitung zur Rechnungsstelle
- Berechnung der Stückpreise aller Lieferungen für die Institute einschließlich Rechnungserstellung zwecks Belastung der betreffenden Institutshaushalte
- Terminabsprache mit der Fahrbereitschaft der Universität und Koordinierung der Warenlieferungen an die Bedarfsanforderer
- Büroorganisation und Registratur

Lagerarbeiten

- Einsortierung neuer Warenlieferungen
- laufende Überprüfung der Stückmengen und der Warenqualität der Lieferungen
- Sortieren und transportgerechte Zusammenstellung der Schmutzwäsche – Auslieferung für die Wäscherei (Berufskleidung, Handtücher, Putztücher usw.)
- übersichtliche Ordnung der gesamten Lagervorräte einschließlich der Regalbeschriftung
- transportgerechte Zusammenstellung der Bestellungen der Institute für die Auslieferung
- sachgemäße Lagerung der Warensorten unter Berücksichtigung der Unfallverhütung und des Feuerschutzes
- Überprüfung der Bestände auf Alterung und Gebrauchsfähigkeit

(vgl. BAG 25.03.1981, AP Nr. 43 zu §§ 22, 23 BAT 1975)

5

Praxis-Tipp:

Bei der Eingruppierung von Lagermitarbeitern gilt es zu prüfen, ob nicht – unabhängig von der oben genannten BAT-spezifischen Rechtsprechung – Tätigkeiten der Entgeltgruppe 5 Fallgruppe 5.1 vorliegen, da ggf. Tätigkeiten eines Fachlageristen auszuüben sind.

Bei der Ausbildung zum Fachlageristen handelt es sich um einen anerkannten Ausbildungsberuf nach dem Berufsbildungsgesetz. Die Ausbildung dauert zwei Jahre. Danach werden die Anforderungen der Entgeltgruppe 5 Fallgruppe 5.1 erfüllt, wenn zusätzlich entsprechende – das heißt berufstypische – Tätigkeiten anfallen. Beim Fachlageristen sind folgende Tätigkeiten berufstypisch:

- Annehmen von Waren
- fachgerechte Einlagerung
- Weiterleiten von Gütern an die entsprechenden Stellen im Betrieb

(vgl. http://berufenet.arbeitsagentur.de/berufe/start?dest=profession&prof-id=27539)

Fahrer von Kraftfahrzeugen (Beispiel 4.3.2 der Entgeltgruppe 4)

Fahrer eines Kraftfahrzeugs ist jemand, der sich in bestimmter Weise mit einem Fahrzeug (z. B. Pkw) fortbewegt (vgl. Duden, S. 568).

Kraftfahrzeuge sind Landfahrzeuge, die durch Maschinenkraft bewegt werden, ohne an Bahngleise gebunden zu sein (vgl. § 1 Abs. 2 StVG).

Neben der eigentlichen Fahrleistung zählen zu den berufstypischen Tätigkeiten eines Fahrers:

- Wartungs- und Pflegearbeiten
- Durchführung kleinerer (Kurz-)Reparaturen
- Bereitschaftszeiten

(vgl. BAG 30.05.1984, AP Nr. 2 zu § 21 MTL II m. w. N.)

Praxis-Tipp:

Diese Tätigkeiten sind bei der Ermittlung der Zeitanteile ebenfalls entsprechend mit einzubeziehen.

Tätigkeiten als Schreibkraft (Beispiel 4.3.3 der Entgeltgruppe 4)

Eine Schreibkraft ist zuständig für das An- und Ausfertigen von Schriftstücken nach Vorgaben. Dazu bedient sie eine Schreibmaschine und/oder heute übliche PC-Textverarbeitungsprogramme. Ebenfalls der Schreibtätigkeit zuzuordnen sind einschlägige Nebenarbeiten wie:

- Lesen und Korrigieren der Texte
- Vervielfältigen angefertigter Schriftstücke
- Verwalten von Speichermedien (Textträgern)
- Fernübertragung der Texte

Demzufolge sind neben schreibtechnischen Fähigkeiten Kenntnisse über die Handhabung der einschlägigen Textverarbeitungsprogramme erforderlich (vgl. Claus/Teichert/Brockpähler, Stichwort: Schreibdienst).

Montagearbeiten in Netzen (Beispiel 4.3.4 der Entgeltgruppe 4) 5

Montage im technischen Sinne umfasst im allgemeinen Sprachgebrauch das Aufstellen, Zusammensetzen und Anschließen einer Maschine bzw. das Zusammenbauen einzelner vorgefertigter Teile zu einer funktionsfähigen Maschine oder technischen Anlage (vgl. Duden, S. 1211).

Welche Arten von „Netzen" die Tarifvertragsparteien hierunter verstanden wissen wollten, haben sie im Klammersatz zu diesem Tätigkeitsbeispiel näher erläutert:

 Gas, Wasser, Fernheizung, Kabel, Freileitung

Was ein „Netz" selbst ist, bleibt ungeklärt. Nach den verständigen Fachkreisen ist zum Beispiel unter einem „Netz" im energietechnischen Sinne die Gesamtheit der miteinander verbundenen Anlagenteile für die Übertragung und Verteilung von elektrischer Energie zu verstehen (vgl. Kraus, S. 141).

Die Besonderheit dieser Beispielstätigkeit des TV-V besteht darin, dass es in Entgeltgruppe 5 unter Beispiel 5.4.7 noch einmal wortgleich verwandt wird. Eine Abgrenzung beider Beispiele ist daher nur anhand der Obermerkmale möglich.

2. Facharbeiter und Handwerker

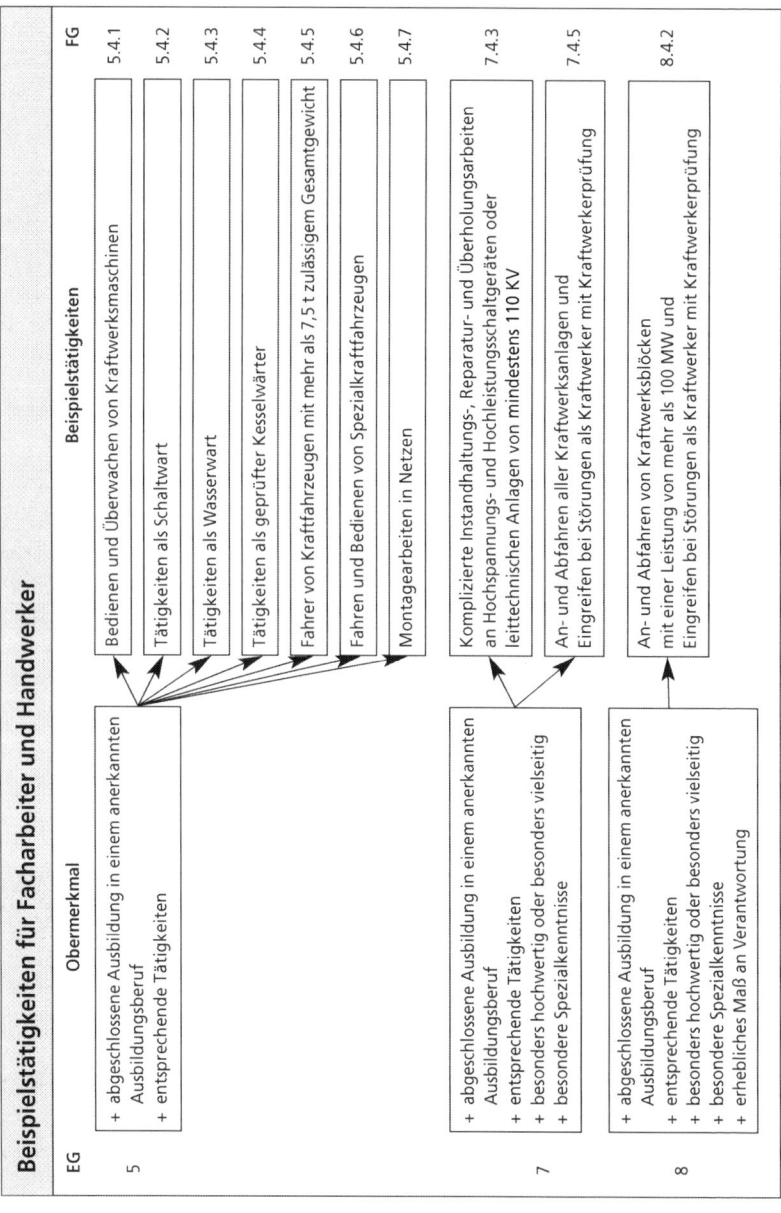

Beispieltätigkeiten für Facharbeiter und Handwerker

EG	Obermerkmal	Beispieltätigkeiten	FG
5	+ abgeschlossene Ausbildung in einem anerkannten Ausbildungsberuf + entsprechende Tätigkeiten	Bedienen und Überwachen von Kraftwerksmaschinen	5.4.1
		Tätigkeiten als Schaltwart	5.4.2
		Tätigkeiten als Wasserwart	5.4.3
		Tätigkeiten als geprüfter Kesselwärter	5.4.4
		Fahrer von Kraftfahrzeugen mit mehr als 7,5 t zulässigem Gesamtgewicht	5.4.5
		Fahren und Bedienen von Spezialkraftfahrzeugen	5.4.6
		Montagearbeiten in Netzen	5.4.7
7	+ abgeschlossene Ausbildung in einem anerkannten Ausbildungsberuf + entsprechende Tätigkeiten + besonders hochwertig oder besonders vielseitig + besondere Spezialkenntnisse	Komplizierte Instandhaltungs-, Reparatur- und Überholungsarbeiten an Hochspannungs- und Hochleistungsschaltgeräten oder leittechnischen Anlagen von mindestens 110 KV	7.4.3
		An- und Abfahren aller Kraftwerksanlagen und Eingreifen bei Störungen als Kraftwerker mit Kraftwerkerprüfung	7.4.5
8	+ abgeschlossene Ausbildung in einem anerkannten Ausbildungsberuf + entsprechende Tätigkeiten + besonders hochwertig oder besonders vielseitig + besondere Spezialkenntnisse + erhebliches Maß an Verantwortung	An- und Abfahren von Kraftwerksblöcken mit einer Leistung von mehr als 100 MW und Eingreifen bei Störungen als Kraftwerker mit Kraftwerkerprüfung	8.4.2

5

Bedienen und Überwachen von Kraftwerksmaschinen (Beispiel 5.4.1 der Entgeltgruppe 5)

Die Tarifvertragsparteien haben den Begriff **Bedienen** nicht näher umschrieben. Mangels anderweitiger Anhaltspunkte ist damit der Begriff im Sinne des allgemeinen Sprachgebrauchs für die Tarifauslegung maßgebend. Danach ist unter „Bedienen" das Handhaben, Steuern, Betätigen von Maschinen zu verstehen. Betätigen steht für „etwas zur Wirkung bringen" und Handhaben für „etwas mit der Hand richtig gebrauchen, verwenden" (vgl. BAG 04.04.1984, AP Nr. 88 zu §§ 22, 23 BAT 1975 m. w. N.).

Der Begriff **Überwachen** bedeutet: Jemanden oder etwas beaufsichtigen; kontrollieren, ob etwas ordnungsgemäß geschieht, ob jemand etwas ordnungsgemäß erledigt; kontrollierend für den richtigen Ablauf einer Sache sorgen (vgl. BAG 25.10.1995, AP Nr. 208 zu §§ 22, 23 BAT 1975 m. w. N.).

Wie schon die Begriffe „Bedienen" und „Überwachen", lässt sich auch der Begriff der **Kraftwerksmaschinen** mithilfe des allgemeinen Sprachgebrauchs auslegen: Danach ist unter einem „Kraftwerk" eine Anlage zu verstehen, die dazu bestimmt ist, durch Energieumwandlung elektrische Energie zu erzeugen. Nach Art der Energieumwandlung im Kraftwerk differenziert man zum Beispiel Wasser-, Wind-, Solar-, Brennstoffzellen- oder Wärmekraftwerke (einschließlich Geothermie). Nach Art der Antriebsmaschine werden insbesondere Dampfturbinen-, Gasturbinen- und Verbrennungsmotoren-Kraftwerke unterschieden (vgl. Monatsbericht über die Elektrizitäts- und Wärmeerzeugung der Stromerzeugungsanlagen für die allgemeine Versorgung, http://www.tls.thueringen.de/erfassung/formulare/43311_066K.pdf).

Als „Maschine" wird eine aus beweglichen Teilen bestehende Vorrichtung bezeichnet, die Kraft oder Energie überträgt und mit deren Hilfe bestimmte Arbeiten unter Einsparung menschlicher Arbeitskraft ausgeführt werden (vgl. Duden, S. 1162).

Tätigkeiten als Schaltwart (Beispiel 5.4.2 der Entgeltgruppe 5)

Eine Schaltwarte (auch Leitwarte, Messwarte oder Leitstand genannt) ist eine technische Einrichtung, mit deren Hilfe technische Prozesse überwacht und gesteuert werden (vgl. https://de.wikipedia.org/wiki/Leitstand).

Die Auslegung der Beispielstätigkeiten

Urteil zum TV-V

Ein Schaltwart überwacht die Prozesse mithilfe der in der Schaltwarte bereitgestellten Überwachungs- und Steuerungstechnik (vgl. ArbG Düsseldorf 21.02.2014, 3 Ca 792/13).

Tätigkeiten als Wasserwart (Beispiel 5.4.3 der Entgeltgruppe 5)

Die Ausbildung zum Wasserwart wurde vom Berufsbild „Fachkraft für Wasserversorgungstechnik" abgelöst. Fachkräfte für Wasserversorgungstechnik sind dafür zuständig, dass jederzeit einwandfreies Trinkwasser zur Verfügung steht. Dazu bedienen und überwachen sie Maschinen und Anlagen, die Wasser fördern, aufbereiten oder weiterleiten und verlegen Rohrleitungen. Konkret fallen diese berufstypischen Arbeiten an:

1. mit Maschinen und Anlagen Trinkwasser gewinnen, aufbereiten, speichern und weiterleiten

   - Bedienen und Überwachen der Anlagen

   - Inspizieren der Anlagen und deren Reparatur im begrenzten Umfang

   - Überprüfen von Kundenanlagen

   - Erkennen von Betriebsstörungen und selbstständig die erforderlichen Maßnahmen ergreifen

2. Gewinnen von Rohwasser aus Grundwasser oder als Uferfiltrat von Flüssen oder Seen

3. Wasseraufbereitung zur hygienisch einwandfreien Bereitstellung von Trinkwasser

   - Filtern des Wassers (z. B. durch Sandabsetzung in Vorlagebehältern)

   - Entkeimen des Wassers mittels ultravioletter Strahlung, Chlor oder Ozon

   - Entziehen unerwünschter Begleitstoffe in Filteranlagen und Reaktionsbecken

   - Einsatz von Chemikalien, um zum Beispiel Schmutz- und Schwebstoffe zu Flocken zu verdichten und leichter abzufiltern

4. Speichern des Wassers in Hochdruckbehältern und Abgabe ins Leitungsnetz

5. Überprüfen der Wasserqualität
- Nehmen von Wasserproben in verschiedenen Aufbereitungsstadien
- Mikroskopische und chemische Analyse der Proben
- Messen der Wassertemperatur

6. Verlegen und Warten von Rohrleitungen und -leitungssystemen
- Verlegen von Rohrleitungssystemen mit Kunststoffrohren, Muffen und Biegestücken
- Installieren und Warten elektrischer Einrichtungen wie Pumpen und Filteranlagen
- Legen von Hydranten
- Einbauen von Wasseruhren
- Reparieren von Leitungen bei Wasserbrüchen

Dabei sind in der Regel alle Arbeits- und Betriebsabläufe zu dokumentieren und auszuwerten. Die Arbeitsausführung erfolgt unter Berücksichtigung von Vorgaben aus Qualitätsmanagement, fachbezogenen Rechtsvorschriften, technischen Regeln sowie unter Beachtung der Vorschriften zu Arbeitssicherheit und Gesundheitsschutz. (vgl. http://berufenet.arbeitsagentur.de/berufe/start?dest=profession&prof-id=14754)

Tätigkeiten als geprüfter Kesselwärter (Beispiel 5.4.4 der Entgeltgruppe 5)

Kesselwärter stellen einen unfallsicheren, wirtschaftlichen und umweltfreundlichen Betrieb von Dampfkesselanlagen sicher. Dazu bedienen sie Dampfkesselanlagen, überwachen die Prozessabläufe und kontrollieren Prozessleitsysteme und den Betriebszustand der Dampfkessel. Sie füllen Betriebsstoffe nach und prüfen die Wasserqualität. Störungen, Schäden oder Regelabweichungen beseitigen sie entweder selbst oder melden sie den Vorgesetzten. Zudem überprüfen und dokumentieren sie regelmäßig Energieeinsatzmenge, Wärmeverlust und Wirkungsgrad der Anlage. Darüber hinaus warten sie die Anlagen. Sind Reparaturen notwendig, führen sie diese aus oder veranlassen bei größeren Schäden entsprechende Maßnahmen (vgl. http://berufenet.arbeitsagentur.de/berufe/start?dest=profession&prof-id=4860).

Entsprechende Lehrgänge dauern ca. 15 Tage und setzen mindestens eine dreimonatige praktische Tätigkeit an Kesselanlagen sowie etwa eine adäquate Berufsausbildung (z. B. zum Maschinenschlosser) voraus (vgl. z. B. Ausbildungslehrgang zum geprüften Kesselwärter beim TÜV Süd, Ausbildungsanforderungen abrufbar unter: www.tuev-sued.de/akademie_de/seminare_technik/anlagen_ und_produktionstechnik/dampfkessel_waermetechnische_ anlagen/1611201-ausbildungslehrgang-zum-geprueften-kesselwaerter/2015-1611201-ausbildungslehrgang-zum-geprueften-kesselwaerter-2015?cnsl_prodNr=1611201&other=&shopId=akd&).

Tätigkeiten als Fahrer von Kraftfahrzeugen mit mehr als 7,5t zulässigem Gesamtgewicht (Beispiel 5.4.5 der Entgeltgruppe 5)

Diese Beispielstätigkeit baut auf das Beispiel der Entgeltgruppe 4 auf. Zusätzlich zu den dort genannten Anforderungen (vgl. Seite 52) ist hier erforderlich, dass Fahrzeuge mit mehr als 7,5t zulässigem Gesamtgewicht gefahren werden. Unter dem zulässigen Gesamtgewicht wird das Gewicht eines Fahrzeugs verstanden, das sich aus dem Leergewicht und dem Gewicht der beförderten Last zusammensetzt (vgl. Duden, S. 706).

5

Fahren und Bedienen von Spezialkraftfahrzeugen (wie Kraftfahrzeuge mit komplizierten Arbeitsmaschinen) (Beispiel 5.4.6 der Entgeltgruppe 5)

Diese Beispielstätigkeit ist dadurch von den Beispielen „Fahrer von Kraftfahrzeugen" (Beispiel 4.3.2 der Entgeltgruppe 4) und „Tätigkeiten als Fahrer von Kraftfahrzeugen mit mehr als 7,5t zulässigem Gesamtgewicht" (Beispiel 5.4.5 der Entgeltgruppe 5) abzugrenzen, dass diese zusätzlichen Anforderungen zu erfüllen sind: „Bedienen eines Spezialkraftfahrzeuges (wie Kraftfahrzeuge mit komplizierten Arbeitsmaschinen)".

Den Begriff **Bedienen** haben die Tarifvertragsparteien nicht näher umschrieben. Mangels anderweitiger Anhaltspunkte ist damit der Begriff im Sinne des allgemeinen Sprachgebrauchs für die Tarifauslegung maßgebend. Danach ist unter „Bedienen" das Handhaben, Steuern, Betätigen von Maschinen zu verstehen. Betätigen steht für „etwas zur Wirkung bringen" und Handhaben mit „etwas mit der Hand richtig gebrauchen, verwenden" (vgl. BAG 04.04.1984, AP Nr. 88 zu §§ 22, 23 BAT 1975 m. w. N.).

Unter einem **Spezialfahrzeug** ist ein Kraftfahrzeug zu verstehen, das aufgrund seines besonderen Verwendungszwecks mit verschiedenen Zusatzeinrichtungen versehen ist und das aufgrund dieser Einrichtungen und der mit dem Spezialzweck typischerweise verbundenen Art der Nutzung gegenüber einem Normalfahrzeug erheblich gesteigerte Anforderungen an den Fahrer stellt (vgl. BAG 25.08.1993, AP Nr. 10 zu § 21 MTB II).

Montagearbeiten in Netzen (Beispiel 5.4.7 der Entgeltgruppe 5)

Wie schon angemerkt, hat der TV-V hier eine Besonderheit: In Entgeltgruppe 4 (Beispiel 4.3.4) und in Entgeltgruppe 5 (Beispiel 5.4.7) taucht dieses wortgleiche Beispiel auf:

 Montagearbeiten in Netzen (Gas, Wasser, Fernheizung, Kabel, Freileitung).

Zur Erläuterung des Beispiels kann insoweit auf die Ausführungen auf Seite 53 verwiesen werden. Fraglich ist die Abgrenzung zu beiden Entgeltgruppen.

Gemäß den Obermerkmalen i. V. m. Vorbemerkung Nr. 1 Satz 2 zu Anlage 1 TV-V kann das Tätigkeitsbeispiel nur dann erfüllt sein, wenn es als gleichwertig angesehen werden kann mit:

- einer abgeschlossenen Berufsausbildung in einem anerkannten Ausbildungsberuf und entsprechenden Tätigkeiten oder
- gründlichen und vielseitigen Fachkenntnissen

Praxis-Tipp:

Als praktikable Auslegungsgrundlage kann hier auf die erste Alternative und damit auf das einschlägige Berufsbild zurückgegriffen werden.

Das Berufsbild des Anlagenmechanikers kann beispielsweise als einschlägiges Berufsbild angesehen werden. Er montiert versorgungstechnische Rohrleitungssysteme, hält sie in Stand und baut sie bei Bedarf um (vgl. http://infobub.arbeitsagentur.de/berufe/start?dest=profession&prof-id=29047).

Die berufsspezifischen Fachqualifikationen beinhalten dabei:

- wie man Rohrleitungspläne, isometrische Darstellungen, Abwicklungen, Fundament- und Lagepläne sowie Aufstellungspläne liest und anwendet
- was beim Umsetzen von Schweiß- und Montageplänen zu beachten ist

- wie man Rohre, Bleche und Profile trennt, warm und kalt umformt
- wie Anlagen und Anlagenteile inspiziert, gewartet und in Stand gesetzt werden und wie man Bauteile einer Sichtprüfung unterzieht, um Verschleiß und Beschädigungen festzustellen
- welche Sichtprüfungsverfahren es gibt und wie man Farbeindring- oder Magnetpulverprüfungen an Schweißdrähten durchführt
- wie betriebliche Qualitätssicherungssysteme angewendet werden und wie die Ursachen von Qualitätsmängeln systematisch gesucht, beseitigt und dokumentiert werden

(vgl. Anlage 2 Teil A zu § 8 des Ausbildungsrahmenplans für die Berufsausbildung zum Anlagenmechaniker/zur Anlagenmechanikerin, abrufbar unter: http://berufenet.arbeitsagentur.de/berufe/berufld. do?_pgnt_act=goToAnyPage&_pgnt_pn=0&_pgnt_id=result Short&status=R)

5 Wie dieser Vergleich mit einem möglichen einschlägigen Berufsbild zeigt, wird im Rahmen der Ausbildung mehr vermittelt als nur Kenntnisse und Fertigkeiten zur Montage (siehe Seite XX). Dementsprechend streng muss die Abgrenzung zur Entgeltgruppe 4 erfolgen, will man die Tätigkeiten eines Mitarbeiters unter diese Beispielstätigkeit subsumieren. So sind Montagearbeiten im Sinne der Entgeltgruppe 5 nur solche Arbeiten, die alle folgenden Tätigkeiten umfassen:

- wie man Rohrleitungspläne, isometrische Darstellungen, Abwicklungen, Fundament- und Lagepläne sowie Aufstellungspläne liest und anwendet
- was beim Umsetzen von Schweiß- und Montageplänen zu beachten ist
- wie man Rohre, Bleche und Profile trennt, warm und kalt umformt

Komplizierte Instandhaltungs-, Reparatur- und Überholungsarbeiten an Hochspannungs- und Hochleistungsschaltgeräten oder leittechnischen Anlagen von mindestens 110 KV (Beispiel 7.4.3 der Entgeltgruppe 7)

Das Wort **kompliziert** beschreibt im Sinne des allgemeinen Sprachgebrauchs die Eigenschaft von etwas im Sinne von schwierig bzw. verwickelt. Verwickelt bedeutet, dass etwas aus vielen Eigenschaften besteht und daher schwer zu durchschauen und zu handhaben ist (vgl. Duden, S. 1024). Eine vergleichbare Auslegung findet sich auch in der Rechtsprechung. Danach sind Geräte oder Anlagen dann kompliziert, wenn sie so beschaffen sind, dass ihre Instandsetzung höhere Anforderungen verlangt. Diese müssen aufgrund der Tarifsystematik über diejenigen hinausgehen, die an allgemeine Mechaniker gestellt werden (vgl. BAG 04.06.1980, AP Nr. 4 zu § 21 MTB II; BAG 21.01.1981, AP Nr. 5 zu § 21 MTB II).

Der Begriff der **Instandhaltung** wird durch die verständigen Fachkreise wie folgt definiert: Instandhaltung umfasst alle Maßnahmen zum Erhalt des funktionsfähigen Zustands technischer Systeme, Geräte, Bauelemente etc. bzw. zu dessen Wiederherstellung nach einem Ausfall. Instandhaltungsmaßnahmen bestehen regelmäßig aus Wartungs-, Inspektions-, Instandsetzungs- und Verbesserungsmaßnahmen (vgl. DIN EN 13306).

Unter dem Begriff **Reparieren** (im Sinne der Reparaturarbeiten) ist das Wiederherstellen und Ausbessern von etwas zu verstehen, das nicht mehr funktioniert, entzweigegangen oder schadhaft geworden ist. Ziel des Reparierens ist, den Gegenstand wieder in den früheren intakten, gebrauchsfähigen Zustand zu versetzen (vgl. Duden, S. 1443).

5

Überholen – im hier technischen Kontext – bedeutet, etwas auf technische Mängel zu überprüfen und zu reparieren, also wieder völlig in Stand zu setzen (vgl. Duden, S. 1799). Die Instandsetzung wiederum betrifft die Wiederherstellung bzw. Ausbesserung einer Anlage (vgl. Duden, S. 921).

Der Begriff der **Hochspannungs- und Hochleistungsschaltgeräte** setzt sich aus den Begriffen „Hochspannung", „Hochleistung" und „Schaltgeräte" zusammen. Hochspannung ist eine elektrische Spannung von 60 bis 150 kV (vgl. Kraus, S. 101).

Was unter „Hochleistungsschaltgeräten" zu verstehen ist, klären die einschlägigen Lexika zur Energietechnik und -wirtschaft nicht (vgl. z. B. Schaefer, Kraus). Im allgemeinen Sprachgebrauch ist unter Hochleistung eine sehr große Leistung zu verstehen (vgl. Duden, S. 871). Entsprechend haben die Tarifvertragsparteien konkretisiert, dass es sich hier um Geräte oder Anlagen mit mindestens 110 kV handeln muss.

Der Begriff „Schaltgerät" setzt sich im Sinne des allgemeinen Sprachgebrauchs aus den Worten Schalter und Gerät zusammen. Unter einem „Gerät" ist dabei ein beweglicher Gegenstand zu verstehen, mit dessen Hilfe etwas bearbeitet, bewirkt oder hergestellt werden soll (vgl. Duden, S. 703). Als Schalter bezeichnet man eine Vorrichtung zum Herstellen oder Unterbrechen einer elektrischen Verbindung in Form eines Hebels, Druck- oder Drehknopfes (vgl. Duden, S. 1505). Schaltgeräte sind Bestandteil einer Schaltanlage. Eine Schaltanlage ist eine Anlage zur Verteilung elektrischer Energie sowie zum Schalten, Steuern und Überwachen von ankommenden und abgehenden Leitungen, von Geräten u. Ä. in Kraftwerken, Umspannstationen und bei Großverbrauchern. Eine Schaltanlage umfasst Schaltgeräte (Leistungs-, Erdungs-, Trennschalter), Messeinrichtungen (Messgeräte, -wandler), Steuer- und Schutzeinrichtungen (Steuerelektronik, Sicherungen, Überspannungsableiter). Schaltgeräte und Hilfseinrichtungen sind in Schaltfelder, -zellen oder -schränke unterteilt, die über Sammelschienen miteinander verbunden sind (vgl. Brockhaus, Stichwort: Schaltanlage).

Generell wird unter Leittechnik das gezielte Einwirken auf den Ablauf von industriellen Prozessen verstanden. In einem Kraftwerk hat die Leittechnik dafür Sorge zu tragen, dass das Umwandeln von Primärenergie in elektrische Energie so erfolgt, dass der Bedarf der angeschlossenen Verbraucher an elektrischer Energie jederzeit gedeckt werden kann und der Umwandlungsprozess sicher abläuft. Die konkrete Aufgabe der Leittechnik besteht also in der Prozessführung.

Dabei werden bestimmte Prozesszustände und -größen hergestellt und bei Störungen aufrechterhalten (vgl. Peter u. a. in: Schaefer, S. 802).

Anlagen im technischen Sinne sind die Gesamtheit der maschinellen und anderen Ausrüstungen eines Betriebs, die für die Erzeugung von Energie notwendig sind (Brockhaus, Stichwort: Anlage).

An- und Abfahren aller Kraftwerksanlagen und Eingreifen bei Störungen als Kraftwerker mit Kraftwerkerprüfung (Beispiel 7.4.5 der Entgeltgruppe 7)

Diese Tätigkeiten beschreiben die einschlägigen Fachkreise wie folgt:

Ziel des **Anfahrens** ist, dass die Kraftwerksanlagen ausgehend vom Stillstand auf den optimalen Weg in den gewünschten Betriebszustand überführt werden. Der optimale Weg erfordert eine spezifische Anpassung der Anfahrsysteme und der leittechnischen Einrichtungen, sowohl an den Dampferzeuger als auch an den Kraftwerksblock.

Das **Abfahren**, das heißt die Rückführung der Kraftwerksanlagen vom Betriebszustand in den Stillstand, wird differenziert nach dem Anlass in Warm- bzw. Kaltabfahren sowie nach dem Störabfahren. Das Warmabfahren erfolgt nach dem Ziel, den Kraftwerksblock nach

Stillstand möglichst rasch wieder anzufahren. Das Kaltabfahren erfolgt hingegen, wenn zum Beispiel wegen anschließender Reparaturen die Abkühlzeit der Anlage verkürzt werden soll (vgl. Waldmann in: Schaefer, S. 50 ff.).

Der Begriff der **Kraftwerksanlagen** setzt sich zusammen aus den Begriffen „Kraftwerk" und „Anlage". Unter einem „Kraftwerk" ist eine Anlage zu verstehen, die dazu bestimmt ist, durch Energieumwandlung elektrische Energie zu erzeugen. Nach Art der Energieumwandlung im Kraftwerk unterscheidet man beispielsweise Wasser-, Wind-, Solar-, Brennstoffzellen- oder Wärmekraftwerke (einschließlich Geothermie). Abhängig von der Antriebsmaschine wird insbesondere differenziert nach Dampfturbinen-, Gasturbinen- und Verbrennungsmotoren-Kraftwerken (vgl. Monatsbericht über die Elektrizitäts- und Wärmeerzeugung der Stromerzeugungsanlagen für die allgemeine Versorgung, http://www.tls.thueringen.de/erfassung/formulare/43311_066K.pdf).

Anlagen im technischen Sinne sind die Gesamtheit der maschinellen und anderen Ausrüstungen eines Betriebs, die für die Erzeugung von Energie notwendig sind (vgl. Brockhaus, Stichwort: Anlage).

Der Begriff **Kraftwerker mit Kraftwerkerprüfung** entspricht der Berufsbezeichnung „Geprüfter Kraftwerker" (vgl. „Verordnung über die Prüfung zum anerkannten Abschluss Geprüfter Kraftwerker/Geprüfte Kraftwerkerin" vom 21.02.2001, BGBl. I S. 328 ff.).

Zu den Tätigkeiten eines Geprüften Kraftwerkers zählen das Bedienen, Überwachen sowie das An- und Abfahren der Haupt-, Hilfs- und Nebenanlagen von Kraftwerken. Sie beobachten und bewerten die Betriebszustände dieser Anlagen, stellen Betriebsstörungen fest und beheben diese während des laufenden Betriebes. Um Störungen zu vermeiden, sorgen Kraftwerker für turnusmäßige Wartungsarbeiten an den technischen Einrichtungen und veranlassen Instandsetzungs- und Reparaturmaßnahmen. Konkret sind diese berufstypischen Arbeiten auszuführen:

Überwachen von Kraftwerksanlagen

- Beobachten von Messinstrumenten, Kontrollleuchten und Bildschirmanzeigen an Leitständen

- Interpretieren von Messwerten und Einschätzen ihrer Bedeutung

- Einleiten von Maßnahmen bei problematischen Betriebszuständen

- Protokollieren von Messwerten und Betriebszuständen

Ausführen von Wartungs- und Reparaturarbeiten
- Durchführen von Kontrollgängen in den verschiedenen Kraftwerksanlagen
- Lokalisieren und Analysieren von Störungen
- Durchführen von Kontrollgängen in den verschiedenen Kraftwerksanlagen
- Überprüfen der Betriebsbereitschaft von Anlagen und Durchführen von Routine-Checks
- Durchführen kleinerer Reparaturarbeiten, Einbauen von Ersatzteilen

Versorgen und Überwachen von Nebenanlagen
- Sicherstellen der Luft- und Kühlwasserversorgung
- Überwachen der Brennstofflager (bei Kohle- und Ölkraftwerken)

5 *Maßnahmen des Arbeitsschutzes, der Unfallverhütung sowie des Umweltschutzes beachten und durchsetzen*

Es ist eine zwölfmonatige strukturierte Weiterbildung im Kraftwerksbetrieb nachzuweisen. Zusätzlich werden entsprechende Vorbereitungslehrgänge angeboten. Sie dauern ca. 16 Wochen (in Vollzeit), sind aber nicht verpflichtend (vgl. Berufsbild unter: http://berufenet.arbeitsagentur.de/berufe/start?dest=profession&profid=14744).

An- und Abfahren von Kraftwerksblöcken mit einer Leistung von mehr als 100 MW und Eingreifen bei Störungen als Kraftwerker mit Kraftwerkerprüfung (Beispiel 8.4.2 der Entgeltgruppe 8)

Die Beispielstätigkeit ist abzugrenzen von der Beispielstätigkeit 7.4.5 der Entgeltgruppe 7. Die Begriffe „An- und Abfahren" sowie „Kraftwerker mit Kraftwerkerprüfung" sind bereits dort erläutert. Im Gegensatz zu Beispielstätigkeit 7.4.5 wird aber hier gefordert, dass es sich um Kraftwerksblöcke mit einer Leistung von mehr als 100 MW handeln muss.

Ein **Kraftwerksblock** ist eine einzelne Erzeugungseinheit eines Kraftwerks. Unter Erzeugungseinheit versteht man dabei eine Anlage eines Kraftwerks, die nach bestimmten Kriterien von anderen abgrenzbar ist (vgl. Kraus, S. 77, 119). Es handelt sich somit um einen selbstständig funktionsfähigen Kraftwerksteil (vgl. auch Duden, S. 330).

3. Staatlich geprüfte Techniker

Staatlich geprüfte Techniker finden sich nur einmal als Beispielstätigkeit 6.4.2 in der Entgeltgruppe 6 wieder:

Staatlich geprüfter Techniker mit entsprechenden Tätigkeiten

Bei dem Abschluss zum staatlich geprüften Techniker (z. B. in der Fachrichtung Umweltschutztechnik mit dem Schwerpunkt Wasserver- und -entsorgung) handelt es sich um eine landesrechtlich geregelte schulische Fortbildung an Fachschulen bzw. Berufskollegs (vgl. z. B. http://berufenet.arbeitsagentur.de/berufe/start?dest=profession&profid=6056). Fachschulen qualifizieren unter anderem zur Übernahme von Führungsaufgaben (vgl. Rahmenvereinbarung über Fachschulen; Beschluss der Kultusministerkonferenz vom 07.11.2002 i. d. F. vom 25.09.2014, S. 2).

Dementsprechend üben Techniker im Allgemeinen eine erforschende, planende, überwachende und/oder leitende Fachtätigkeit aus. Diese bezieht sich auf das Entwickeln und Verwirklichen von technischen Konstruktionen in der jeweils ausgebildeten Fachrichtung (vgl. BAG 01.03.1995, AP Nr. 191 zu §§ 22, 23 BAT 1975 m. w. N.).

5

Ziel der Ausbildung ist es, Fachkräfte mit einschlägiger Berufsausbildung und Berufserfahrung für die Lösung technisch-naturwissenschaftlicher Problemstellungen und für Führungsaufgaben im betrieblichen Management auf der mittleren Führungsebene zu qualifizieren (vgl. Rahmenvereinbarung über Fachschulen; Beschluss der Kultusministerkonferenz vom 07.11.2002 i. d. F. vom 25.09.2014, S. 16).

Für eine sachgerechte Umsetzung in die Tarifpraxis dürfte sich der reguläre Eingruppierungsrahmen damit zwischen der Entgeltgruppe 6 und der Entgeltgruppe 8 bewegen. Dies ergibt sich aus dem Aufbau der Entgeltordnung:

Auf der einen Seite wird mit der Entgeltgruppe 5 Fallgruppe 5.1

Arbeitnehmer mit abgeschlossener Ausbildung in einem anerkannten Ausbildungsberuf …

die Einstiegseingruppierung für Facharbeiter und Handwerker tarifvertraglich festgelegt.

Auf der anderen Seite schreiben die Tarifvertragsparteien mit der Entgeltgruppe 9 Fallgruppe 9.2 durch die Formulierung

 Arbeitnehmer mit abgeschlossener Fachhochschul- oder Bachelorausbildung ...

auch die Einstiegseingruppierung für Ingenieure (Dipl.-FH/BA) fest.

Aufgabe des staatlich geprüften Technikers ist es, technische Problemstellungen selbstständig oder im Team zu erkennen, zu analysieren, zu strukturieren, zu beurteilen und Wege zur Lösung dieser Probleme in wechselnden Situationen zu finden (vgl. Rahmenvereinbarung über Fachschulen; Beschluss der Kultusministerkonferenz vom 07.11.2002 i. d. F. vom 25.09.2014, S. 16).

Aus der Vielzahl möglicher Fortbildungsgänge sind für den Bereich der Versorgungswirtschaft diese Beispiele einschlägig:

- Techniker – Bautechnik
- Techniker – Elektrotechnik (Energietechnik)
- Techniker – Heizungs-, Lüftungs-, Klimatechnik
- Techniker – Maschinentechnik
- Techniker – Umweltschutztechnik (Wasserver- und -entsorgung)

(vgl. Auswahl der Fortbildungen für staatlich geprüfte Techniker unter: www.berufenet.arbeitsagentur.de)

Da auch die Vergütungsordnung des BAT das Berufsbild des Technikers mit staatlicher Anerkennung kennt, ist entsprechende Rechtsprechung vorhanden. Für die Eingruppierung nach dem TV-V sind aber hier lediglich die Urteile zur „entsprechenden Tätigkeit" von Interesse, da das Berufsbild nur einmal als Beispiel auftaucht.

Beispiel:

Versorgungskaufmann in der Abteilung „Zentrales Aufmaß" eines kommunalen Versorgungsunternehmens

Für die Annahme eines technischen Charakters spricht, dass das Aufmaß für die Ermittlung der tatsächlich angefallenen Material-, Lohn-, Maschinen-, Verwaltungs- und Gemeinkosten für bestimmte Bauleistungen zum Berufsbild des Bautechnikers in seiner Erscheinungsform des Bauabrechners gehört (vgl. Blätter zur Berufskunde Bautechniker/Bautechnikerin 5. Aufl. 1996 2-I N20 S. 15). Das Aufmaß als Ausmessen der fertigen Baustelle usw. als

Grundlage für die Abrechnung erfolgt laut Stellenbeschreibung „nach Vorgaben der technischen Abteilungen". Konkret wurde dem Versorgungskaufmann vorgegeben:

- die Baumaßnahmen, für die die Aufmaße zu erstellen sind

- die zu beachtenden Aufmaßbestimmungen in den allgemeinen technischen Vorschriften und in etwaigen zusätzlichen technischen Vorschriften (vgl. § 14 Ziff. 2 Satz 2 VOB-B). Die technischen DIN-Normen enthalten durchweg unter Nr. 5 Bestimmungen über Aufmaß und Abrechnung. Diese Vorschriften werden dem Versorgungskaufmann von den technischen Abteilungen vorgegeben.

Auf dieser Basis wird das Aufmaß vorgenommen. Er nimmt das Aufmaß unter Berücksichtigung der allgemeinen und etwaigen zusätzlichen technischen Vorschriften. Das spricht dafür, dass für die Tätigkeit, soweit er „Aufmaß von Unternehmerleistungen im Tief- und Straßenbau für die Strom-, Gas-, Wasser- und Fernwärmeversorgung sowie im Bereich der Bäder-, Rohr- und Kabelaufmaße" vornimmt, das heißt die Leistungen in Augenschein nimmt und durch Aufmaß Feststellungen hinsichtlich des Umfangs der Leistung, aber auch sonstige Feststellungen trifft, technische Fachkenntnisse erforderlich sind. Solche Fachkenntnisse werden in einer Ausbildung zum Bautechniker vermittelt. Es spricht viel dafür, dass sie zur Feststellung des Umfangs der jeweiligen Leistung und der sonstigen Punkte einschließlich der erfolgten Beachtung oder Nichtbeachtung der allgemeinen technischen Vorschriften und der zusätzlichen technischen Vertragsbedingungen und Richtlinien und DIN-Normen erforderlich sind und damit eine technische Tätigkeit vorliegt (vgl. BAG 22.03.2000, AP Nr. 275 zu §§ 22, 23 BAT 1975).

5

4. Technische Assistenten

Auch technische Assistenten finden sich, wie die staatlich geprüften Techniker, nur einmal als Beispielstätigkeit 6.4.3 der Entgeltgruppe 6 wieder:

 Technische Assistenten mit entsprechenden Tätigkeiten

Der Begriff „Technischer Assistent" wird im Berufsbildungsrecht synonym zum „Staatlich geprüften technischen Assistenten" verwendet.

Bei diesem Beruf handelt es sich – im Gegensatz zu den anderen unter Entgeltgruppe 6 genannten Beispielen/Berufen – nicht um eine Fortbildung, sondern um eine berufliche Erstausbildung. Sie dauert regulär zwei Jahre und wird gemäß der „Rahmenvereinbarung über die Ausbildung und Prüfung zum Staatlich geprüften technischen Assistenten/zur Staatlich geprüften technischen Assistentin an Berufsfachschulen" durchgeführt und geprüft. Zulassungsvoraussetzung ist ein Realschulabschluss oder ein als gleichwertig anerkannter Abschluss.

Ausgebildet wird in vielen Bereichen (vgl. Anlage 1 und 2 zur Rahmenvereinbarung über die Ausbildung und Prüfung zum technischen Assistenten/zur technischen Assistentin an Berufsfachschulen). Die Berufsbezeichnung erfolgt dementsprechend mit einem den Beruf angebenden Zusatz und ggf. der Angabe eines Schwerpunkts.

Von Interesse in Bezug auf die klassischen Aufgaben für Versorgungsbetriebe sind:

- Staatlich geprüfter technischer Assistent für regenerative Energietechnik und Energiemanagement

- Staatlich geprüfter technischer Assistent für Informatik

- Staatlich geprüfter Assistent für technische Kommunikation und Dokumentation

- Staatlich geprüfter technischer Assistent für Gebäudetechnik

- Staatlich geprüfter technischer Assistent für Elektronik und Datentechnik

- Staatlich geprüfter elektrotechnischer Assistent

- Staatlich geprüfter umweltschutztechnischer Assistent

Grundsätzlich erwerben technische Assistenten während der Ausbildung Qualifikationen, die vorwiegend in Laboratorien, Instituten, Werkseinrichtungen, Prüf- und Versuchsfeldern der Wirtschaft, Verwaltung und Wissenschaft benötigt werden (vgl. „Rahmenvereinbarung über die Ausbildung und Prüfung zum technischen Assistenten/zur technischen Assistentin an Berufsfachschulen", Beschluss der Kultusministerkonferenz Nr. 405 vom 12.06.1992 i. d. F. vom 17.10.2013).

Für eine Eingruppierung nach Entgeltgruppe 6 Fallgruppe 6.4.3 muss der technische Assistent entsprechende Tätigkeiten ausüben. Diese liegen nur vor, wenn die übertragenen Tätigkeiten zum erlernten

Berufsbild gehören. Es reicht nicht aus, dass der technische Assistent ohne Rücksicht auf seine spezielle Ausbildung irgendeine Tätigkeit ausübt, die zum Berufsbild eines technischen Assistenten gehört. Es kann nicht davon ausgegangen werden, dass die Tarifvertragsparteien bei der Eingruppierung eine Ausbildung honorieren wollen, die für die Ausübung der Tätigkeit nicht erforderlich ist und andererseits eine Tätigkeit ausreichen lassen wollen, die einem Berufsbild entspricht, in dem der Arbeitnehmer nicht ausgebildet ist (vgl. BAG 28.06.1989, 4 AZR 115/89, ZTR 1989, S. 444).

5. Handwerks- und Industriemeister

EG	FG	Beispielstätigkeiten für Handwerks- und Industriemeister
6	6.4.1	Handwerks- und Industriemeister ■ mit entsprechenden Tätigkeiten
7	7.4.1	Handwerks- und Industriemeister ■ mit fachlicher Aufsicht ■ über Handwerker oder Facharbeiter
	7.4.2	Handwerks- und Industriemeister, die ■ die Voraussetzungen der Ausbildereignungs-Verordnung erfüllen und ■ in der Berufsausbildung entsprechend tätig sind.
8	8.4.1	Handwerks- und Industriemeister, die ■ große Arbeitsstätten (Bereiche, Werkstätten, Abteilungen oder Betriebe) ■ fachlich beaufsichtigen, ■ in denen Handwerker oder Facharbeiter beschäftigt sind.
9	9.4.1	Handwerks- und Industriemeister, die ■ ausdrücklich zu Leitern von großen Arbeitsstätten bestellt sind, ■ in denen Handwerker oder Facharbeiter beschäftigt sind.

Der Begriff des Handwerksmeisters

Der Begriff des „Handwerksmeisters" hat in der Rechtsordnung einen fest umrissenen Inhalt. Wenn Tarifvertragsparteien einen solchen Rechtsbegriff verwenden, ist mangels anderweitiger Anhaltspunkte davon auszugehen, dass sie ihn im allgemeinen Rechtssinne angewendet wissen wollen. Handwerksmeister ist danach ein Arbeitnehmer, der die Meisterprüfung vor der zuständigen Handwerkskammer mit Erfolg abgelegt hat. Diese Definition ist hier somit auch im tariflichen Sinne anzunehmen (vgl. BAG 14.03.1984, AP Nr. 87 zu §§ 22, 23 BAT 1975). Eine Auflistung der einzelnen Gewerbe, für die Meisterprüfungen abgelegt werden können, findet sich in den Anlagen A und B der Handwerksordnung.

Im Bereich der Versorgungswirtschaft sind regelmäßig für diese Gewerke Handwerksmeister anzutreffen:

- Elektrotechniker

- Elektromaschinenbauer

- Maler und Lackierer

- Metallbauer

- Kälteanlagenbauer

- Kraftfahrzeugtechniker

- Klempner

- Installateur und Heizungsbauer

(vgl. BGBl. I 2009, S. 2091 ff.)

Der Begriff des Industriemeisters

Auch der Begriff des „Industriemeisters" wird von den Tarifvertragsparteien nicht näher bestimmt. Im Gegensatz zum Handwerksmeister hat er aber auch in der Rechtsterminologie keinen fest umrissenen Inhalt. Für die Auslegung ist folglich davon auszugehen, dass die Tarifvertragsparteien diesen Begriff so angewendet wissen wollen, wie er im Wirtschaftsleben verstanden wird. Danach stellt der Industriemeister einen Fortbildungsabschluss für alle Industriebereiche nach abgeschlossener Industrielehre und praktischer Berufsausübung dar. Die Prüfung zum Industriemeister wird entsprechend vor der IHK abgelegt (vgl. BAG 16.10.1985, AP Nr. 108; BAG 23.01.1985, AP Nr. 99 beide zu §§ 22, 23 BAT 1975 m. w. N.).

Für den Bereich der Versorgungswirtschaft können beispielhaft folgende Industriemeisterfachrichtungen infrage kommen:

- Industriemeister – Elektrotechnik

- Industriemeister – Leitungsbau

- Industriemeister – Rohrnetzbau und Rohrnetzbetrieb

70

- Wassermeister
- Abwassermeister

(vgl. http://berufenet.arbeitsagentur.de/berufe/simplesearch.do)

Entsprechende Tätigkeiten (Beispiel 6.4.1 der Entgeltgruppe 6)

Eine der beruflichen Qualifikation eines Meisters entsprechende Tätigkeit liegt vor, wenn diese die Fähigkeiten und Kenntnisse erfordert, die durch die abgelegte Meisterprüfung nachgewiesen werden. Dazu gehört bei einem Meister, dass er Meistertätigkeiten im Gegensatz zu Gesellen- oder Facharbeitertätigkeiten ausübt und auf seinem Fachgebiet tätig oder mit verwandten Tätigkeiten betraut ist, die grundsätzlich die Kenntnisse voraussetzen, die durch die Meisterprüfung nachgewiesen werden (vgl. BAG 14.03.1984, AP Nr. 87 zu §§ 22, 23 BAT 1975 m. w. N.).

Klassische Meistertätigkeiten sind:

- leitende, beaufsichtigende, überwachende Tätigkeiten
- Tätigkeiten mit besonderen fachlichen Qualifikationen, wie sie durch die Meisterprüfung nachgewiesen werden

(vgl. BAG 23.01.1985, AP Nr. 99 zu §§ 22, 23 BAT 1975 m. w. N.)

Für die Erfüllung der entsprechenden Tätigkeit ist es somit nicht ausreichend:

- wenn ein Arbeitnehmer **keine** leitenden oder überwachenden Tätigkeiten ausübt
- wenn die selbst wahrzunehmenden Tätigkeiten **keine** besonderen Qualifikationen erfordern, wie sie erst mit der Meisterprüfung als nachgewiesen gelten

Für eine leitende oder überwachende Tätigkeit ist es nicht ausreichend, dass dem Arbeitnehmer ein Mitarbeiter unterstellt ist. Diese geringe Anzahl unterstellter Mitarbeiter reicht nicht aus, da der Zeitaufwand (z. B. für das Einteilen des Arbeitsablaufs und die Kontrolle der Aufgabenerledigung) regelmäßig viel zu gering ist (vgl. BAG 14.03.1984, AP Nr. 87 zu §§ 22, 23 BAT 1975 m. w. N.).

Aufgrund der gewerkegebundenen Fortbildungen gibt es nicht „das" klassische **Handwerksmeisterberufsbild**. Die Verordnung über gemeinsame Anforderungen in der Meisterprüfung im Handwerk regelt aber, welche Art von Qualifikationen und damit welche Art von Tätigkeiten einem Meister im Rahmen seines (oder eines artverwandten) Berufsbilds abverlangt werden können:

Einem Meister kann abverlangt werden:

1. meisterhafte Verrichtung der im jeweiligen Handwerk wesentlichen Tätigkeiten
2. fachtheoretische Kenntnisse im jeweiligen Handwerk
3. betriebswirtschaftliche, kaufmännische und rechtliche Grundlagen in Bezug auf: Rechnungswesen und Controlling, wirtschaftliches Handeln im Betrieb, Recht und Steuern
4. berufs- und arbeitspädagogische Kenntnisse in Bezug auf: Grundlagen, Planung und Durchführung der betrieblichen Ausbildung

(vgl. nähere Ausführungen in der Verordnung über gemeinsame Anforderungen in der Meisterprüfung im Handwerk und in handwerklichen Gewerben vom 18.07.2000, Stand: 10.12.2009, BGBl. I S. 3858)

Industriemeister üben typischerweise selbstständig fachlich-aufsichtsführende Tätigkeiten im Produktionsbereich verschiedenster industrieller Wirtschaftszweige aus. Sie sind für den ungehinderten Arbeitsablauf im Fertigungsbereich mitverantwortlich. Das kann konkret umfassen:

■ praktisch-technische Fragen der Fließbandfertigung

■ Teil-/Vollautomation und ihre Steuerung

■ arbeitsanalytische Arbeitsvorbereitung

■ Prüfung der Materialgeeignetheit/-qualität etc.

Zudem sind sie regelmäßig als Ausbilder im technischen Arbeitskräftebereich tätig. Auch können ihnen nicht gelernte und angelernte Kräfte unterstehen.

Aus berufsbildungsrechtlicher Sicht stellt der Industriemeister einen Fortbildungsabschluss für alle Industriebereiche nach abgeschlossener Industrielehre und praktischer Berufsausübung dar. Die Prüfung zum Industriemeister wird entsprechend vor der Industrie- und Handelskammer abgelegt (vgl. BAG 16.10.1985, AP Nr. 108; BAG 23.01.1985, AP Nr. 99 beide zu §§ 22, 23 BAT 1975 m. w. N.).

Für die Anerkennung der **entsprechenden Tätigkeit** ist es nicht erforderlich, dass der **Meister** auf seinem eigenen Fachgebiet tätig ist. Vielmehr ist es ausreichend, dass der Meister auf einem artverwandten oder auf einem seinem eigenen Handwerksbereich vergleichbaren bzw. fachlich verbundenen Gebiet arbeitet. Deshalb würde die Ausbildung und Ablegung der Meisterprüfung auf einem artfremden Gebiet nicht ausreichen. Als artverwandt kann für einen Elektroinstallateurmeister die Tätigkeit als Prüfmeister angesehen werden, da sich die Aufgaben – auch von der Ausbildung her – mit denen eines Kfz-Elektrikermeisters zu einem großen Teil überschneiden (vgl. BAG 19.05.1982, AP Nr. 59 zu §§ 22, 23 BAT 1975 m. w. N.).

Mit fachlicher Aufsicht über Handwerker oder Facharbeiter (Beispiel 7.4.1 der Entgeltgruppe 7)

Der Begriff der **fachlichen Aufsicht** kann im Sinne des allgemeinen Sprachgebrauchs wie folgt näher bestimmt werden:

Unter **fachlich** versteht man ein bestimmtes Fach, Fachgebiet betreffend, dazu gehörend (vgl. Duden, S. 565).

Aufsicht bedeutet das Achten darauf, dass bestimmte Vorschriften eingehalten werden, damit nichts passiert (vgl. Duden, S. 206).

Ähnlich haben auch die Richter des BAG entschieden:

BAG vom 27.02.1980

Die Aufsicht umfasst Aufsicht über den weiteren Arbeitsablauf. Sie soll sicherstellen, dass Beanstandungen erledigt werden. Es ist nicht erforderlich, dass der Aufsichtsführende gegenüber den technischen Sachbearbeitern, die die Beanstandungen zu erledigen haben, Weisungsbefugnisse hat oder die Dienstaufsicht führt.

(BAG 27.02.1980, AP Nr. 30 zu §§ 22, 23 BAT 1975)

Als **Handwerker** wird bezeichnet, wer einen anerkannten Ausbildungsberuf (Handwerk) mit Gesellenprüfung bestanden hat (vgl. Duden, S. 789).

Aus tarifrechtlicher Sicht müssen somit Tätigkeiten vorliegen, die die Ausbildung in einem Handwerk erfordern.

Als **Facharbeiter** wird ein Arbeiter mit einer abgeschlossenen Lehre in einem anerkannten Lehrberuf bezeichnet (vgl. Duden, S. 565).

Wichtig: Für den Einsatz von Fach-Fremdpersonal gilt: Die Tarifvertragsparteien haben dies entsprechend berücksichtigt, da sie von Aufsicht und nicht von einer Unterstellung ausgehen.

Meister, die die Voraussetzungen der Ausbilder-Eignungsverordnung erfüllen und in der Berufsausbildung entsprechend tätig sind (Beispiel 7.4.2 der Entgeltgruppe 7)

Die Ausbilder-Eignungsverordnung (AEVO) regelt, welche berufs- und arbeitspädagogische Eignung vorliegen muss, um nach dem Berufsbildungsgesetz ausbilden zu können, und wie diese Qualifikation nachzuweisen ist. Sie gilt insofern auch für Ausbildungen nach

5

der Handwerksordnung, auch wenn die AEVO selbst dies nicht explizit regelt. Der Anwendungsbereich ergibt sich vielmehr unmittelbar durch den Verweis auf die Bestimmungen des Berufsbildungsgesetzes, die in § 3 Abs. 3 BBiG ausdrücklich auf die einschlägigen Regelungen der Handwerksordnung verweisen.

Der erforderliche Nachweis der Qualifikation durch eine entsprechende Prüfung gemäß § 3 AEVO wurde mit Neufassung des § 7 AEVO befristet ausgesetzt (vgl. Änderungsverordnung vom 28.05.2003, BGBl. I S. 783). Mittlerweile ist die Eignung wieder nachzuweisen. Lediglich für die Zeit der Aussetzung gelten Ausnahmen für die Fortführung der Ausbildertätigkeit (vgl. § 7 AEVO vom 21.01.2009).

Dies hat für das Tätigkeitsmerkmal aber keine Relevanz, da gemäß § 6 Abs. 2 AEVO durch den erfolgreichen Abschluss einer Meisterprüfung der Nachweis bereits erbracht ist (vgl. Teil IV der Meisterprüfungen).

§ 1 Abs. 3 BBiG

Die Berufsausbildung hat die für die Ausübung einer qualifizierten beruflichen Tätigkeit in einer sich wandelnden Arbeitswelt notwendigen beruflichen Fertigkeiten, Kenntnisse und Fähigkeiten (berufliche Handlungsfähigkeit) in einem geordneten Ausbildungsgang zu vermitteln. Sie hat ferner den Erwerb der erforderlichen Berufserfahrungen zu ermöglichen.

Entsprechende Tätigkeiten in der Berufsausbildung müssen somit mindestens auf die Vermittlung technischen Wissens ausgerichtet sein. Der Meister soll den Auszubildenden die Kenntnisse vermitteln, die diese nach erfolgreichem Abschluss der Ausbildung für die Tätigkeiten im jeweiligen Beruf befähigen (vgl. BAG 01.08.2001, AP Nr. 282 zu §§ 22, 23 BAT 1975 m. w. N.).

Wichtig: Da Ausbildungsaufgaben zum klassischen Tätigkeitsprofil eines Meisters gehören (vgl. Berufsbilder unter: www.berufenet. arbeitsagentur.de; BAG 01.08.2001, AP Nr. 282 zu §§ 22, 23 BAT 1975 m. w. N.), kann nicht davon ausgegangen werden, dass mit Ausbildungstätigkeiten beschäftigte Meister höher als nach dieser Beispielstätigkeit tarifgerecht eingruppiert sind! Die Vorbemerkung Nr. 1 Satz 3 der Anlage 1 zu § 5 TV-V erlangt deshalb in diesem Fall keine praktische Relevanz.

Meister, die große Arbeitsstätten fachlich beaufsichtigen, in denen Handwerker oder Facharbeiter beschäftigt sind (Beispiel 8.4.1 der Entgeltgruppe 8)

Gemäß Erläuterung in der Klammer zur Beispielstätigkeit 8.4.1 versteht der TV-V unter Arbeitsstätten

(Bereiche, Werkstätten, Abteilungen oder Betriebe)

und übernimmt damit den Wortlaut des BAT zum Begriff der Arbeitsstätte (vgl. z. B. BAG 23.01.1985, AP Nr. 99 zu §§ 22, 23 BAT 1975).

Die Arbeitsstätte ist der Arbeitsort:

- der vom Meister zu beaufsichtigen ist

- sind die Stellen, an denen Arbeitskräfte tätig sind, die dem Meister unterstehen

(vgl. BAG 27.01.1971, AP Nr. 37 zu §§ 22, 23 BAT)

Mit der Abgrenzung zwischen kleiner und großer Arbeitsstätte hat sich das BAG entsprechend bereits wiederholt auseinandergesetzt.

Checkliste: Große Arbeitsstätten
„Große" Arbeitsstätten liegen vor bei: - entsprechender räumlicher Größe und - entsprechender Zahl der in der Arbeitsstätte beschäftigten Arbeitnehmer oder - entsprechender Größe der technisch-maschinellen Ausstattung oder - besonderen betriebsorganisatorischen Gründen (vgl. BAG 10.10.1984, AP Nr. 95 zu §§ 22, 23 BAT 1975 m. w. N.)

Grundsätzlich sind dabei zwei Aspekte zu berücksichtigen:

1. Die räumliche Größe allein ist kein entscheidendes Merkmal. (vgl. BAG 23.01.1985, AP Nr. 99 zu §§ 22, 23 BAT 1975 m. w. N.)

2. Gehen die Tarifvertragsparteien ausdrücklich von Handwerkern oder Facharbeitern aus, werden Hilfskräfte bei der Ermittlung der Zahl der in der Arbeitsstätte beschäftigten Arbeitnehmer nicht mitgezählt, weil sie keine besonderen Anforderungen an den Meister stellen in Bezug auf:

- Auswahl

- Einsatz

- Beaufsichtigung

(vgl. BAG 23.01.1985, AP Nr. 99 zu §§ 22, 23 BAT 1975).

Der Begriff **Beaufsichtigen** bedeutet im allgemeinen Sprachgebrauch, über jemanden oder über etwas die Aufsicht ausüben bzw. etwas oder jemanden überwachen (vgl. Duden, S. 265). Von Überwachen ist dann die Rede, wenn jemand beobachtend, kontrollierend für den richtigen Ablauf einer Sache sorgt bzw. darauf zu achten ist, dass in einem bestimmten Bereich alles mit rechten Dingen zugeht (vgl. Duden, S. 1807).

Beispiele:

1. In Bezug auf die Anzahl der beschäftigten Arbeitnehmer lehnte das BAG eine große Arbeitsstätte ab bei

- 12 bis 15 Fachkräften bzw.

- 33 insgesamt unterstellten Mitarbeitern (einschließlich oben unberücksichtigt gebliebenen Hilfskräften) in einer Küche mit täglicher Verpflegungsausgabe für 1000 Personen (vgl. BAG 23.01.1985, AP Nr. 99 zu §§ 22, 23 BAT 1975).

2. Eine große Arbeitsstätte sei nicht gegeben bei einem Klärmeister, der auf einer Kläranlage, vergleichbar mit der Größe von Klärwerken für 150 000 Einwohner, beschäftigt war. Der Kanalbetrieb bestand aus 128 km Netzlänge. Dem Meister waren 15 Mitarbeiter unterstellt. Dass sich die Tätigkeit des Meisters auf mehrere Stadtteile erstreckte, musste aufgrund der genannten Kriterien für die große Arbeitsstätte außer Acht gelassen werden. Gegen das Vorliegen der großen Arbeitsstätte sprach hier die geringe Zahl (15) der unterstellten qualifizierten Mitarbeiter (vgl. ArbG Duisburg 13.08.1987, 2 Ca 1634/86).

Hingegen genügten diese Bedingungen den Anforderungen an die „große Arbeitsstätte":

- Ein Meister, der für die Wartung, Reparatur und Überwachung sämtlicher Maschinen und technischer Anlagen (mit Ausnahme der elektrischen Teile) auf dem Gelände eines Flugplatzes zuständig war (für die Einzelheiten und den Umfang des technischen Geräts, vgl. BAG 27.01.1971, AP Nr. 37 zu §§ 22, 23 BAT).

- Ein Meister, der bei 160 Truppenküchen an verschiedenen Standorten durch geeignete Aufsichts- und Kontrolltätigkeiten eine einheitliche Führung von Personal und Einrichtung sicherzustellen hat (vgl. BAG 10.10.1984, AP Nr. 95 zu §§ 22, 23 BAT 1975).

5

76

Meister, die ausdrücklich zu Leitern von großen Arbeitsstätten, in denen Handwerker oder Facharbeiter beschäftigt sind, bestellt sind (Beispiel 9.4.1 der Entgeltgruppe 9)

Im Sinne des allgemeinen Sprachgebrauchs bedeutet die **ausdrückliche Bestellung** im Einzelnen:

„Ausdrücklich" steht für etwas mit Nachdruck, unmissverständlich vorbringen bzw. etwas extra, besonders betonen (vgl. Duden, S. 216).

„Bestellen" bedeutet in dem hier gebrauchten Zusammenhang, jemanden für einen bestimmten Zweck einzusetzen bzw. für eine bestimmte Tätigkeit zu ernennen, zu bestimmen (vgl. Duden, S. 300).

Ein mit genannten Ausführungen inhaltlich vergleichbares Tätigkeitsmerkmal kennt auch der BAT, nämlich das der ausdrücklichen Anordnung. Es wird als Tätigkeitsmerkmal ebenfalls im Rahmen der Unterstellung von Mitarbeitern gebraucht. Die Rechtsprechung stellt dabei klar, dass die sich mit der Unterstellung ergebenden Aufsichts- und Weisungsbefugnisse durch eine entsprechende Willenserklärung des Arbeitgebers begründet werden müssen. Die Willenserklärung selbst kann mündlich oder schriftlich erfolgen. Alternativ kann sie auch in Dienstanweisungen, Verwaltungsverfügungen und Geschäftsverteilungsplänen enthalten sein. Für das Wirksamwerden ist allerdings der Zugang gegenüber dem Arbeitnehmer erforderlich (vgl. BAG 11.11.1987, AP Nr. 140 zu §§ 22, 23 BAT 1975).

Leiter ist jemand, der etwas leitet, der die Leitung hat. Unter Leitung ist in der Verwaltungssprache die Verbindung von Aufgaben der Planung, Organisation, Anweisung, Koordination und Kontrolle zu verstehen, das heißt die organisatorische Gesamtzuständigkeit für die übertragene Aufgabe (BAG 23.10.1996, AP Nr. 220 zu §§ 22, 23 BAT 1975).

Als Eingruppierungsmerkmal des BAT ist nach der Rechtsprechung des BAG für den Begriff des Leiters weiter erforderlich, dass er für eine Einrichtung, einen Teil derselben oder einen abgrenzbaren Aufgabenbereich die Verantwortung trägt (vgl. BAG 23.10.1996, AP Nr. 220 zu §§ 22, 23 BAT 1975 m. w. N.).

Alle anderen Merkmale entsprechen den bereits genannten Beispielstätigkeiten für Meister. Auf die Ausführungen kann entsprechend zurückgegriffen werden.

5

6. Sonstige technisch Tätige

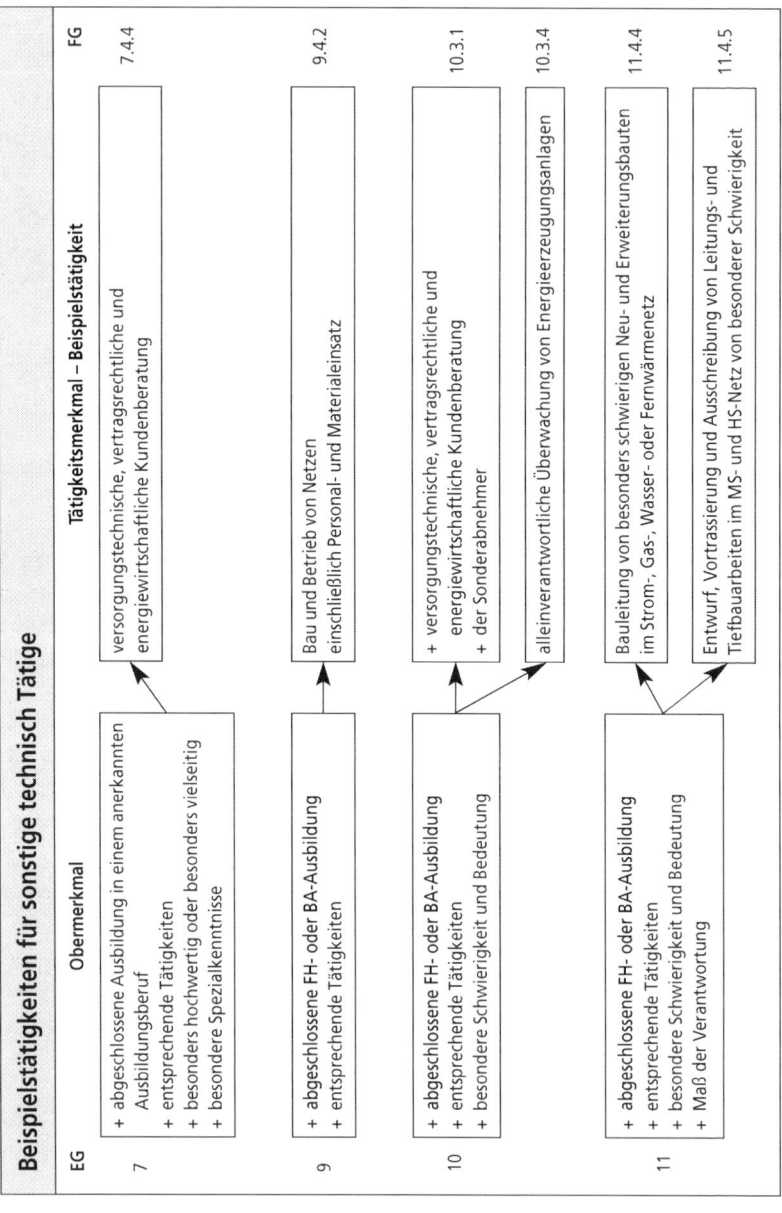

Beispielstätigkeiten für sonstige technisch Tätige

EG	Obermerkmal	Tätigkeitsmerkmal – Beispielstätigkeit	FG
7	+ abgeschlossene Ausbildung in einem anerkannten Ausbildungsberuf + entsprechende Tätigkeiten + besonders hochwertig oder besonders vielseitig + besondere Spezialkenntnisse	versorgungstechnische, vertragsrechtliche und energiewirtschaftliche Kundenberatung	7.4.4
9	+ abgeschlossene FH- oder BA-Ausbildung + entsprechende Tätigkeiten	Bau und Betrieb von Netzen einschließlich Personal- und Materialeinsatz	9.4.2
10	+ abgeschlossene FH- oder BA-Ausbildung + entsprechende Tätigkeiten + besondere Schwierigkeit und Bedeutung	+ versorgungstechnische, vertragsrechtliche und energiewirtschaftliche Kundenberatung + der Sonderabnehmer	10.3.1
		alleinverantwortliche Überwachung von Energieerzeugungsanlagen	10.3.4
11	+ abgeschlossene FH- oder BA-Ausbildung + entsprechende Tätigkeiten + besondere Schwierigkeit und Bedeutung + Maß der Verantwortung	Bauleitung von besonders schwierigen Neu- und Erweiterungsbauten im Strom-, Gas-, Wasser- oder Fernwärmenetz	11.4.4
		Entwurf, Vortrassierung und Ausschreibung von Leitungs- und Tiefbauarbeiten im MS- und HS-Netz von besonderer Schwierigkeit	11.4.5

5

Versorgungstechnische, vertragsrechtliche und energiewirtschaftliche Kundenberatung (Beispiel 7.4.4 der Entgeltgruppe 7)

Der Begriff der **Kundenberatung** als Beispielstätigkeit findet sich auch im BAT für Sparkassen wieder. Die Rechtsprechung definierte in diesem Zusammenhang den Begriff der Kundenberatung wie folgt näher: Von Kundenberatung kann ausgegangen werden, wenn sich die Arbeit auf Kunden bezieht. Sie darf sich nicht auf die Abwicklung interner Vorgänge beschränken. Zudem muss die Tätigkeit „beratenden" Charakter haben (jemandem einen Rat erteilen). Eine einfache Informationserteilung und Reaktion auf Kundenwünsche kann diesem Tätigkeitsmerkmal also nicht genügen. Vielmehr müssen abschließende Erläuterungen von Sachverhalten zum allgemeinen Bereich der Produktpalette des Unternehmens abgegeben sowie Lösungsalternativen dargestellt werden können. Die Tätigkeit ist somit auf eine umfassende Informationserteilung ausgerichtet (vgl. BAG 17.01.1996, AP Nr. 4 zu §§ 22, 23 BAT Sparkassenangestellte).

Die **Versorgungstechnik** umfasst alle technischen Anlagen, die der Ver- und Entsorgung dienen. Die Anlagen dienen sowohl der Bereitstellung von Energie und Wasser als auch der Abwasser- und Abfallentsorgung (http://berufenet.arbeitsagentur.de/berufe/start?dest= profession&prof-id=5459).

Der Begriff des **Vertragsrechts** setzt sich aus den Worten „Vertrag" und „Recht" zusammen. Als Vertrag wird jedes Schuldverhältnis bezeichnet, das durch ein Rechtsgeschäft zu Stande gekommen ist (vgl. Creifelds, S. 1329). Der Begriff Recht umschließt im objektiven Sinne die Rechtsordnung als solche, das heißt die Gesamtheit der Rechtsvorschriften (vgl. Creifelds, S. 1964).

Energiewirtschaftliche Kundenberatung umfasst im Sinne des allgemeinen Sprachgebrauchs den sparsamen Umgang mit Energie (vgl. Duden, S. 2019).

Bei der Auslegung und Anwendung dieses Tätigkeitsbeispiels ist insbesondere zu beachten, dass für eine Eingruppierung nach dieser Beispielstätigkeit die auszuübende Tätigkeit alle drei Beratungsebenen umfassen muss:

- Versorgungstechnik

- Vertragsrecht

- Energiewirtschaft

5

Dies wird durch das Wort „und" in der Aufzählung deutlich:

7.4.4 Versorgungstechnische, vertragsrechtliche und energiewirtschaftliche
...

Die versorgungstechnische und energiewirtschaftliche Kundenberatung ist ein klassisches Einsatzfeld für den Energieberater. Dabei handelt es sich um eine berufliche Fortbildung im Handwerk nach der Handwerksordnung i. V. m. dem Berufsbildungsgesetz. Zuständig sind demgemäß die Handwerkskammern. Darüber hinaus kann es interne Vorschriften der Lehrgangsträger geben. Einzelne Handwerkskammern und Fachverbände haben zusätzlich zur relativ einheitlich geregelten Fortbildungsmaßnahme „Gebäudeenergieberater/in im Handwerk" gewerbespezifische Lehrgänge entwickelt.

Aufgabe der Energieberater ist es, Privathaushalte und Wirtschaftsbetriebe in wirtschaftlicher und technischer Hinsicht über sparsamen und umweltschonenden Energieeinsatz, insbesondere bei Sanierungsmaßnahmen, Modernisierungsvorhaben sowie bei Neubau- und gewerblichen Investitionsvorhaben zu informieren. Dazu gehört die Prüfung der technischen Gegebenheiten in Bezug auf Heizungs-, Lüftungs-, Sanitär- und Klimaanlagen. Darauf aufbauend wird ein günstiges Energiekonzept für den jeweiligen Kunden erstellt (vgl. http://berufenet.arbeitsagentur.de/berufe/start?dest=profession&profid=10152).

> **Praxis-Tipp:**
> Anhand dieser berufstypischen Tätigkeiten wird deutlich, dass eine technische Vorbildung unabdingbar ist.

Dass diese auf unterschiedlichem Niveau vorliegen kann, haben die Tarifvertragsparteien berücksichtigt, indem sie in Entgeltgruppe 10 Fallgruppe 10.3.1 ein auf dieser Beispielstätigkeit aufbauendes Beispiel formuliert haben.

Versorgungstechnische, vertragsrechtliche und energiewirtschaftliche Kundenberatung der Sonderabnehmer (Beispiel 10.3.1 der Entgeltgruppe 10)

Der materielle und bewertungserhebliche Unterschied zwischen beiden Beispielen besteht lediglich in der Zielgruppe der Beratung. Während der Kundenberater in Entgeltgruppe 10 für die Sonderabnehmer zuständig ist und der Kundenberater in Entgeltgruppe 7 ohne Zielgruppenbeschränkung tätig wird, kann infolge der Tarifsystematik nur davon ausgegangen werden, dass sich für eine Eingruppierung nach der höheren Entgeltgruppe 10 die Kundenberatung zum bewertungsrelevanten Zeitanteil ausschließlich auf die Beratung der Sonderabnehmer beziehen muss.

Sonderabnehmer sind dabei jene Kunden, die nicht Haushaltskunden sind. Mit ihnen werden besondere Vertragsbedingungen und Preise in einem standardisierten oder individuellen Sondervertrag vereinbart. Dementsprechend unterscheiden sich auch die Preisregelungen von den Tarifen für Haushaltskunden. Die Versorgung der Sonderabnehmer erfolgt aus Hoch-, Mittel- oder Niederspannungsnetzen (vgl. Kraus, S. 172, 182).

Wer in Abgrenzung dazu Haushaltskunde ist, bestimmt § 3 EnWG. Das sind Kunden/Letztverbraucher, die Energie überwiegend für den Eigenverbrauch im Haushalt oder für den einen Jahresverbrauch von 10 000 Kilowattstunden nicht übersteigenden Eigenverbrauch für berufliche, landwirtschaftliche oder gewerbliche Zwecke kaufen.

5

Bau und Betrieb von Netzen einschließlich Personal- und Materialeinsatz (Beispiel 9.4.2 der Entgeltgruppe 9)

Nach dem allgemeinen Sprachgebrauch umfasst der „Bau von Netzen" alle Tätigkeiten, die dem Errichten bzw. Errichten lassen der Netze dienen (vgl. Duden, S. 259). Der Betrieb von Netzen wird hier synonym zum Betreiben eingesetzt. Hierunter fallen alle Tätigkeiten, die der Führung und Unterhaltung des Netzes dienen (vgl. Duden, S. 304). Führung bedeutet in diesem Zusammenhang etwas verantwortlich leiten (vgl. Duden, S. 649 f.). Um diese allgemeine Definition konkret zu fassen, haben die Tarifvertragsparteien offensichtlich noch ergänzt, dass bei Bau und Betrieb auch die Zuständigkeit für den Personal- und Materialeinsatz gegeben sein muss, um diese Beispieltätigkeit zu erfüllen.

Was dabei unter einem Netz zu verstehen ist, lassen die Tarifvertragsparteien offen. Nach den verständigen Fachkreisen ist zum Beispiel unter einem Netz im energietechnischen Sinne die Gesamtheit der miteinander verbundenen Anlagenteile für die Übertragung und Verteilung von elektrischer Energie zu verstehen (vgl. Kraus, S. 141).

Alleinverantwortliches Überwachen von Energieerzeugungsanlagen (Beispiel 10.3.4 der Entgeltgruppe 10)

Alleinverantwortlich heißt, dass Tätigkeiten wahrzunehmen sind, deren Ergebnis nicht der Überprüfung anderer Personen bedürfen oder bei deren Erledigung (z. B. im Schichtbetrieb) nicht unmittelbar Entscheidungen des jeweiligen Vorgesetzten eingeholt werden können. Alleinverantwortung und Mitverantwortung können tariflich nicht gleichgestellt werden (vgl. BAG 12.06.1996, AP Nr. 215 zu §§ 22, 23 BAT 1975).

Der Begriff **Überwachen** bedeutet: Jemanden oder etwas beaufsichtigen; kontrollieren, ob etwas ordnungsgemäß geschieht, ob jemand etwas ordnungsgemäß erledigt; kontrollierend für den richtigen Ablauf einer Sache sorgen (vgl. BAG 25.10.1995, AP Nr. 208 zu §§ 22, 23 BAT 1975 m. w. N.).

Energieerzeugung ist die Erzeugung von Prozessenergien, insbesondere elektrische Arbeit (Strom) und Wärme, durch Umwandlung aus gespeicherten Energien, zum Beispiel chemischer Energie (Brennstoffe), potenzieller Energie (Wasserkraft), Kernenergie, Solarenergie (vgl. Bohn in: Schaefer, S. 353). **Anlagen** im technischen Sinne sind die Gesamtheit der maschinellen und anderen Ausrüstungen eines Betriebs, die für die Erzeugung von Energie notwendig sind (vgl. Brockhaus, Stichwort: Anlage). Energieerzeugungsanlagen im genannten Sinne sind demnach ganze Kraftwerke bzw. -blöcke.

Bauleitung von besonders schwierigen Neu- und Erweiterungsbauten im Strom-, Gas-, Wasser- oder Fernwärmenetz (Beispiel 11.4.4 der Entgeltgruppe 11)

Der Begriff der **Bauleitung** ist sowohl im Sinne des allgemeinen als auch fachspezifischen Sprachgebrauchs mehrdeutig.

Nach dem allgemeinen Sprachgebrauch bezeichnet man damit zum einen die Leitung der Ausführung eines Baus und zum anderen einen Kreis von Personen, die mit der Ausführung eines Baus beauftragt sind (vgl. Duden, S. 261).

Im Baurecht unterscheidet man bei der Bauleitung bzw. dem Bauleiter zwischen:

- dem örtlichen Bauführer gemäß 34 Abs. 3 Nr. 8 HOAI 2013 i. V. m. Anlage 10 zur HOAI 2013

- der Bauoberleitung (z. B. gemäß § 43 Abs. 1 Nr. 8 HOAI 2013 i. V. m. Anlage 12 zur HOAI 2013)
- dem verantwortlichen Bauleiter

Der **örtliche Bauführer** ist zuständig für die Objektüberwachung. Diese umfasst gemäß Anlage 10 zur HOAI 2013:

Leistungsphase 8: Objektüberwachung (Bauüberwachung)

- Überwachen der Ausführung des Objekts auf Übereinstimmung mit der öffentlich-rechtlichen Genehmigung oder Zustimmung, den Verträgen mit ausführenden Unternehmen, den Ausführungsunterlagen, den einschlägigen Vorschriften sowie mit den allgemein anerkannten Regeln der Technik

- Überwachen der Ausführung von Tragwerken mit sehr geringen und geringen Planungsanforderungen auf Übereinstimmung mit dem Standsicherheitsnachweis

- Koordinieren der an der Objektüberwachung fachlich Beteiligten

- Aufstellen, Fortschreiben und Überwachen eines Terminplans (Balkendiagramm)

- Dokumentation des Bauablaufs (z. B. Bautagebuch)

- Gemeinsames Aufmaß mit den ausführenden Unternehmen

- Rechnungsprüfung einschließlich Prüfen der Aufmaße der bauausführenden Unternehmen

- Vergleich der Ergebnisse der Rechnungsprüfungen mit den Auftragsnummern einschließlich Nachträgen

- Kostenkontrolle durch Überprüfen der Leistungsabrechnung der bauausführenden Unternehmen im Vergleich zu den Vertragspreisen

- Kostenfeststellung (z. B. nach DIN 276)

- Organisation der Abnahme der Bauleistungen unter Mitwirkung anderer, an der Planung und Objektüberwachung fachlich Beteiligter, Feststellung von Mängeln, Abnahmeempfehlungen für den Auftraggeber

- Antrag auf öffentlich-rechtliche Abnahmen und Teilnahme daran

- Systematische Zusammenstellung der Dokumentation, zeichnerischen Darstellungen und rechnerischen Ergebnisse des Objekts

- Übergabe des Objekts

- Auflisten der Verjährungsfristen für Mängelansprüche

- Überwachen der Beseitigung der bei der Abnahme der Bauleistungen festgestellten Mängel

---

Die Tätigkeiten der Bauoberleitung ergeben sich für den Bereich Ingenieurbauwerke (z. B. Bauwerke und Anlagen der Wasserversorgung, Abwasserentsorgung) aus Anlage 12 HOAI 2013:

Leistungsphase 8: Bauoberleitung

- Aufsicht über die örtliche Bauüberwachung, Koordinierung der an der Objektüberwachung fachlich Beteiligten, einmaliges Prüfen von Plänen auf Übereinstimmung mit dem auszuführenden Objekt und Mitwirken bei deren Freigabe
- Aufstellen, Fortschreiben und Überwachen eines Terminplans (Balkendiagramm)
- Veranlassen und Mitwirken beim Inverzugsetzen der ausführenden Unternehmen
- Kostenfeststellung, Vergleich der Kostenfeststellung mit der Auftragssumme
- Abnahme von Bauleistungen, Leistungen und Lieferungen unter Mitwirkung der örtlichen Bauüberwachung und anderer, an der Planung und Objektüberwachung fachlich Beteiligter, Feststellen von Mängeln, Fertigung einer Niederschrift über das Ergebnis der Abnahme
- Überwachen der Prüfungen der Funktionsfähigkeit der Anlagenteile und der Gesamtanlage
- Antrag auf behördliche Abnahmen und Teilnahme daran
- Übergabe des Objekts
- Auflisten der Verjährungsfristen der Mängelansprüche
- Zusammenstellen und Übergeben der Dokumentation des Bauablaufs, der Bestandsunterlagen und der Wartungsvorschriften

Die Tätigkeiten des **verantwortlichen Bauleiters** ergeben sich hingegen aus den jeweiligen Landesbauordnungen. Er hat darüber zu wachen, dass die Baumaßnahme den öffentlich-rechtlichen Vorschriften und den genehmigten Bauvorlagen entsprechend ausgeführt wird. Dazu gehört, dass er auf den sicheren bautechnischen Betrieb der Baustelle, insbesondere auf das gefahrlose Ineinandergreifen der Arbeiten der Unternehmer zu achten hat. Seine Verantwortlichkeit besteht lediglich gegenüber den jeweiligen Bauordnungsbehörden.

Mit dem verantwortlichen Bauleiter ist damit eine Institution geschaffen, durch die erreicht wird, dass auf der Baustelle eine Person vorhanden ist, die der Bauaufsichtsbehörde gegenüber öffentlich-rechtlich die Verantwortung dafür trägt, dass das Bauvorhaben betriebssicher und unfallfrei abläuft.

Insbesondere aufgrund der dem verantwortlichen Bauleiter obliegenden Verkehrssicherungspflicht ist eine ständige gründliche Überwachung der Bauarbeiten erforderlich. Die durch ihn vorzunehmenden Kontroll- und Überwachungsaufgaben müssen wesentlich intensiver sein als die des örtlichen Bauleiters. Er muss praktisch das gesamte Bauvorhaben ununterbrochen und persönlich überprüfen (vgl. Ansorge/Götz/Lentz, S. 33 f.).

Welche der genannten Formen der Bauleitung die Tarifvertragsparteien meinen, lässt sich unmittelbar weder aus dem Wortlaut noch aus der Systematik der Entgeltordnung ableiten. Unter Berücksichtigung der Tarifgeschichte (Entstehung und Herkunft des Tarifvertrages) kann aber davon ausgegangen werden, dass hier nicht allein die Bauleitung im Sinne der örtlichen Bauleitung – wie im BAT – zu verstehen ist, da diese dort bereits als „Normalleistung" eines Diplom-Ingenieurs (FH) vorkommt (vgl. BAG 28.09.1994, AP Nr. 192 zu §§ 22, 23 BAT 1975). Hinzu kommt, dass der Oberbegriff der Entgeltgruppe 11 als Spitzenposition auf Dipl.-FH-/Bachelor-Niveau auf das Heraushebungsmerkmal „Maß der Verantwortung" abhebt. Aus diesem Blickwinkel kann die Beispieltätigkeit der „Bauleitung" so ausgelegt werden, dass es sich um die verantwortliche Bauleitung handeln muss, da bei dieser – wie beim Obermerkmal der Entgeltgruppe 11 Fallgruppe 11.2 – neben fachlich herausgehobenen Aspekten die erhöhte Verantwortung gefordert wird. Diese kann aufgrund der Pflichten des verantwortlichen Bauleiters regelmäßig als erfüllt angesehen werden.

Die tarifliche Anforderungskombination **besonders schwierig** bezieht sich nach der ständigen Rechtsprechung des BAG auf die fachliche Qualifikation des Arbeitnehmers, das heißt auf sein fachliches Können und auf seine fachliche Erfahrung. Sie verlangt, dass sich die Tätigkeit des Arbeitnehmers hinsichtlich der fachlichen Anforderungen in beträchtlicher, gewichtiger Weise von denjenigen der niedrigeren Entgeltgruppe abhebt. Wird dort in dem einschlägigen Tätigkeitsmerkmal eine einem bestimmten Beruf entsprechende Tätigkeit („Normaltätigkeit") gefordert, sind die Ausbildungsinhalte dieses Berufs während des streitigen Anspruchszeitraums maßgebend. Die erhöhte Qualifizierung im Vergleich zur „Normaltätigkeit" dieses Berufs kann sich im Einzelfall aus der Breite und Tiefe des geforderten fachlichen Wissens und Könnens ergeben, aber auch aus außergewöhnlichen Erfahrungen oder einer sonstigen gleichwertigen Qualifikation, etwa Spezialkenntnissen (vgl. BAG 11.02.2004, AP Nr. 24 zu §§ 22, 23 BAT-O m. w. N.).

5

Von Erweitern im Sinne des allgemeinen Sprachgebrauchs ist auszugehen, wenn etwas weiter, größer wird (vgl. Duden, S. 546), von Neubau hingegen nur, wenn ein Bauwerk erstmals oder wiedererrichtet wird (vgl. Duden, S. 1253).

Entwurf, Vortrassierung und Ausschreibung von Leitungs und Tiefbauprojekten im Mittelspannungs und Hochspannungsnetz von besonderer Schwierigkeit (Beispiel 11.4.5 der Entgeltgruppe 11)

Als **Entwurf** im Sinne des allgemeinen Sprachgebrauchs wird sowohl eine Zeichnung, nach der jemand etwas ausführt, bezeichnet als auch eine schriftliche Festlegung einer Sache in ihren wesentlichen Punkten (vgl. Duden, S. 525).

Der Begriff der **Vortrassierung** setzt sich aus den Worten „vor" und „trassieren" zusammen: Unter Trassieren wird dabei verstanden, eine Trasse zeichnen bzw. im Gelände festlegen, abstecken, anlegen. Im Bereich der Versorgungswirtschaft ist eine Trasse eine geplante, im Gelände abgesteckte Linienführung für eine Versorgungsleitung (vgl. Duden, S. 1769). Um diese Bespieltätigkeit zu erfüllen, muss der Arbeitnehmer somit zumindest im Sinne von „vor" die Versorgungsleitung in ihrer groben Führung vorbestimmen, vorfestlegen.

Als **Ausschreibung** wird das Ausschreiben selbst bzw. der Text, mit dem etwas ausgeschrieben wird, bezeichnet. Dabei bedeutet „Ausschreiben" etwas öffentlich und schriftlich für Interessenten, Bewerber, Teilnehmer o. Ä. zur Kenntnis bringen, bekannt geben (vgl. Duden, S. 233). Im Baurecht wird als Ausschreibung das förmliche Vergabeverfahren zur Einholung von Angeboten bezeichnet. Dabei regelt die VOB/A die allgemeinen Grundsätze für die Ausschreibung und Vergabe von Bauleistungen (vgl. Schmidt, S. 53).

Leitungs- und Tiefbauprojekte können im Sinne des allgemeinen Sprachgebrauchs wie folgt näher definiert werden: Unter einer Leitung wird eine energietransportierende Anlage von langer Erstreckung (Draht, Kabel) verstanden (vgl. Duden, S. 1113). Der Tiefbau ist ein Teilgebiet des Bauwesens, das die Planung und Errichtung von Bauten umfasst, die an oder unter der Erdoberfläche liegen (z. B. Straßenbau, Kanalisation; vgl. Duden, S. 1749). Ein Projekt ist ein groß angelegtes, geplantes oder bereits begonnenes Unternehmen/ Vorhaben (vgl. Duden, S. 1379).

Die Abkürzungen **MS** und **HS** stehen für Mittelspannungs- bzw. Hochspannungsnetz. Das Mittelspannungs**netz** ist eine Netzart mit einer Nennspannung von 1 bis 60 kV. Es dient der Verteilung der

5

elektrischen Energie an die Transformatorenstationen des Niederspannungsnetzes (vgl. Kraus, S. 136). Das Hochspannungsnetz ist eine Netzart mit einer Nennspannung von mehr als 150 kV. Es wird unmittelbar aus mittleren und großen Kraftwerken gespeist und dient der (überregionalen) Energieübertragung (vgl. Kraus, S. 102).

Die tarifliche Anforderungskombination der „besonderen Schwierigkeit" bezieht sich nach der ständigen Rechtsprechung des BAG auf die fachliche Qualifikation des Arbeitnehmers, das heißt auf sein fachliches Können und auf seine fachliche Erfahrung. Sie verlangt, dass sich die Tätigkeit des Angestellten hinsichtlich der fachlichen Anforderungen in beträchtlicher, gewichtiger Weise von denjenigen der niedrigeren Entgeltgruppe abhebt. Wird dort in dem einschlägigen Tätigkeitsmerkmal eine einem bestimmten Beruf entsprechende Tätigkeit („Normaltätigkeit") gefordert, sind die Ausbildungsinhalte dieses Berufs während des streitigen Anspruchszeitraums maßgebend. Die erhöhte Qualifizierung im Vergleich zur „Normaltätigkeit" dieses Berufs kann sich im Einzelfall aus der Breite und Tiefe des geforderten fachlichen Wissens und Könnens ergeben, aber auch aus außergewöhnlichen Erfahrungen oder einer sonstigen gleichwertigen Qualifikation, etwa Spezialkenntnissen (vgl. BAG 11.02.2004, AP Nr. 24 zu §§ 22, 23 BAT-O m. w. N.).

5

7. IT-Bereich

EG	FG	Beispieltätigkeiten für den IT-Bereich
8	8.4.5	■ Selbstständiges Anfertigen, Ändern und Pflegen von DV-Programmen und DV-Programmbausteinen
9	9.4.5	■ Selbstständiges Anfertigen, Ändern und Pflegen von DV-Programmen und DV-Programmbausteinen
		■ mittleren Schwierigkeitsgrads
10	10.3.5	■ Selbstständiges Anfertigen, Ändern und Pflegen von DV-Programmen und DV-Programmbausteinen
		■ hohen Schwierigkeitsgrads
11	11.4.2	■ Analysieren, Testen und Einführen von DV-Systemen und deren Wartung
		■ als DV-Organisator
11	11.4.3	■ Analysieren, Planen, Implementieren und Kontrollieren von Betriebssystemen und Standardsoftware
		■ als Systemprogrammierer

Selbstständiges Anfertigen, Ändern und Pflegen von DV-Programmen und DV-Programmbausteinen (Beispiel 8.4.5 der Entgeltgruppe 8)

Bei diesem Tätigkeitsbeispiel handelt es sich um den sogenannten Anwendungsprogrammierer, wie ihn schon der BAT kannte.

Die Regelungen des TV-V weisen aber im Vergleich zum BAT diese Besonderheiten auf:

- Die verwendeten Beispieltätigkeiten werden nicht mehr näher erläutert wie im BAT.

- Die Programmierarbeiten müssen sich auf DV-Programme **und** DV-Programmbausteine beziehen. Die Tarifvertragsparteien stellen damit in Bezug auf den Umfang der Programmiertätigkeiten höhere Anforderungen als im BAT (dort: **oder**).

Der Begriff der **Selbstständigkeit** erfordert eine – nach den Umständen der betreffenden Berufsgruppe – gewisse eigene Entscheidungsbefugnis über:

- den zum Erreichen der geschuldeten Arbeitsleistung einzuschlagenden Weg

- das zu findende Arbeitsergebnis

Es muss somit eine gewisse Eigenständigkeit des Aufgabenkreises bestehen (vgl. BAG 25.10.1972, AP Nr. 59 zu §§ 22, 23 BAT).

Die Tarifvertragsparteien erläutern weder den IT-spezifischen Begriff des DV-Programms noch des DV-Programmbausteins näher. Deren Auslegung muss sich nach den Definitionen im allgemeinen Sprachgebrauch bzw. der verständigen Fachkreise halten.

Die Abkürzung **DV** steht für elektronische Datenverarbeitung (vgl. Duden, S. 394, 462).

Im IT-spezifischen Sinne ist unter einem **Programm** eine Abfolge von Anweisungen für eine Anlage zur elektronischen Verarbeitung von Daten zur Lösung einer bestimmten Aufgabe zu verstehen (vgl. Duden, S. 1379).

Hingegen ist ein (Programm-)Baustein nach dem allgemeinen Sprachgebrauch ein kleiner, aber wichtiger Bestandteil von etwas, aus dem etwas zusammengesetzt ist oder zusammengesetzt werden kann (vgl. Duden, S. 262). Heutzutage wird eher der Begriff des Software-Moduls gebraucht.

Praxis-Tipp:

Was die Tarifvertragsparteien unter dem Begriff DV-Programmbaustein konkret verstanden wissen wollen, kann offen bleiben. Die Beispielstätigkeit geht von „DV-Programmen und DV-Programmbausteinen" aus. Wenn ein Programm erstellt wird, werden im Sinne des allgemeinen Sprachgebrauchs auch gleichzeitig Bausteine davon erstellt. Die Unterscheidung zwischen DV-Programm und DV-Programmbaustein hat demnach in der Eingruppierungspraxis keine Relevanz.

Selbstständiges Anfertigen, Ändern und Pflegen von DV-Programmen und DV-Programmbausteinen mittleren Schwierigkeitsgrads (Beispiel 9.4.5 der Entgeltgruppe 9)

Diese Beispielstätigkeit unterscheidet sich zum Beispiel 8.4.5

Selbständiges Anfertigen, Ändern und Pflegen von DV-Programmen und DV-Programmbausteinen

5

nur durch die Ergänzung

mittleren Schwierigkeitsgrades.

Insoweit kann für die zuerst genannten Begriffe auf die oben genannten Erläuterungen verwiesen werden.

Was unter einem **mittleren Schwierigkeitsgrad** zu verstehen ist, haben die Tarifvertragsparteien selbst nicht erläutert. Offenkundig war es auch nicht Wille der Tarifvertragsparteien, auf die umfangreichen Regelungen des BAT bzgl. der Angestellten in der Datenverarbeitung zurückzugreifen, so dass das auch nicht im Rahmen der Auslegung erfolgen kann (vgl. Auslegungsregeln Seite 40 ff.). Sie haben aber durch ihre Ausführungen in der Vorbemerkung Nr. 1 der Anlage 1 zu § 5 TV-V einen Minimalmaßstab gesetzt. In Vorbemerkung Nr. 1 Satz 2 heißt es:

Die in den Beispielen zu den Entgeltgruppen umschriebenen Tätigkeiten entsprechen der Wertigkeit eines Oberbegriffs.

Da es hier um die Prüfung einer Fachkompetenz geht, kommt aus den möglichen Oberbegriffen der Entgeltgruppe 9:

 9.1 Arbeitnehmer, deren Tätigkeiten sich dadurch aus der Entgeltgruppe 8.2 herausheben, dass sie besonders verantwortungsvoll sind

sowie

 9.2 Arbeitnehmer mit abgeschlossener Fachhochschul- oder Bachelorausbildung und entsprechenden Tätigkeiten ...

nur die Fallgruppe 9.2 in Betracht.

Damit wird aus dem Text und der Systematik der Entgeltordnung des TV-V ausreichend deutlich, welche Programmierarbeiten den mittleren Schwierigkeitsgrad ausmachen: Es muss sich um Programmierarbeiten handeln, wie sie regelmäßig von einem einschlägig ausgebildeten Dipl.-FH-/Bachelor-Absolventen erwartet werden können.

Nach den berufskundlichen Informationen üben einschlägig ausgebildete Dipl.-Informatiker (FH) im Rahmen der Entwicklung und Implementierung von Software diese Tätigkeiten aus:

„Von der individuellen Logistiksoftware für das Versandhaus über das optimierte Kommunikationssystem für das Call-Center bis hin zum Intranet mit höchster Sicherheitsstufe für die Bankfiliale – in den unterschiedlichsten Unternehmen sind Diplom-Informatiker/innen für die Softwareentwicklung zuständig. IT-Infrastrukturen, Software- und Datenbanklösungen sowie Benutzerschnittstellen entwickeln sie in mehreren Phasen: Nach der Systemanalyse erstellen sie eine Leistungsbeschreibung über die neue Software und sprechen sich mit den künftigen Anwendern ab. Darauf folgen Programmierung und Implementierung, bei der sie die Software testen und etwaige Fehler eingrenzen." (http://berufenet.arbeitsagentur.de/berufe/docroot/r2/blobs/pdf/archiv/7814.pdf)

Trotz der Umstellung auf Bachelor- und Masterstudiengänge hat sich an diesen Anforderungen grundlegend nichts geändert (vgl. Berufsbild des Informatikers – allgemeine Informatik (BA) unter http://berufenet. arbeitsagentur.de/berufe/docroot/r2/blobs/pdf/archiv/58603.pdf).

Damit trifft auch die berufskundliche Beschreibung zum einen die Grundanforderung der Beispieltätigkeit

 Selbständiges Anfertigen, Ändern und Pflegen von DV-Programmen und DV-Programmbausteinen

5

und gibt zum anderen ausreichend Beispiele, was alles an Programmierleistungen von einem einschlägig ausgebildeten Informatiker erwartet werden kann.

Praxis-Tipp:

Für eine stellenbezogene Detailprüfung finden sich weiterführende Hinweise und Links zu den Ausbildungsstellen unter: www.studienwahl.de

Selbstständiges Anfertigen, Ändern und Pflegen von DV-Programmen und DV-Programmbausteinen hohen Schwierigkeitsgrads (Beispiel 10.3.5 der Entgeltgruppe 10)

Auch hier baut die Beispielstätigkeit auf der Grundanforderung im Beispiel 8.4.5

 Selbständiges Anfertigen, Ändern und Pflegen von DV-Programmen und DV-Programmbausteinen

5

durch den Begriff

 hohen Schwierigkeitsgrades

auf. Insoweit kann hier auf die oben genannten Ausführungen zur Beispielstätigkeit 9.4.5 verwiesen werden.

Was unter einem **hohen Schwierigkeitsgrad** zu verstehen ist, haben die Tarifvertragsparteien selbst nicht erläutert. Offenkundig war es auch nicht deren Wille, auf die umfangreichen Regelungen des BAT bzgl. der Angestellten in der Datenverarbeitung zurückzugreifen, so dass dies auch nicht im Rahmen der Auslegung erfolgen kann (vgl. Auslegungsregeln Seite 40 ff.). Sie haben aber durch ihre Ausführungen in der Vorbemerkung Nr. 1 der Anlage 1 zu § 5 TV-V einen Minimalmaßstab gesetzt. In Vorbemerkung Nr. 1 Satz 2 heißt es:

 Die in den Beispielen zu den Entgeltgruppen umschriebenen Tätigkeiten entsprechen der Wertigkeit eines Oberbegriffs.

Da es auch hier um die Prüfung einer Fachkompetenz geht, ist also zu prüfen, ob die Obermerkmale eine entsprechend auf die Fachkompetenz bezogene Anforderung stellen. Das ist der Fall in Entgeltgruppe 10 Fallgruppe 10.1:

 10.1 Arbeitnehmer, deren Tätigkeiten sich durch besondere Schwierigkeit und Bedeutung aus der Entgeltgruppe 9.1 oder 9.2 herausheben

Konkret steht hier das Tätigkeitsmerkmal der „besonderen Schwierigkeit" für die erhöhten Anforderungen an die Fachkompetenz. Bei der besonderen Schwierigkeit handelt es sich um ein aus der Vergütungsordnung zum BAT übernommenes Tätigkeitsmerkmal, das im TV-V sowohl in seiner Wortfolge als auch in seiner Systematik übernommen wurde (vgl. auch Herzberg/Schlusen, Kapitel B, § 5, Rn. 1). Damit wird auch hier aus dem Wortlaut und der Systematik der Entgeltordnung des TV-V ausreichend deutlich, welche Programmierarbeiten den hohen Schwierigkeitsgrad ausmachen: Es muss sich um Programmierarbeiten handeln, wie sie regelmäßig **nicht** mehr von einem einschlägig ausgebildeten Dipl.-FH-/Bachelor-Absolventen erwartet werden können. Das folgt unmittelbar aus der Anwendung der Rechtsprechung zum Tätigkeitsmerkmal der besonderen Schwierigkeit (vgl. BAG 20.03.1991, AP Nr. 156 zu §§ 22, 23 BAT 1975).

Die tarifliche Anforderungskombination der „besonderen Schwierigkeit" bezieht sich nach der ständigen Rechtsprechung des BAG auf die fachliche Qualifikation des Arbeitnehmers, das heißt auf sein fachliches Können und seine fachliche Erfahrung. Sie verlangt, dass sich die Tätigkeit des Arbeitnehmers hinsichtlich der fachlichen Anforderungen in beträchtlicher, gewichtiger Weise von denjenigen der niedrigeren Entgeltgruppe abhebt. Wird dort in dem einschlägigen Tätigkeitsmerkmal eine einem bestimmten Beruf entsprechende Tätigkeit („Normaltätigkeit") gefordert, sind die Ausbildungsinhalte dieses Berufs während des streitigen Anspruchszeitraums maßgebend. Die erhöhte Qualifizierung im Vergleich zur „Normaltätigkeit" dieses Berufs kann sich im Einzelfall aus der Breite und Tiefe des geforderten fachlichen Wissens und Könnens ergeben, aber auch aus außergewöhnlichen Erfahrungen oder einer sonstigen gleichwertigen Qualifikation, etwa Spezialkenntnissen (vgl. BAG 11.02.2004, AP Nr. 24 zu §§ 22, 23 BAT-O m. w. N.).

Analysieren, Testen und Einführen von DV-Systemen und deren Wartung als DV-Organisator (Beispiel 11.4.2 der Entgeltgruppe 11)

Die Besonderheit dieser Beispielstätigkeit besteht in der Aufzählungsform:

Analysieren, Testen **und** Einführen von DV-Systemen **und** deren Wartung als DV-Organisator
(Hervorhebungen durch die Verfasser)

Was nichts anderes heißt, als dass diese Beispielstätigkeit nur dann erfüllt ist, wenn ein Mitarbeiter für **alle** der genannten Tätigkeiten zuständig ist.

Da die Tarifvertragsparteien die Begriffe selbst nicht näher erläutern, ist auf den allgemeinen Sprachgebrauch bzw. auf die verständigen Fachkreise zurückzugreifen.

Danach bedeutet **Analysieren** auf einzelne Merkmale hin untersuchen, zergliedern und dadurch klarlegen (vgl. Duden, S. 137).

Unter **Testen** im IT-spezifischen Sinne versteht man das Überprüfen des Ein- und Ausgabeverhaltens eines Programms anhand von Experimenten und gezielten Programmdurchläufen, um die Korrektheit des Programms nachzuweisen (vgl. Duden Informatik, S. 682).

Einführen im Sinne des allgemeinen Sprachgebrauchs umschreibt „als Neuerung bekannt machen und verbreiten, in Gebrauch nehmen" (vgl. Duden, S. 478).

5

DV steht für elektronische Datenverarbeitung und bezeichnet allgemein den Prozess, bei dem mithilfe entsprechender Anlagen vorgegebene gespeicherte Daten bearbeitet und ausgewertet werden (vgl. Duden, S. 462, 394). Der Begriff **System** steht in der IT-Technik sehr allgemein für die Zusammenfassung mehrerer Komponenten zu einer als Ganzes aufzufassenden Einheit. Die Komponenten können von gleicher Art (homogene Systeme, wie z. B. Programmsysteme) oder sehr unterschiedlicher Art sein (z. B. Zusammenfassung von Hard- und Softwaresystemen zu einem Computersystem; vgl. Duden Informatik, S. 677).

Wartung bedeutet beispielsweise eine Maschine ständig auf ihre Funktionsfähigkeit zu überprüfen **und** Fehler zu beheben, sobald diese festgestellt werden (vgl. BAG 19.11.1997, 10 AZR 628/96, ZTR 1998, S. 277).

Der Tätigkeitsschwerpunkt von **DV-Organisatoren** oder EDV-Organisatoren besteht darin, computergestützte Informations- und Datenverarbeitungssysteme für verschiedene betriebliche Aufgaben einzusetzen. Sie analysieren die fachlichen Abläufe für die spätere programmtechnische Realisierung und setzen die Ergebnisse in globale Konzepte um. Sie halten Daten bereit, verteilen sie und wirken dabei mit, DV-Anwendungssysteme zu planen, zu entwickeln, einzuführen und zu betreuen. In Zusammenarbeit mit den Fachabteilungen führen sie Arbeitsablauf- und Organisationsanalysen durch. Sie stellen die Vorgaben für den Computereinsatz aus organisatorischer Sicht zusammen, ausgehend entweder von der Situation vor dem DV-Einsatz oder vom aktuellen Stand der Datenverarbeitung. Die gewonnenen Erkenntnisse fassen sie in einem Grobkonzept zusammen.

Gleichzeitig sind EDV-Organisatoren und -Organisatorinnen Mittler zwischen den Fachabteilungen, der Daten- und Informationsverarbeitung sowie der Organisation und bilden die Schnittstelle zwischen Anwendern und Informationsverarbeitern, ggf. auch zu externen Dienstleistern (vgl. http://berufenet.arbeitsagentur.de/berufe/start?dest=profession&prof-id=7729).

Analysieren, Planen, Implementieren und Kontrollieren von Betriebssystemen und Standardsoftware als Systemprogrammierer (Beispiel 11.4.3 der Entgeltgruppe 11)

Die Besonderheit dieser Beispieltätigkeit besteht auch hier in der Aufzählungsform:

> Analysieren, Planen, Implementieren **und** Kontrollieren von Betriebssystemen **und** Standardsoftware als Systemprogrammierer
>
> *(Hervorhebungen durch die Verfasser)*

Diese Beispieltätigkeit ist nur dann erfüllt, wenn ein Mitarbeiter für **alle** der oben genannten Tätigkeiten und für beide Softwarearten zuständig ist.

Da die Tarifvertragsparteien die Begriffe selbst nicht näher erläutern, ist auf den allgemeinen Sprachgebrauch bzw. auf die verständigen Fachkreise zurückzugreifen.

Analysieren bedeutet auf einzelne Merkmale hin untersuchen, zergliedern und dadurch klarlegen (vgl. Duden, S. 137).

Planen steht für etwas Pläne ausarbeiten bzw. aufstellen, zum Beispiel ein Projekt. Unter einem Plan ist dabei zu verstehen: die Vorstellung von der Art und Weise, in der ein bestimmtes Ziel verfolgt bzw. ein bestimmtes Vorhaben verwirklicht werden soll (vgl. Duden, S. 1290).

Unter **Implementieren** wird in Bezug auf Hard- und Software verstanden, ein bestehendes Computersystem einzusetzen, einzubauen und so ein funktionsfähiges Programm bereitzustellen (vgl. Duden, S. 905).

Das Wort **Kontrollieren** umschreibt, jemanden oder etwas überwachen (vgl. Duden, S. 1037). Der Begriff „Überwachen" bedeutet:

Jemanden oder etwas beaufsichtigen; kontrollieren, ob etwas ordnungsgemäß geschieht, ob jemand etwas ordnungsgemäß erledigt; kontrollierend für den richtigen Ablauf einer Sache sorgen (vgl. BAG 25.10.1995, AP Nr. 208 zu §§ 22, 23 BAT 1975 m. w. N.).

Das Wort **Betriebssystem** (oder auch Systemsoftware) steht in der IT-Fachsprache als zusammenfassende Bezeichnung für alle Programme, die die Ausführung, das Zusammenwirken und den Schutz der Benutzerprogramme, die Verteilung der Betriebsmittel (Hard- und Softwarekomponenten, die zur Ausführung von Programmen benötigt werden) auf die einzelnen Benutzerprogramme und die Aufrechterhaltung der Betriebsart (das ist die Art und Weise, in der eine Rechenanlage die Aufträge bearbeitet, z. B. Stapelbetrieb, Dialogbetrieb, Realzeitbetrieb) steuern und überwachen (vgl. Duden Informatik, S. 91 ff.).

Unter **Standard** wird in Zusammenhang mit einer Fachsprache (hier der der IT) das Normalmaß verstanden, das heißt das allgemein Übliche (vgl. Duden, S. 1664).

Unter **Software** versteht man allgemein alle Programme, die ein Rechnersystem lauffähig machen oder in einem vernetzten Rechnersystem ablaufen können. Software steht also für alle Programmkomponenten (vgl. Duden Informatik, S. 620).

Der Begriff des **Systemprogrammierers** findet sich als feststehender Begriff nicht in den einschlägigen Lexika, aber der des Systemprogramms. Dabei handelt es sich um ein Programm, das bestimmte allgemeine Servicefunktionen für alle oder einige Anwendungsprogramme leistet. Dazu gehören zum Beispiel Programme zur Dateiverwaltung, Steuerprogramme, Übersetzungsprogramme und Dienstprogramme. Sie sind Teil des Betriebssystems (vgl. Brockhaus, Stichwort: Systemprogramm). Der Programmierer als Berufsbezeichnung ist zuständig für das Erarbeiten und Aufstellen von Schaltungen und Programmen (vgl. Duden, S. 1379).

Ein vergleichbares Tätigkeitsbild zeichnen auch die berufskundlichen Informationen. Danach besetzen Systemprogrammierer die Schnittstelle zwischen der Entwicklung von Anwendungssoftware und dem Systemmanagement. Sie betreuen die Systemsoftware, insbesondere das Betriebssystem, das die rechner- und netzwerkinternen Prozesse, Benutzeraufträge, Daten, Dateien und Betriebsmittel wie Arbeitsspeicher, Rechenwerk, externe Speicher, Drucker und andere periphere Geräte verwaltet.

Zudem sind Systemprogrammierer zuständig für die Dienst- und Organisationsprogramme, die häufig auftretende rechnerinterne

5

oder rechnernahe Anwendungen erledigen. Solche Programme übersetzen beispielsweise Programmiersprachen in Maschinensprache und steuern Zugriffsroutinen, Textverarbeitungssysteme, Datenbanksysteme, Produktionsroutinen sowie Hilfssysteme wie Editoren. Darüber hinaus entwickeln bzw. modifizieren Systemprogrammierer diese Systemkomponenten, implementieren sie in die jeweilige Systemumgebung, führen Testläufe durch und dokumentieren die neu erstellten oder veränderten Module (vgl. http://berufenet.arbeitsagentur.de/berufe/start?dest=profession&prof-id=7741).

8. Kaufmännisch Tätige

EG	FG	Beispielstätigkeiten für kaufmännisch Tätige
5	5.4.8	Tätigkeiten als kaufmännischer Sachbearbeiter
8	8.4.3	Erstellen von Kostenangeboten und Bearbeiten von Versorgungsanfragen in mehreren Energiesparten
9	9.4.3	Abschließende Bearbeitung und Zuordnung von aktivierungspflichtigen und nichtaktivierungspflichtigen Aufträgen und deren Weiterberechnung
	9.4.4	Abrechnung von schwierigen und speziellen Verträgen der Sonderabnehmer
10	10.3.2	Kostenrechnungen, Kostenanalysen, Kalkulationen und Wirtschaftlichkeitsberechnungen
	10.3.3	Bearbeiten von schwierigen Aufgaben in der Finanz-/Anlagenbuchhaltung mit Jahresabschlussarbeiten
	10.3.6	Asset-Manager
	10.3.7	Bilanzkreismanager
11	11.4.1	Ermittlung von bereichsübergreifenden Vergleichszahlen, Soll-Ist-Vergleich und Abweichungsanalysen als Controller

Tätigkeiten als kaufmännischer Sachbearbeiter (Beispiel 5.4.8 der Entgeltgruppe 5)

Zur Auslegung ist auch hier vom allgemeinen Sprachgebrauch auszugehen.

Unter einem Sachbearbeiter wird jemand verstanden, der beruflich einen bestimmten Sachbereich bearbeitet (vgl. Duden, S. 1482). Dabei wird der Begriff Sachbereich synonym zum Begriff des Sachgebiets verwandt. Unter einem Sachgebiet wird ein – einen bestimmten Wissensbereich bzw. Arbeitsbereich umfassendes – Gebiet verstanden (vgl. Duden, S. 1483).

Erstellen von Kostenangeboten und Bearbeiten von Versorgungsanfragen in mehreren Energiesparten (Beispiel 8.4.3 der Entgeltgruppe 8)

Erstellen bedeutet, etwas anfertigen, ausarbeiten (vgl. Duden, S. 544).

Der Begriff der **Kosten** ist ein in den Wirtschaftswissenschaften geprägter Begriff. Er umschreibt den bewerteten Verzehr von Produktionsfaktoren und Dienstleistungen, der zur Erstellung und Verwertung der betrieblichen Leistungen sowie zur Aufrechterhaltung der Betriebsbereitschaft (betriebliche Kapazitäten) erforderlich ist (vgl. Olfert, Nr. 513).

Unter einem **Angebot** versteht man ein Kaufangebot, eine Offerte (vgl. Duden, S. 145).

Das **Bearbeiten** hat unterschiedliche Bedeutungen:

- einerseits sich mit einem Gesuch, einem Fall als entsprechende Instanz prüfend oder erforschend beschäftigen und ggf. darüber befinden

- andererseits unter einem bestimmten Gesichtspunkt neu gestalten, überarbeiten, verändern (z. B. ein Manuskript, einen Text; vgl. Duden, S. 264)

Eine **Versorgungsanfrage** liegt vor bei einem Ersuchen, einer Bitte um Auskunft (vgl. Duden, S. 144), hier in Bezug auf die Energieversorgung.

Der Begriff der **Energiesparte** bezeichnet in der Versorgungswirtschaft die einzelnen Teilbereiche, für die eine Energieversorgung angeboten wird: Strom, Gas, Wasser, Fernwärme. Er wird damit im Sinne des allgemeinen Sprachgebrauchs verwandt (vgl. Duden, S. 1634).

Abschließende Bearbeitung und Zuordnung von aktivierungspflichtigen und nicht aktivierungspflichtigen Aufträgen und deren Weiterberechnung (Beispiel 9.4.3 der Entgeltgruppe 9)

Abschließend wird im Sinne des allgemeinen Sprachgebrauchs als etwas beenden, zum Abschluss bringen, zu Ende führen verstanden (vgl. Duden, S. 96 f.).

Das Wort **Bearbeitung** als das Bearbeiten von etwas hat unterschiedliche Bedeutungen. Es heißt:

- sich mit einem Gesuch, einem Fall als entsprechende Instanz prüfend oder erforschend beschäftigen und ggf. darüber befinden
- etwas unter einem bestimmten Gesichtspunkt neu gestalten, überarbeiten, verändern (z. B. ein Manuskript, einen Text; vgl. Duden, S. 264).

Das Wort **Zuordnung** beschreibt das Zuordnen zu etwas, was als zugehörig oder mit etwas als zusammengehörig angesehen wird bzw. etwas einordnen (vgl. Duden, S. 2077).

Die **Aktivierungspflicht** fällt innerhalb der Betriebswirtschaftslehre in das Arbeitsgebiet der Bilanzierung. Diese sieht die Bildung von Aktivposten in der Bilanz vor. Die Aktivierung richtet sich im Wesentlichen nach den Grundsätzen ordnungsgemäßer Buchführung und Bilanzierung. Nach dem Grundsatz der Vollständigkeit sind auf der Aktivseite alle am Bilanzstichtag vorhandenen selbstständig verkehrsfähigen, das heißt einzeln veräußerbaren Vermögensgegenstände eines Unternehmens, auszuweisen. Vermögensgegenstände in diesem Sinne sind materielle und immaterielle, entgeltlich erworbene bzw. selbsterstellte Güter. Dabei können allerdings rechtliche Besonderheiten eine Aktivierung bestimmter Güter untersagen. Man spricht in diesem Fall von einem Aktivierungsverbot. Dieses besteht zum Beispiel für unentgeltlich erworbene immaterielle Anlagewerte. Auf der anderen Seite existieren Wahlrechte, die begrifflich als sogenannte Aktivierungswahlrechte zusammengefasst werden. Diese bestehen etwa für die Aktivierung derivater Firmenwerte. Die Bildung von Aktivposten in der Bilanz hat eine zentrale bilanzpolitische Bedeutung, da sich die Aktivierung im Vergleich zur Aufwandsverrechnung bei Aktivierungsverzicht in der Periode der Aktivierung gewinnerhöhend auswirkt (vgl. Wöhe/Döring, S. 692 ff.).

Fraglich ist, was daran so schwierig ist, dass allein diese eine Tätigkeit aus dem weiten Spektrum der Arbeiten im Rahmen der Erstellung eines Jahresabschlusses eine Eingruppierung nach Entgeltgruppe 9 Fallgruppe 9.4.3 rechtfertigt. Neben der bereits genannten bilanzpolitischen Bedeutung ist die Abgrenzung im Einzelfall sehr schwierig, da keine gesicherte Definition des Begriffs des Vermögensgegenstands existiert. Er muss bezogen auf den einzelnen Aktivierungsfall ausgelegt werden.

Praxis-Tipp:

Sollte ein Mitarbeiter im Rechnungswesen die Entgeltgruppe für sich beanspruchen, ist zu prüfen, ob diese Fragen nicht einem externen Steuerberater/Wirtschaftsprüfer zur Prüfung und Entscheidung übergeben werden.

Unter einem **Auftrag** versteht man in der Wirtschaftssprache einen Vertragsabschluss mit einem Kunden über die Lieferung von Gütern oder das Erbringen von Dienstleistungen. In der Betriebswirtschaftslehre wird darunter auch die Anweisung zur Abwicklung von Bestellungen verstanden (vgl. Duden, S. 209).

Praxis-Tipp:

Für diese Beispieltätigkeit ist demnach zu fordern, dass der Stelleninhaber ohne weiteres Einwirken Dritter die Aktivierungspflicht prüft und darüber entscheidet.

Abrechnung von schwierigen und speziellen Verträgen der Sonderabnehmer (Beispiel 9.4.4 der Entgeltgruppe 9)

Unter **Abrechnung** im kaufmännischen Sinne ist die Rechenschaftslegung über Einnahmen und Ausgaben und damit das Aufstellen einer Schlussrechnung zu verstehen (vgl. Duden, S. 93).

Das Wort **schwierig** bedeutet zum einen, in besonderem Maß mit der Gefahr verbunden, dass man etwas falsch macht und daher ein hohes Maß an Umsicht und Geschick erfordernd, aber zum anderen auch viel Kraft, Mühe, große Anstrengung und besondere Fähigkeiten erfordernd (vgl. Duden, S. 1575).

Das Adjektiv **speziell** soll verdeutlichen, dass etwas von besonderer, eigener Art ist; in besonderem Maß auf einen bestimmten konkreten Zusammenhang o. Ä. ausgerichtet bzw. bezogen, das heißt nicht allgemein (vgl. Duden, S. 1640).

Ein **Vertrag** ist ein Rechtsgeschäft, das durch zwei übereinstimmende Willenserklärungen (Antrag, Angebot einerseits und Annahme andererseits) zwischen zwei oder mehreren sich gegenüberstehenden Beteiligten (Vertragsparteien) zum Abschluss gelangt (vgl. Creifelds, S. 1329).

Sonderabnehmer sind jene Kunden, die nicht Haushaltskunden sind. Mit ihnen werden besondere Vertragsbedingungen und Preise in einem standardisierten oder individuellen Sondervertrag vereinbart. Dementsprechend unterscheiden sich auch die Preisregelungen von den Tarifen für Haushaltskunden. Die Versorgung der Sonderabnehmer erfolgt aus Hoch-, Mittel- oder Niederspannungsnetzen (vgl. Kraus, S. 172, 182).

Wer in Abgrenzung dazu Haushaltskunde ist, bestimmt sich nach § 3 Nr. 22 EnWG. Das sind Kunden/Letztverbraucher, die Energie überwiegend für den Eigenverbrauch im Haushalt oder für den einen Jahresverbrauch von 10 000 Kilowattstunden nicht übersteigenden Eigenverbrauch für berufliche, landwirtschaftliche oder gewerbliche Zwecke kaufen.

Wichtig: Aufgrund der tariflichen Anforderung schwieriger und spezieller Verträge ist davon auszugehen, dass unter dieses Tätigkeitsbeispiel nur Mitarbeiter fallen, die im Bereich der Sonderabnehmer nur für die Sonderabnehmer zuständig sind, mit denen ein individueller Sondervertrag abgeschlossen wurde.

Kostenrechnungen, Kostenanalysen, Kalkulationen und Wirtschaftlichkeitsberechnungen (Beispiel 10.3.2 der Entgeltgruppe 10)

Die Besonderheit dieser Beispielstätigkeit besteht auch hier in der Aufzählungsform:

> Kostenrechnungen, Kostenanalysen, Kalkulationen **und** Wirtschaftlichkeitsberechnungen
>
> *(Hervorhebungen durch die Verfasser)*

Was nichts anderes heißt, als dass diese Beispielstätigkeit nur erfüllt ist, wenn ein Mitarbeiter für alle oben genannten Tätigkeiten zuständig ist.

Die Aufgabe der **Kostenrechnung** besteht in der Erfassung, Verteilung und Zuordnung der im Rahmen der betrieblichen Leistungserstellung und -verwertung entstehenden Kosten. Sie besteht aus den Teilgebieten der Betriebsabrechnung (Kostenarten- und Kostenstellenrechnung) und der Selbstkostenrechnung (Kalkulation) (vgl. Wöhe/Döring, S. 867).

Im Gegensatz dazu handelt es sich beim Begriff der **Kostenanalyse** nicht um einen feststehenden Fachterminus, so dass bei seiner Auslegung auf den allgemeinen Sprachgebrauch zurückzugreifen ist. Danach sind (Kosten-)Analysen Untersuchungen, bei denen eine Zergliederung der Kosten in die einzelnen Kostenbestandteile erfolgt, um diese auf einzelne Merkmale hin zu untersuchen und darzulegen (vgl. Duden, S. 137).

Der Begriff **Kalkulation** wird in der Betriebswirtschaftslehre synonym zum Begriff der Selbstkostenrechnung und der Kostenträger-Stückrechnung verwandt. Sie ermittelt auf Basis der Kostenarten- und Kostenstellenrechnung die Zurechnung der Kosten auf die einzelne Leistung, somit die Selbstkosten je Leistung. Damit ermöglicht sie die Feststellung von Preisuntergrenzen und die Festlegung von Angebotspreisen (vgl. Wöhe/Döring, S. 916 ff.).

Mittels **Wirtschaftlichkeitsberechnungen** erfolgt im Rahmen der Kostenrechnung die Kontrolle der Wirtschaftlichkeit. Dabei werden auf Basis der Kostenstellenrechnung die Ist- und Sollkosten oder Erträge und Aufwendungen wertmäßig gegenübergestellt (vgl. Wöhe, S. 38).

**Bearbeiten von schwierigen Aufgaben in der Finanz-/
Anlagenbuchhaltung mit Jahresabschlussarbeiten
(Beispiel 10.3.3 der Entgeltgruppe 10)**

5

Was die Tarifvertragsparteien unter **schwierigen Aufgaben** in der Finanz-/Anlagenbuchhaltung verstehen, erläutern sie durch die Klammer

(Kontierungen, Wertberichtigungen und Abschreibungen)

selbst. Ebenso, dass der Begriff der Jahresabschlussarbeiten sowohl „Bilanz" als auch „GuV" beinhalten soll. Alle verwendeten Begriffe entstammen der Betriebswirtschaftslehre und können mithilfe der einschlägigen Literatur wie folgt näher bestimmt werden:

Die **Finanzbuchhaltung** dokumentiert die Beziehungen des Unternehmens zur Außenwelt. Ihre Aufgabe ist es, die Geschäftsvorfälle belegmäßig zu erfassen und kontenmäßig zu verrechnen. Sie wird daher auch Geschäftsbuchhaltung genannt (vgl. Olfert, Nr. 297).

Aufgabe der **Anlagenbuchhaltung** ist hingegen, die Daten aller betrieblichen Anlagen zu speichern und zu verwalten sowie nach Art, Menge und Wert bereitzustellen. Zu diesen Daten zählen insbesondere der Tag des Zugangs der beschafften Anlage, die Höhe der Anschaffungskosten oder der Herstellungskosten, die Höhe des Bilanzwerts, der Tag des Abgangs der Anlage (vgl. Olfert, Nr. 043).

Kontierung bedeutet, das für die Verbuchung eines Betrags entsprechende Konto anzugeben (vgl. Duden, S. 1035).

Als **Wertberichtigung** wird die Abschreibung von Forderungen auf den niedrigeren Wert bezeichnet. Sie wird erforderlich, wenn der Nennwert der Forderung (Anschaffungskosten) den Wert der Forderung am Abschlussstichtag übersteigt. Dann ist eine „Wertberichtigung" auf den zum Abschlussstichtag niedrigeren Wert vorzunehmen (vgl. Olfert, Nr. 156).

Die **Abschreibung** erfasst den Werteverzehr für materielle und immaterielle Gegenstände des Anlagevermögens, die nicht innerhalb einer Rechnungsperiode verbraucht werden. Mit ihrer Hilfe werden im Rechnungswesen die für die Güter anfallenden Anschaffungs- bzw. Herstellungskosten erfolgswirksam auf die einzelnen Rechnungsperioden ihrer Nutzung verteilt. Die Verteilung erfolgt in der Betriebsbuchhaltung bzw. Kostenrechnung als Kosten und in der Finanzbuchhaltung als Aufwand. Dabei ist zwischen unterschiedlichen Abschreibungsformen, -arten und -verfahren zu differenzieren.

Abschreibungsformen sind:

- außerplanmäßige Abschreibungen
- planmäßige Abschreibungen
- Abschreibungen auf niedrigeren Wert

Abschreibungsarten sind:

- kalkulatorische Abschreibung
- bilanzielle Abschreibung

Diese Abschreibungsverfahren gibt es:

- lineare Abschreibung
- degressive Abschreibung
- leistungsbezogene Abschreibung

Dabei können die Ursachen für Abschreibungen vielfältig sein. Sie werden regelmäßig unterschieden nach:

- technisch bedingten Ursachen (z. B. technischer, natürlicher, ruhender, katastrophenbedingter Verschleiß)
- wirtschaftlich bedingten Ursachen (z. B. Entwertung durch technischen Fortschritt, Bedarfsverschiebung, Fristablauf, Preisänderungen)
- zeitlich bedingten Ursachen (z. B. Fristablauf bei Lizenzen, Konzessionen, sonstige gewerbliche Schutzrechte)

(vgl. Olfert, Nr. 015).

Die **Bilanz** stellt aus betriebswirtschaftlicher Sicht das Vermögen auf der Aktivseite und das Kapital auf der Passivseite zu einem bestimmten Zeitpunkt gegenüber. Dabei zeigt die Aktivseite (Vermögen) die konkrete Verwendung der Finanzmittel in Form des Anlage- bzw. Umlaufvermögens. Die Passivseite (Kapital) weist die Herkunft der Finanzmittel aus (Eigenkapital, Fremdkapital). Sie ist Teil des Jahresabschlusses (vgl. Olfert, Nr. 166).

Die Abkürzung **GuV** steht für Gewinn- und Verlustrechnung. Sie ist wie die Bilanz Teil des Jahresabschlusses und ergänzt die Bilanz, indem sie nicht nur den Erfolg als solchen aufweist, sondern auch seine Zusammensetzung offen legt (vgl. Olfert, Nr. 380).

Asset-Manager (Beispiel 10.3.6 der Entgeltgruppe 10)

Im Bereich der Energiewirtschaft obliegt einem Asset-Manager regelmäßig die Planung, Steuerung und Organisation des Anlagevermögens zur Optimierung der Rentabilität (vgl. Kraus, S. 19).

Bilanzkreismanager (Beispiel 10.3.7 der Entgeltgruppe 10)

Die Tätigkeiten des Bilanzkreismanagers bzw. Bilanzkreisverantwortlichen sind in der Regel das Verwalten und Bewirtschaften des Bilanzkreises eines Energieversorgers. Dabei fallen vor allem folgende Tätigkeiten an:

- Lastprognose und Ausgleichsplanung durch Einspeisung bzw. Handel (Fahrplanerstellung)
- Ermittlung der tatsächlichen Verbräuche
- Abrechnung des Bilanzkreises mit dem Übertragungsnetzbetreiber
- Abschluss und Verwaltung der Bilanzkreisverträge mit dem Übertragungsnetzbetreiber

Ein Bilanzkreis umfasst – grob verallgemeinert – die Einspeise- und Entnahmestellen des Versorgers. Er dient der Überwachung und Sicherstellung, dass Einspeisung und Entnahme ausgeglichen sind (vgl. Kraus, S. 30 f.).

Ermittlung von bereichsübergreifenden Vergleichszahlen, Soll-Ist-Vergleich und Abweichungsanalysen als Controller (Beispiel 11.4.1 der Entgeltgruppe 11)

Diese Beispielstätigkeit lässt sich nach dem allgemeinen Sprachgebrauch wie folgt näher bestimmen:

Das Wort **Ermittlung** als das Ermitteln von etwas hat zwei Bedeutungen: etwas feststellen bzw. herausfinden. Zum einen geschieht dies durch geschicktes Nachforschen, zum anderen durch Errechnen (vgl. Duden, S. 486).

Vergleichszahlen ermöglichen eine vergleichende Messung von etwas (vgl. Duden, S. 1697).

Bei einem **Soll-Ist-Vergleich** wird das geplante Ergebnis (SOLL) dem tatsächlichen Ergebnis (IST) gegenübergestellt. Differenzen zwischen SOLL und IST werden dann im Rahmen einer Abweichungsanalyse (siehe unten) näher untersucht (vgl. Wöhe/Döring, S. 153).

Die **Abweichungsanalyse** ist demnach die Interpretation der im Soll-Ist-Vergleich erkannten Abweichungen. Sie dient der Feststellung der Ursachen für die Abweichungen von der Planung (vgl. Wöhe/Döring, S. 153).

Das Tätigkeitsbild des Controllers war lange Zeit umstritten. In der Fachliteratur hat sich mittlerweile – von kleineren Abweichungen abgesehen – dieses klassische Tätigkeitsspektrum durchgesetzt:

Der **Controller** befasst sich mit folgenden Aufgaben:

- Planung
- Kontrolle
- Information
- Steuerung

Im Rahmen der Planung wird überlegt, wie die Zielsetzungen der Unternehmensleitung (Soll-Werte) umzusetzen sind. Dazu gehört auch die Budgeterstellung, die nach Genehmigung durch die Unternehmensleitung den Führungskräften der Fachabteilungen als zielbezogene Plandaten vorgegeben werden.

Die Kontrolle umfasst die Überwachung und Auswertung der Unternehmensdaten. Dazu werden alle relevanten Ist-Werte erfasst und mit den Soll-Werten verglichen (z. B. in Form der Budgetkontrolle). Bei der Auswertung der Daten erfolgen Abweichungsanalysen, um die Ursachen abweichender Entwicklungen herauszufinden.

Information bedeutet, die gewonnenen Daten und Erkenntnisse an die zuständigen Fachstellen frühzeitig weiterzumelden. Das geschieht regelmäßig durch Controllingberichte, das sogenannte Berichtswesen.

Die Steuerung umfasst Maßnahmen, die dazu dienen, eine oder mehrere Größen, die für die Unternehmensentwicklung verantwortlich sind, zu beeinflussen. Bei diesen Größen kann es sich sowohl um Eingangsdaten (Lieferantenpreis, -bedingungen) als auch um Ausgangsdaten handeln (vgl. Olfert, Nrn. 203, 208).

Die Auslegung der Oberbegriffe der EG 1 bis 4: Ungelernte

6

1. Der Ausschließlichkeitskatalog der Entgeltgruppe 1

Mit der Entgeltgruppe 1 stellt der TV-V die Rechtsgrundlage für eine sogenannte Leichtlohngruppe zur Verfügung, die Outsourcing (Fremdvergabe) verhindern und Insourcing (Wiederaufnehmen einer Leistung) ermöglichen soll.

Der TV-V sieht aber, anders als der TVöD und TV-L, keinen allgemein gültigen Katalog vor. Dieser muss erst durch landesbezirkliche Tarifverträge vereinbart werden, was bislang nur im Landesbezirklichen Tarifvertrag NRW vom 06.10.2003 zur Ergänzung der Anlage 1 Entgeltgruppen zum TV-V erfolgt ist (Abdruck bei Herzberg/Schlusen, Kapitel B, § 5, S. 10 ff. und Hofmann/Reidelbach, A 270, S. 7 ff.).

Wichtig: Ohne einen solchen ergänzenden Tarifvertrag darf in Entgeltgruppe 1 TV-V nicht eingruppiert werden.

(zur Entgeltgruppe 1 vgl. auch Richter/Gamisch, gEG, IV.D.1.2)

Wird keines der im Katalog genannten Beispiele erfüllt, muss unter den Oberbegriff „einfachste Tätigkeiten" subsumiert werden.

Einfachste Tätigkeiten im Sinne der Entgeltgruppe 1 sind regelmäßig durch diese Kriterien gekennzeichnet:

BAG vom 28.01.2009

Einfachste Tätigkeiten erfordern keinerlei Vor- oder Ausbildung, sondern sind vielmehr nach einer sehr kurzen Einweisung (max. 2 Tage) ausführbar. Die Einweisung bzw. Anlernphase dient dabei zur Erlangung von Arbeitsroutine und nicht um Arbeitsabläufe als solche zu beherrschen. Das ist nicht notwendig, da es sich um Tätigkeiten handelt, die in ihrer Einfachheit nicht zu überbieten sind. Einfachste Tätigkeiten sind somit gekennzeichnet durch:

- eine klare/konkrete Aufgabenzuweisung
- vorgegebene und feststehende Tätigkeitsabläufe
- gleichförmige/gleichartige/mechanische Arbeiten, die nur geringster Überlegung bedürfen
- ohne eigenes Entscheidungsrecht zur Art und Weise der Arbeitsausführung
- die keine Abstimmung der Arbeiten mit anderen erforderlich machen.

(BAG 28.01.2009, 4 ABR 92/07, NZA 2009, S. 1042)

Dieses Vorgehen gilt zum Beispiel für Reinigungskräfte im Innenbereich. Das Fehlen im Katalog führt nicht zur Eingruppierung in die

Entgeltgruppe 2. Vielmehr muss zunächst geprüft werden, ob nicht der abstrakte Oberbegriff vorliegt. Reinigungsarbeiten im Außen- und Innenbereich sind gleichwertig (siehe auch Hofmann/Reidelbach, B 400, S. 2 zum TVöD). Eine Heraushebung erfolgt in Entgeltgruppe 2 nur für die Tätigkeit der Reinigung von Werkstätten und Laboren, für die ein gesteigertes Maß an Geschicklichkeit notwendig ist. Eine andere Bewertung ergibt sich nicht daraus, dass in Entgeltgruppe 1 von einem „Ausschließlichkeitskatalog" und nicht von Tätigkeitsbeispielen oder Beispielstätigkeiten gesprochen wird. Denn der Ausschließlichkeitskatalog wird unter den Oberbegriff „einfachste Tätigkeiten" gestellt. Die Entgeltgruppe 1 gleicht damit ihrer Struktur nach den anderen Entgeltgruppen (zur Entgeltgruppe 1 siehe auch Richter/Gamisch, AuA 2009, S. 360 ff.; Richter/Gamisch, gEG, IV.D.1.2).

2. Einfache Tätigkeiten (Entgeltgruppe 2)

Einfache Tätigkeiten werden in Entgeltgruppe 2 Klammerzusatz wie folgt definiert:

> vorwiegend mechanische Tätigkeiten, die eine Einarbeitung erfordern (…) Einarbeitung setzt die Vermittlung und Aneignung von Kenntnissen und Fertigkeiten voraus, um die Tätigkeiten sach- und fachgerecht ausüben zu können.

6

Die Vorschrift ist dem BAT nachgebildet. Eine Tätigkeit erfolgt vorwiegend mechanisch, wenn sie dem Arbeitnehmer keinerlei Raum für eigene Gestaltungsmöglichkeiten lässt, ein gedanklicher Aufwand bei der Erledigung der Tätigkeit so gut wie nicht aufgewendet werden muss (Bauer/Bockholt, Rn. 225) bzw. dieser äußerst gering ist.

Dementsprechend werden die Beispielstätigkeiten genannt, die sich von „einfachsten Tätigkeiten" unterscheiden:

> 2.1 Reinigen von Werkstätten und Labors
>
> 2.2 Einfache Bürotätigkeiten (wie Führen von einfachen Listen, Mithilfe bei der Postabfertigung, Registratur, Fotokopieren)
>
> 2.3 Tätigkeiten als Bote

3. Die eingehende fachliche Einarbeitung (Entgeltgruppe 3)

Die Tätigkeiten der Entgeltgruppen 1 bis 3 erfordern keine (Grund-) Kenntnisse, sondern allenfalls eine Einarbeitung. In der Entgeltgruppe 3 muss dabei eine „eingehende fachliche" Einarbeitung erforderlich sein. Der Tarifvertrag verzichtet auf eine begriffliche und zeitliche Eingrenzung dieses Begriffs (vgl. Herzberg/Schlusen, Kapitel B, § 5, Rn. 37). Deshalb erfolgt die Begriffsbestimmung anhand des allgemeinen Sprachgebrauchs und zur Abgrenzung innerhalb der Tarifsystematik des TV-V zu den „einfachsten" und „einfachen" Tätigkeiten der Entgeltgruppen 1 und 2 einerseits und den Tätigkeiten mit gründlichen Fachkenntnissen nach Entgeltgruppe 4 andererseits.

Unter **eingehend** versteht der allgemeine Sprachgebrauch in allen Einzelheiten, sorgfältig und ins Einzelne gehend, ausführlich (vgl. Duden, S. 480). Als **fachlich** wird ein bestimmtes Fach, Fachgebiet betreffend, dazu gehörend bezeichnet (vgl. Duden, S. 565). **Einarbeitung**, das sich Einarbeiten, umfasst das sich praktisch mit einer Arbeit vertraut machen (vgl. Duden, S. 474).

Fraglich ist, welchen Zeitraum diese Einarbeitung umfassen muss:

Nach oben ist die Einarbeitungszeit abzugrenzen von der Entgeltgruppe 5, da die nächstniedrigere Entgeltgruppe 4 kein vergleichbares Eingruppierungskriterium kennt. Die Entgeltgruppe 5 hat in Fallgruppe 5.1 als vergleichbare Anforderung die Ausbildungszeit nach Berufsbildungsgesetz. Gemäß § 5 Abs. 1 Nr. 2 BBiG soll die Ausbildungsdauer nicht mehr als drei und nicht weniger als zwei Jahre betragen.

Die eingehende fachliche Einarbeitung muss somit deutlich unter zwei Jahren liegen.

Bei der Abgrenzung gegenüber der Entgeltgruppe 2 ist zu berücksichtigen, dass gesteigerte Anforderungen an die Qualität der Einarbeitung gestellt werden müssen. Denn die Formulierung „eingehend" verdeutlicht, dass eine „einfache" Einarbeitung nicht ausreichend ist. Vielmehr bedeutet eingehende Einarbeitung eine Steigerung der Anforderungen unter einer Berufsausbildung.

In Anlehnung an die Rechtsprechung zum sogenannten Routinevorsprung (vgl. Berkowsky, § 6 Rn. 101 m. w. N. auf die Rechtsprechung des BAG) in Zusammenhang mit der Sozialauswahl bei betriebsbedingten Kündigungen dürfte der Zeitraum ein bis sechs Monate betragen.

6

Einen zusätzlichen Anker bietet die Rechtsprechung zum BMT-G II:

 BAG vom 11.10.2006

Ein möglicher Anhaltspunkt für die regelmäßige Dauer einer solchen Einarbeitung ergibt sich – ohne dass dies für den hier anzuwendenden BezTV unmittelbar maßgeblich wäre – aus der Protokollerklärung Nr. 4 Teil I der Anlage 1 zum Bezirkstarifvertrag Nr. 2 zum BMT-G II zwischen dem Kommunalen Arbeitgeberverband Bayern und der Gewerkschaft ÖTV in der aktuell geltenden Fassung. Danach gehen die dortigen Tarifvertragsparteien bei einer wortgleichen Bestimmung (…) davon aus, dass sich die **Einarbeitungszeit „in der Regel (…) auf etwa sechs Wochen erstrecken"** werde.

(BAG 11.10.2006, AP Nr. 9 zu § 20 BMT-G II; *Hervorhebungen durch die Verfasser*)

Dabei gilt es grundsätzlich zu beachten, dass es sich bei dem dabei vermittelten Wissen um Kenntnisse handeln muss, die durch den Arbeitgeber vermittelt werden können.

Dagegen handelt es sich beispielsweise bei einer Fahrerlaubnis um eine Qualifikation, die regelmäßig außerhalb des Arbeitsverhältnisses erworben wird und im Streitfall Bestandteil des Anforderungsprofils für die konkrete Tätigkeit ist. Eingruppierungsrelevant wird sie aufgrund der Tätigkeitsmerkmale erst, wenn weitere qualifizierende Merkmale hinzukommen, wie zum Beispiel das Führen von Kraftfahrzeugen mit einem zulässigen Gesamtgewicht von mehr als 7,5 t (Entgeltgruppe 5 Fallgruppe 5.4.6; vgl. BAG 11.10.2006, AP Nr. 9 zu § 20 BMT-G II).

6

4. Gründliche Fachkenntnisse (Entgeltgruppe 4)

Gründliche Fachkenntnisse erfordern gemäß Entgeltgruppe 4 Fallgruppe 1 Klammerzusatz nähere Kenntnisse von Gesetzen, Tarifbestimmungen usw. Die Regelung knüpft an den BAT an. Dementsprechend müssen gründliche Fachkenntnisse von (Grund-)Kenntnissen, allgemeinen Fähigkeiten bzw. sogenannten Schlüsselqualifikationen abgegrenzt werden (vgl. Bauer/Bockholt, Rn. 228).

Gründliche Fachkenntnisse	Allgemeine Fähigkeiten, Schlüsselqualifikationen
Nähere Kenntnisse von Gesetzen, Tarifbestimmungen usw. im Rahmen der auszuübenden Tätigkeit	Organisations- und Verhandlungsgeschick, Geschäftsgewandtheit, besondere Zuverlässigkeit und Vertrauenswürdigkeit (vgl. Bauer/Bockholt, Rn. 228), sog. Schlüsselqualifikationen, wie Innovations- und Umstellungsfähigkeit, Lernbereitschaft und -fähigkeit, soziale Kompetenz, Kooperationsfähigkeit, Kreativität (vgl. Mentzel, S. 172)

Zur Verdeutlichung des Oberbegriffs der gründlichen Fachkenntnisse werden in Entgeltgruppe 4 folgende Beispieltätigkeiten genannt:

4.3.1 Verwaltung von Lagern und Magazinen

4.3.2 Tätigkeiten als Fahrer von Kraftfahrzeugen

4.3.3 Tätigkeiten als Schreibkraft

4.3.4 Montagearbeiten in Netzen (Gas, Wasser, Fernheizung, Kabel, Freileitung)

Sofern eine Beispieltätigkeit vorliegt, müssen die gründlichen Fachkenntnisse nicht gesondert geprüft werden. Anderenfalls kann grundsätzlich an die Rechtsprechung zum BAT angeknüpft werden.

Praxis-Tipp:

Dabei sind aber die Besonderheiten der Systematik des TV-V zu beachten, die zum Teil nicht in Einklang mit der bisherigen Rechtsprechung zum BAT gebracht werden können.

Aus dem Vergleich mit den Anforderungen der Entgeltgruppe 3 und Entgeltgruppe 5 TV-V wird ersichtlich, dass gründliche Fachkenntnisse einerseits höhere Anforderungen stellen als eine „eingehende fachliche Einarbeitung" (siehe Entgeltgruppe 3), andererseits keine Berufsausbildung in Breite und Tiefe erfordern (siehe Entgeltgruppe 5 Fallgruppe 5.1). Daraus folgt, dass eine Ausbildung außerhalb der gesetzlichen Ausbildungsvorschriften (Berufsbildungsgesetz, Handwerksordnung) oder berufliches Erfahrungswissen ausreichend ist, was der Rechtslage im BAT entspricht.

Andererseits ist zu beachten, dass die Rechtsprechung für gründliche Fachkenntnisse ein qualitatives und quantitatives Element fordert: Nähere Kenntnisse im ganz geringen Umfang sind nicht ausreichend, vielmehr werden Fachkenntnisse von nicht unerheblichem Ausmaß und nicht nur oberflächlicher Art gefordert (vgl. BAG 22.01.2003, 4 ABR 12/02). Es ist nicht erforderlich, dass der Arbeitnehmer alle Normen voll beherrschen muss. Vielmehr reicht es aus, wenn er den Normalfall richtig bearbeiten kann (vgl. Krasemann, Kapitel 9, Rn. 37 m. w. N.).

Es muss sich somit zumindest um Routinesachbearbeitung (Bearbeitung regelmäßig gleichgelagerter Fälle) handeln (vgl. BAG 10.12.1997, AP Nr. 237 zu §§ 22, 23 BAT 1975 i. V. m. BAG 17.11.1955, AP Nr. 7 zu § 3 TOA).

Die Fachkenntnisse müssen sich nicht auf Gesetze und Tarifverträge beschränken, die lediglich als Beispiele dienen (vgl. BAG 10.12.1997, AP Nr. 237 zu §§ 22, 23 BAT 1975). Diese liegen auch in folgenden Fällen vor:

- bautechnische Fachkenntnisse
  (vgl. BAG 20.10.1993, AP Nr. 172 zu §§ 22, 23 BAT 1975)
- Kenntnisse der Betriebsorganisation, Beachtung umfangreicher Arbeits-/Dienstanweisungen
  (vgl. BAG 15.11.1995, AP Nr. 209 zu §§ 22, 23 BAT 1975), wie sie zum Beispiel im Netzbereich durch die verständigen Fachkreise typisch sind
- Kenntnisse in den Bereichen Datenbeschaffung, Statistik, Kartographie
  (vgl. BAG 19.03.1986, AP Nr. 116 zu §§ 22, 23 BAT 1975)
- graphisch-künstlerische Fachkenntnisse (z. B. Fotografie und Drucktechnik)
  (vgl. BAG 26.09.1979, AP Nr. 26; BAG 07.10.1981, AP Nr. 49 beide zu §§ 22, 23 BAT 1975)
- handwerkliche, technische und warenkundliche Kenntnisse
  (vgl. BAG 03.06.1981, AP Nr. 45; BAG 29.09.1982, AP Nr. Nr. 67 beide zu §§ 22, 23 BAT 1975)
- naturwissenschaftliche Fachkenntnisse
  (vgl. BAG 28.04.1982, AP Nr. 62 zu §§ 22, 23 BAT 1975)
- Kenntnisse der englischen Sprache
  (vgl. BAG 28.04.1982, AP Nr. 62 zu §§ 22, 23 BAT 1975; LAG Hamm 06.03.2007, 12 Sa 1317/06)
- Kenntnisse hausinterner Betriebsanweisungen
  (vgl. BAG 28.04.1982, AP Nr. 62 zu §§ 22, 23 BAT 1975)
- pädagogische Fachkenntnisse
  (vgl. BAG 31.03.1982, AP Nr. 64 zu §§ 22, 23 BAT 1975)
- physikalisch-chemisch-technische Fachkenntnisse
  (vgl. BAG 28.05.1980, AP Nr. 33 zu §§ 22, 23 BAT 1975)
- technische Kenntnisse
  (vgl. BAG 16.10.1985, AP Nr. 108 zu §§ 22, 23 BAT 1975)

6

- Kenntnisse auf dem Gebiet der Unfallverhütungsvorschriften und des Betriebs (einer Tankstelle)
  (vgl. BAG 22.10.1986, AP Nr. 126 zu §§ 22, 23 BAT 1975)
- wirtschaftlich-kaufmännische sowie technische Kenntnisse
  (vgl. BAG 11.09.1985, AP Nr. 107; BAG 16.04.1986, AP Nr. 120 beide zu §§ 22, 23 BAT 1975)
- Fachspezifische und entsprechende EDV-Anwender-Kenntnisse
  (vgl. BAG 10.12.1997, AP Nr. 237 zu §§ 22, 23 BAT 1975)
- Erfahrungswissen
  (vgl. BAG 16.04.1997, 4 AZR 350/96)

Grundkenntnisse, Allgemeinbildung oder sogenannte Schlüsselqualifikationen reichen aber nicht aus. Dazu zählen auch Fachkenntnisse, die sich nur auf sehr wenige einfachste Bestimmungen beziehen, die eher der Allgemeinbildung zuzurechnen sind (vgl. BAG 24.08.1993, AP Nr. 78 zu §§ 22, 23 BAT 1975).

Vor diesem Hintergrund ist es fraglich, welche Fachkenntnisse der Schreibkraft in Entgeltgruppe 4 Fallgruppe 4.3.3 zugeordnet werden können. Mit diesem Tätigkeitsbeispiel widerspricht der TV-V seinem Klammerzusatz, denn bei Schreibkräften sind gründliche Fachkenntnisse regelmäßig nicht erforderlich. Vielmehr können Schreib- und Sekretariatsaufgaben mit den Kenntnissen der Allgemeinbildung und nach kurzer Anleitung erledigt werden (vgl. BAG 25.09.2002, AP Nr. 1 zu §§ 22, 23 BAT Rückgruppierung). Aus der Systematik heraus wäre folglich eine Zuordnung in Entgeltgruppe 3 richtig gewesen.

Da den Tarifvertragsparteien diese Rechtsprechung bekannt war, müssen – anders als im BAT – Schreibtätigkeiten den gründlichen Fachkenntnissen gleichgesetzt werden. Das gilt entsprechend für die Tätigkeitsbeispiele Verwaltung von Lagern und Magazinen sowie für Fahrer von Kraftfahrzeugen.

Die Auslegung der Oberbegriffe der EG 5 bis 8: Abgeschlossene Berufsausbildung

7

1. Die abgeschlossene Ausbildung und die entsprechenden Tätigkeiten

Die Entgeltgruppe 5 Fallgruppe 5.1 fordert eine abgeschlossene Ausbildung in einem anerkannten Ausbildungsberuf und entsprechende Tätigkeiten. Bei der anerkannten (Berufs-)Ausbildung handelt es sich um ein subjektiv zu erfüllendes Tätigkeitsmerkmal. Ein anerkannter Ausbildungsberuf liegt vor, wenn er als solcher gesetzlich geregelt ist.

Rechtsgrundlagen für die Berufsausbildung sind vor allem:

- Berufsbildungsgesetz

- Handwerksordnung (i. V. m. Berufsbildungsgesetz)

Ausbildungen können sich darüber hinaus nach weiteren Vorschriften richten, insbesondere dem Krankenpflegegesetz (vertiefend Storsberg/Neumann/Neiheiser m. w. N. auf das ergänzende Prüfungsrecht).

Die Ausbildung muss nach der dazu ergangenen Ausbildungsordnung erfolgen (vgl. § 4 BBiG, § 25 HwO). Als abgeschlossen im berufsbildungsrechtlichen Sinne gilt eine solche Ausbildung, wenn der Auszubildende die Prüfung vor der zuständigen Stelle erfolgreich bestanden hat (vgl. § 37 BBiG, § 31 HwO).

Die entsprechenden Tätigkeiten als kumulativ (gleichzeitig) zu erfüllendes Tätigkeitsmerkmal sind objektiver Natur. Während das Vorliegen oder Nichtvorliegen einer abgeschlossenen Berufsausbildung in einem anerkannten Ausbildungsberuf regelmäßig nur in der Person des Mitarbeiters begründet liegen kann, hängt das Erfordernis der entsprechenden Tätigkeiten von der Art der übertragenen Aufgaben ab. Es kann also objektiv geprüft werden, ob der übertragene Aufgabenbereich auch die Anwendung der durch die Ausbildung erworbenen Kenntnisse, Fähigkeiten und Erfahrungen erfordert. Nicht ausreichend ist es, wenn das in der Ausbildung erworbene Wissen und Können lediglich nützlich oder wünschenswert ist. Es muss vielmehr notwendig sein. Erst wenn diese Bedingung erfüllt ist, handelt es sich um entsprechende Tätigkeiten im Tarifsinn (vgl. BAG 24.11.1999, AP Nr. 273 zu §§ 22, 23 BAT 1975 i. V. m. BAG 24.11.1999, AP Nr. 11 zu § 51 TV AL II).

So belegen die Tätigkeiten eines Arbeiters auf einem eng begrenzten Teilgebiet eines Ausbildungsberufs (hier: des Kraftfahrzeugmechanikers) regelmäßig nicht, dass die auszuübenden Tätigkeiten die abgeschlossene einschlägige Berufsausbildung erfordern (vgl. BAG 24.11.1999, AP Nr. 273 zu §§ 22, 23 BAT 1975 i. V. m. BAG 24.11.1999, AP Nr. 11 zu § 51 TV AL II).

Eine entsprechende Tätigkeit liegt nur vor, wenn Ausbildung und auszuübende Tätigkeit in den – den Beruf prägenden – wesentlichen Einzelheiten übereinstimmen. Auszuübende Tätigkeit und Inhalt der Ausbildung müssen sich somit zu einem großen Teil überschneiden (vgl. BAG 24.01.2007, AP Nr. 10 zu § 20 BMT-G II).

Praxis-Tipp:

Ob „entsprechende Tätigkeiten" vorliegen, kann anhand der jeweiligen Berufsbilder (Ausbildungs- und Prüfungsanforderungen) geprüft werden (vgl. BAG 27.08.2008, AP Nr. 210 zu § 1 TVG Auslegung; BAG 28.09.1994, AP Nr. 192; BAG 22.03.2000, AP Nr. 275 beide zu §§ 22, 23 BAT 1975).

Beispiel:

Reparaturarbeiten an Motoren von Kraftfahrzeugen

Der Mitarbeiter war im Rahmen von Reparaturarbeiten an Motoren von Kraftfahrzeugen regelmäßig nicht nur an kleineren Motoren, sondern gerade an dem hinsichtlich Hubraum und Abmessung größten Motor des gesamten Reparaturprogramms eingesetzt. Zu den eigenverantwortlich und selbstständig ausgeführten Tätigkeiten zählten insbesondere:

■ Öffnen und erforderlichenfalls Zerlegen des Motors

■ Austausch von Motorenteilen

■ Erforderlichenfalls vollkommener Neuaufbau des Motors (neue Kurbelwelle, neue Nockenwelle, neue Lager, neue Zylinder etc.)

■ Montage der äußeren Motorenteile

Insoweit gibt es keinerlei Einschränkungen in der Einsatzfähigkeit des Mitarbeiters im Vergleich zu anderen in der Werkstatt tätigen Schwergeräte-Mechanikern.

Diese Reparaturarbeiten an Motoren von Kraftfahrzeugen lassen nicht den Schluss zu, dass diese Tätigkeiten eine abgeschlossene Berufsausbildung zum Kraftfahrzeugmechaniker erforderten.

7

Die Ausbildung zum Kraftfahrzeugmechaniker befähigt nicht nur zur Wartung und Reparatur von Motoren, gewiss ein wichtiges Tätigkeitsfeld dieses Berufs, sondern zu einer sehr viel breiteren Einsetzbarkeit im Kraftfahrzeughandwerk. Die Blätter zur Berufskunde Kraftfahrzeugmechaniker/Kraftfahrzeugmechanikerin (1-II A 402 6. Aufl. 1989, unter 1.1) führen insgesamt 40 zum Arbeitsgebiet von Kraftfahrzeugmechanikern gehörende Baugruppen/Systeme auf, von denen lediglich vier „Motoren und Kühlung" betreffen. Damit hat der Mitarbeiter nur auf einem eng begrenzten Teilgebiet des Berufs gearbeitet, auf dem die dort geforderten Tätigkeiten möglicherweise ohne die Qualifikation zum Kraftfahrzeugmechaniker ordnungsgemäß ausgeübt werden können (vgl. BAG 24.11.1999, AP Nr. 11 zu § 51 TV AL II).

Urteil zum TV-V

Fordert ein Mitarbeiter die Eingruppierung nach Entgeltgruppe 5, hat er vorzutragen, aus welchen konkreten Tätigkeiten sich die Wertigkeit der Tätigkeit nach Entgeltgruppe 5 ergibt. Allein der Verweis darauf, dass der Mitarbeiter beim Arbeitgeber gelernt und damit über eine abgeschlossene Ausbildung verfügt sowie nach seiner Ausbildung als kaufmännischer Sachbearbeiter in einem Info-Center eingesetzt ist, reicht nicht aus. Es fehlt an der Darstellung, dass es sich bei der übertragenen Tätigkeit um eine „entsprechende Tätigkeit" handelt.

(vgl. ArbG Kaiserslautern – auswärtige Kammer Pirmasens 27.09.2006, 4 Ca 202/06)

7

2. Besonders hochwertige Tätigkeiten
Erläuterung durch den Tarifvertrag

Besonders hochwertige Tätigkeiten erfordern hochwertiges fachliches Können sowie besondere Umsicht und Zuverlässigkeit.

(Klammersatz zu Entgeltgruppe Fallgruppe 6.1 der Anlage 1 zu § 5 TV-V)

Auslegung durch die Rechtsprechung

Diese Tätigkeitsmerkmale sind den Regelungen zur Einreihung von Arbeitern entnommen (vgl. BAG 03.02.1988, AP Nr. 4 zu § 22 MTB II SV 2a). Es fehlen aber nähere Begriffsbestimmungen, wie sie zum Teil die Vorgängertarifverträge noch aufwiesen.

Bei der Auslegung ist somit für beide Klammererläuterungen vorrangig auf den allgemeinen Sprachgebrauch zurückzugreifen:

- hochwertiges fachliches Können

- besondere Umsicht und Zuverlässigkeit

Das Adjektiv **hochwertig** steht für hohe Qualität aufweisend (vgl. Duden, S. 873). Unter fachlich versteht man ein bestimmtes Fach, Fachgebiet betreffend, dazu gehörend (vgl. Duden, S. 565). Als Können bezeichnet der allgemeine Sprachgebrauch ein erworbenes Vermögen bzw. auf einem bestimmten Gebiet mit Sachverstand etwas zu leisten (vgl. Duden, S. 1030).

Wichtig: Hochwertiges fachliches Können setzt im Vergleich zu den Anforderungen der Entgeltgruppe 5 voraus, dass der Arbeitnehmer ein qualitativ höheres Fachwissen und qualitativ höhere Fertigkeiten – aufbauend auf seinem Berufsabschluss und dabei erworbenen Kenntnissen und Fertigkeiten – einsetzen muss (vgl. BAG 27.08.2008, AP Nr. 210 zu § 1 TVG Auslegung).

Umsichtig handelt, wer bedacht, überlegt, alle Umstände bedenkend vorgeht. Besonders umsichtig handelt derjenige, an den gesteigerte Anforderungen an seine Überlegungen gestellt werden (vgl. BAG 03.02.1988, AP Nr. 4 zu § 22 MTB II SV 2a).

Nach dem allgemeinen Sprachgebrauch bedeutet **zuverlässig** „so beschaffen, dass man sich auf ihn verlassen kann, vertrauenswürdig, verlässlich". Auf eine Tätigkeit bezogen bedeutet das, dass der Arbeitnehmer keiner besonderen Kontrolle bedarf, weil man sich auf ihn verlassen kann. Fordert man hingegen, dass die fachliche Aufsicht auf ein Mindestmaß beschränkt werden kann, sind diese Anforderungen zu hoch (vgl. BAG 03.02.1988, AP Nr. 4 zu § 22 MTB II SV 2a).

7

3. Besonders vielseitige Tätigkeiten

Erläuterung durch den Tarifvertrag

Besonders vielseitige Tätigkeiten erfordern vielseitiges fachliches Können und breitere Einsetzbarkeit.

(Klammersatz zu Entgeltgruppe 6 Fallgruppe 6.1 der Anlage 1 zu § 5 TV-V)

Auslegung durch die Rechtsprechung

Bei der Erläuterung im Klammersatz „vielseitiges fachliches Können" handelt es sich um ein aus dem Arbeiterbereich entnommenes Tätigkeitsmerkmal (vgl. z. B. Lohngruppe 6 TV BZT-G/NRW zu § 20 BMT-G, zit. nach BAG 11.06.1997, AP Nr. 6 zu § 20 BMT-G II). Demnach erfordert „vielseitiges fachliches Können" über die Erfordernisse beim Durchschnittshandwerker hinaus breitere fachliche Kenntnisse und Erfahrungen in dem jeweils maßgeblichen handwerklichen Beruf. Nicht notwendig sind jedoch Kenntnisse und Erfahrungen außerhalb des eigenen handwerklichen Berufsbilds (vgl. BAG 07.04.1976, AP Nr. 1 zu § 21 MTR).

Die breitere Einsetzbarkeit ergibt sich hingegen nicht unmittelbar aus den Vorgängertarifverträgen. Für ihre Auslegung ist entsprechend der Grundsätze gemäß Kapitel 4.1 auf den allgemeinen Sprachgebrauch zurückzugreifen.

Das Adjektiv „breit" steht dabei für etwas von größerer Ausdehnung, ausführlich, weitschweifig (vgl. Duden, S. 346).

Unter einsetzbar ist „sich als Teil in etwas einsetzen lassend" zu verstehen. Einsetzen bedeutet im Sinne von Aufgaben planmäßig bestimmte Aufgaben auszuführen (vgl. Duden, S. 491 f.).

Wichtig: Einsetzbarkeit bedeutet demnach, dass der Mitarbeiter aufgrund seiner Kenntnisse und Erfahrungen in einem (umfänglich) größeren Arbeitsgebiet eingesetzt werden kann als Berufskollegen.

4. Besondere Spezialkenntnisse

Die besonderen Spezialkenntnisse im Sinne der Entgeltgruppe 7 Fallgruppe 7.1 werden durch die Tarifvertragsparteien nicht definiert, so dass auf den allgemeinen Sprachgebrauch abzustellen ist.

Das Adjektiv „besondere" umschreibt etwas Außergewöhnliches, nicht Alltägliches; etwas über das Normale, das Übliche weit Hinausgehendes, Hervorragendes (vgl. Duden, S. 297).

Spezielle Kenntnisse liegen nach dem allgemeinen Sprachgebrauch vor, wenn die Kenntnisse im Sinne des Adjektivs „speziell" von besonderer, eigener Art sind bzw. in besonderem Maße auf einen bestimmten konkreten Zusammenhang o. Ä. ausgerichtet, bezogen, das heißt nicht allgemein sind (vgl. Duden, S. 1640).

Somit ist ein besonderes Arbeitsgebiet abzudecken, das nicht bereits Gegenstand der grundständigen Ausbildung (hier die einschlägige Berufsausbildung) war. Die bloße Einarbeitung in die konkrete berufliche Tätigkeit stellt ebensowenig Spezialkenntnisse dar, wie die Aktualisierung der beruflichen Kenntnisse und Fähigkeiten bzw. eine berufliche Weiterbildung im Hinblick auf veränderte technische Entwicklungen. Für den Vergleich sind dementsprechend die aktuellen

Ausbildungsinhalte maßgeblich (vgl. BAG zum vergleichbaren Begriff der Spezialausbildung BAG 20.05.2009, 4 AZR 184/08 m. w. N.; ZTR 2009, S. 636 ff.; BAG 31.07.2002, 4 AZR 146/01, ZTR 2003, S. 182 ff.).

Praxis-Tipp:

Die Tätigkeiten erfordern Kenntnisse, die erheblich über das im Rahmen der einschlägigen Berufsausbildung vermittelte Wissen hinausgehen, was auch durch die Beispielstätigkeiten deutlich wird.

Urteil zum TV-V

Allein der Umstand, dass die vom Arbeitnehmer zu wartenden und zu entstörenden Anlagen unterschiedlich konzipiert sind und aus diesem Grunde jeweils unterschiedliche Fachkenntnisse erfordern, belegt allein das Erfordernis der vielseitigen Fachkenntnisse, ohne dass hiermit zugleich „besondere Spezialkenntnisse" einhergehen, welche außerhalb der üblichen Aufgaben eines einschlägig ausgebildeten und praxisgeschulten Arbeitnehmers liegen.

(vgl. LAG Hamm 31.05.2012, 8 Sa 1908/11)

5. Maß der Verantwortung

Die Entgeltgruppe 8 Fallgruppe 8.1 fordert eine erhebliche Heraushebung aus der Entgeltgruppe 7 Fallgruppe 7.1 durch das Maß der Verantwortung. Für die Auslegung und Anwendung dieses Tätigkeitsmerkmals sind demnach zwei Aspekte zu beachten:

- Die Tätigkeiten müssen sich **erheblich** aus der Entgeltgruppe 7 Fallgruppe 7.1 **herausheben.**

- Die Art der Heraushebung bezieht sich auf das bereits aus dem BAT bekannte Tätigkeitsmerkmal Maß der Verantwortung.

„Erheblich herausheben" bedeutet nach der ständigen Rechtsprechung des BAG, dass eine beträchtliche, gewichtige Heraushebung und damit besonders weitreichende hohe Verantwortung zu fordern ist (vgl. BAG 29.01.1986, AP Nr. 115 zu §§ 22, 23 BAT 1975 m. w. N.).

Sofern ein solches Heraushebungsmerkmal vorliegt, ist ein wertender Vergleich mit den nicht herausgehobenen Tätigkeiten erforderlich (vgl. BAG 22.03.2000, AP Nr. 302 zu §§ 22, 23 BAT 1975 m. w. N.). Das ist nach strenger Auslegung dieses Urteils zunächst die Entgelt-

gruppe 7 Fallgruppe 7.1. Da diese aber inhaltlich auf die Entgelt-
gruppe 6 und Entgeltgruppe 5 aufbaut, muss vor einer Prüfung der
Anforderungen der Entgeltgruppe 8 Fallgruppe 8.1 diese abgestufte
Prüfung erfolgen:

**Reihenfolge der Prüfung für das Tätigkeitsmerkmal
der Entgeltgruppe 8 Fallgruppe 8.1**

1. Prüfung und Begründung der Anforderungen der Entgeltgruppe 5
   Fallgruppe 5.1

2. Prüfung und Begründung der Anforderungen der Entgeltgruppe 6
   Fallgruppe 6.1

3. Prüfung und Begründung der Anforderungen der Entgeltgruppe 7
   Fallgruppe 7.1

4. Prüfung und Begründung der Anforderungen der Entgeltgruppe 8
   Fallgruppe 8.1

(vgl. BAG 15.02.2006, AP Nr. 3 zu §§ 22, 23 BAT Rückgruppierung)

Diese abgestufte Prüfung wird erforderlich, da die Entgeltgruppe 6
Fallgruppe 6.1, die Entgeltgruppe 7 Fallgruppe 7.1 und die Entgeltgruppe 8 Fallgruppe 8.1 in ihren Tätigkeitsmerkmalen durch die Formulierung aufeinander aufbauen:

Arbeitnehmer der Entgeltgruppe 5.1, die ... (Entgeltgruppe 6 Fallgruppe 6.1)

Arbeitnehmer der Entgeltgruppe 6.1, die ... (Entgeltgruppe 7 Fallgruppe 7.1)

Arbeitnehmer der Entgeltgruppe 7.1, die ... (Entgeltgruppe 8 Fallgruppe 8.1)

Das zu prüfende Tätigkeitsmerkmal „Maß der Verantwortung"
kennt auch der BAT in dieser Form, allerdings erstmals in Vergütungsgruppe III BAT und dann wieder in Vergütungsgruppe Ia BAT.
Das sind im TV-V die Entgeltgruppe 10 und Entgeltgruppe 14. Bei seiner Rechtsprechung geht das BAG zunächst vom Begriff der „Nor-
malverantwortung" aus, die es wie folgt näher bestimmt:

**Grundsatzurteile des BAG 29.01.1986, AP Nr. 115; BAG 19.03.1986, AP Nr. 116
beide zu §§ 22, 23 BAT 1975**

Verpflichtung des Angestellten, dafür einstehen zu müssen, dass in dem ihm
übertragenen Dienst- oder Arbeitsbereich die dort auch von anderen
Bediensteten erledigten Aufgaben sachgerecht, pünktlich und vorschrifts-
mäßig ausgeführt werden.

Ähnlich wie für die Arbeitnehmer mit abgeschlossener Dipl.-FH-bzw. wissenschaftlicher Hochschulbildung, ist also auch hier eine Spitzenstellung im Vergleich zu anderen Stellen unterhalb der einschlägigen Tätigkeiten von Arbeitnehmern mit abgeschlossener Dipl.-FH-/Bachelorausbildung bzw. Dipl.-FH-/Bachelor-Niveau zu fordern. Da sich die Entgeltgruppe aber insgesamt in der unteren Hälfte der Entgeltordnung befindet, sind die Maßstäbe entsprechend zu relativieren.

Wichtig: Dabei können die Beispielstätigkeiten gute Anhaltspunkte liefern. Zum einen umfassen sie die in Versorgungsbetrieben klassische Grenzposition zwischen unterer und mittlerer Führungsebene (Beispielstätigkeit 8.4.1), zum anderen geben sie für den sachbearbeitenden Bereich durch die Beispielstätigkeiten 8.4.2 bis 8.4.4 einen überprüfbaren Maßstab an die Hand.

Dabei gilt es insbesondere zu beachten, dass der Arbeitnehmer keine Verantwortung nach außen tragen muss und Mitverantwortung ausreicht (siehe zum vergleichbaren BAT-Merkmal: BAG 11.09.1985, AP Nr. 107 zu §§ 22, 23 BAT 1975).

Urteil zum TV-V

Der Mitarbeiter arbeitet als Schaltwart/Mitarbeiter Verbundleitwarte im 1-Mann-Schichtbetrieb. Die Anforderungen der Entgeltgruppen 6.1 und 7.1 sind erfüllt. Nicht ersichtlich ist, dass sich die Tätigkeit durch das Maß der Verantwortung erheblich aus Entgeltgruppe 7.1 heraushebt. Als Tätigkeitsbeispiel kann Entgeltgruppe 8.4.2 zum Vergleich herangezogen werden. Dort wird als erhebliche Verantwortung das An- und Abfahren von Kraftwerksblöcken mit einer Leistung von mehr als 100 MW und das Eingreifen bei Störungen der Kraftwerke mit Kraftwerksprüfung genannt. Davon ausgehend ist die Verantwortung des Mitarbeiters gegenüber Entgeltgruppe 7.1 nicht erheblich höher, denn er überwacht nur zwei kleine Heizkraftwerke mit bis zu 30 kV. Auch arbeitet er nicht als Kraftwerker.

(vgl. ArbG Dresden 21.02.2014, 3 Ca 792/13)

7

Die Auslegung der Oberbegriffe der EG 5 bis 9: Alternative zur abgeschlossenen Berufsausbildung

8

1. Überblick über die Oberbegriffe

EG	FG	Tätigkeitsmerkmale
5	5.2	■ gründliche und vielseitige Fachkenntnisse
6	6.2	■ gründliche und vielseitige Fachkenntnisse
		■ selbstständige Leistungen zu 1/5
7	7.2	■ gründliche und vielseitige Fachkenntnisse
		■ selbstständige Leistungen
8	8.2	■ gründliche, umfassende Fachkenntnisse
		■ selbstständige Leistungen
9	9.1	■ *Erhebliches Herausheben* aus 8.2 durch besonders verantwortungsvolle Tätigkeiten

Die Oberbegriffe der Entgeltgruppen 5 bis 9

2. Gründliche und vielseitige Fachkenntnisse

Erläuterung durch den Tarifvertrag

Gründliche und vielseitige Fachkenntnisse erfordern gegenüber den gründlichen Fachkenntnissen eine Erweiterung dem Umfang nach.

(Klammersatz zu Entgeltgruppe 5 Fallgruppe 5.2 der Anlage 1 zu § 5 TV-V)

Auslegung durch die Rechtsprechung

An dieser Stelle hat der TV-V die Grundregeln der BAT-Rechtsprechung zum Tätigkeitsmerkmal der gründlichen und vielseitigen Fachkenntnisse aufgenommen. Die Erweiterung der gründlichen Fachkenntnisse dem Umfang nach bedeutet konkret: Die Fachkenntnisse müssen im Hinblick auf ihre Mannigfaltigkeit und Unterschiedlichkeit hin gesteigert sein. Der Arbeitnehmer muss zur Erfüllung der Anforderungen zahlreiche gesetzliche Einzelbestimmungen, Erlasse, Verfügungen, Dienstanweisungen etc. kennen und anwenden (vgl. BAG 29.08.1984, AP Nr. 94; BAG 28.09.1994, AP Nr. 185; BAG 15.11.1995, AP Nr. 209 alle zu §§ 22, 23 BAT 1975 m. w. N.).

Gründliche und vielseitige Fachkenntnisse können aber auch erfüllt sein, wenn ein Arbeitnehmer nur auf einem speziellen, schmalen Sachgebiet tätig wird (vgl. BAG 28.09.1994, AP Nr. 185 zu §§ 22, 23 BAT 1975 m. w. N.). Dabei darf es sich aber nicht um ein eng

8

abgegrenztes Teilgebiet mit nur routinemäßiger Bearbeitung (Bearbeitung regelmäßig gleichgelagerter Fälle) handeln (vgl. BAG 10.12.1997, AP Nr. 237 zu §§ 22, 23 BAT 1975).

Auch bloßes Erfahrungswissen, das heißt aufgrund beruflicher Erfahrung gewonnenes Wissen, kann gründliche und vielseitige Fachkenntnisse begründen (vgl. BAG 29.08.1984, AP Nr. 94 zu §§ 22, 23 BAT 1975).

Wichtig: Nicht zum Erfahrungswissen zählen:

- bloße Lebenserfahrung, die unabhängig von der speziellen Tätigkeit des Arbeitnehmers erworben wird

- Allgemeinwissen

Auf die Art der Kenntnisse und darauf, woher der Arbeitnehmer sie bezogen hat, kommt es nicht an (vgl. BAG 29.08.1984, AP Nr. 94 zu §§ 22, 23 BAT 1975).

Mehr Anhaltspunkte gibt die Rechtsprechung zu diesem BAT-Tätigkeitsmerkmal nicht, was in der Praxis häufig zu Unsicherheiten führt. In der Literatur wird empfohlen, die vorhandene Rechtsprechung als Auslegungsmaßstab heranzuziehen (vgl. Krasemann, 9. Kapitel, Rn. 75).

Das ist im TV-V anders. Durch die Regelung der Vorbemerkung Nr. 2 der Anlage 1 zu § 5 TV-V

 Sind in einer Entgeltgruppe mehrere Oberbegriffe vorhanden, stehen diese gleichwertig nebeneinander

i. V. m. Entgeltgruppe 5 Fallgruppe 5.1

8

 … abgeschlossene Ausbildung in einem anerkannten Ausbildungsberuf und entsprechende Tätigkeiten

gibt der TV-V selbst einen Bewertungsmaßstab vor: Die gründlichen und vielseitigen Fachkenntnisse sind gleichwertig mit Kenntnissen und Fertigkeiten, wie sie im Rahmen einer Berufsausbildung vermittelt werden.

Ähnliches hat auch das BAG – wenn auch nur am Rande – als mögliches Prüfkriterium herangezogen (vgl. BAG 19.02.2003, 4 AZR 158/02, ZTR 2003, S. 511 m. w. N.).

Im TV-V kann die Erfüllung des Tätigkeitsmerkmals der gründlichen und vielseitigen Fachkenntnisse somit auf zwei Ebenen geprüft werden:

Prüfkriterien für gründliche und vielseitige Fachkenntnisse

1. Rechtsprechung des BAG
2. Berufsbilder der Ausbildungsberufe (vgl. nähere Ausführungen auf Seite 42 f.)

Gründliche und vielseitige Fachkenntnisse liegen zum Beispiel vor:

Beispiel aus der Verwaltung:

Dokumentar für Film- und Bildgut der Streitkräfteverwaltung

Dem Dokumentar oblagen diese bewertungsrelevanten Tätigkeiten:

1. *Karteimäßiges Erfassen und Registrieren des zu übernehmenden Film- und Bildgutes (5 Prozent)*

■ Auszeichnen des ein- und ausgehenden Film- und Bildmaterials

■ Einschreiben der Titel, Materialien, der Formate, der Dauer und der Form und der Film- bzw. Bildgut-Nr.

2. *Auswerten des in das Archiv zu übernehmenden Film- und Bildgutes (30 Prozent)*

■ hinsichtlich Art des Materials (Positiv-, Negativ-, Zwischen- und Fotoarchivmaterial)

■ hinsichtlich Zweckbestimmung des Materials (z. B. Ausbildung, Information, Dokumentation)

■ hinsichtlich Inhalt des Materials (z. B. Teilstreitkraft, Waffengattung, Waffensystem)

■ hinsichtlich Herkunft des Materials (Eigen-, Fremdproduktion, Ostmaterial, Nato-Material)

Der Dokumentar hat die Zuordnung des Materials vorzunehmen, wobei von ihm zu beachten ist, dass eine klare Abgrenzung im Archiv nach der aufgeführten Unterteilung erzielt wird und erhalten bleibt.

(…)

8

4. *Erarbeiten der Querverweisungen für die Datenspeicher (15 Prozent)*

Aufgrund der vielfältigen Zuordnungskriterien und der Verästelungen innerhalb der Datenspeicher werden Querverweisungen durchgeführt. Hierbei handelt es sich um Hinweise auf Textstichwörter, die entsprechenden oder gleichartigen Waffensystemen (Fachgebieten) angehören.

5. *Ausfüllen/Bearbeiten der Erfassungsbogen aller Informationsfilme und Filmschauen für die Filmdatei (EDV) (25 Prozent)*

Für diese Tätigkeiten wurden die gründlichen und vielseitigen Fachkenntnisse wie folgt bejaht und begründet:

- über die in der Bundeswehr vorhandenen Film- und Bildmaterialien (Erfahrungswissen)

- über die vom Bundespresseamt herausgegebenen Stichwortsammlungen (Erfahrungswissen, da die Dienstanweisung, diese Stichwortsammlungen zu benutzen, als arbeitgeberspezifische Verwaltungsvorschrift angesehen werden kann)

Es ist unerheblich, welcher Art die Fachkenntnisse bzw. die Gegenstände des Erfahrungswissens sind. Sie können betreffen:

- die Dokumentation

- den zu dokumentierenden Stoff

- sonstige Materien

(vgl. BAG 29.08.1984, AP Nr. 94 zu §§ 22, 23 BAT 1975).

Beispiel aus der Verwaltung:

8

Sachbearbeiter Baubestandserhebung sowie Aufstellung einer Raumdatei und einer Raumnutzungsdatei

Der Sachbearbeiter übte diese bewertungsrelevante Aufgabe aus:

1. Erfassung aller neu der Universität übergebenen Gebäude (Anteil an der Gesamtarbeitszeit: 50 Prozent)

Dabei fallen diese Einzeltätigkeiten an:

a) Ermittlung der bautechnischen Daten

Zur Ermittlung der bautechnischen Daten hat der Sachbearbeiter die ihm übermittelten Angaben auf Vollständigkeit zu überprüfen und selbständig Nachberechnungen vorzunehmen. Die Flächenberechnung erfolgt nach einer acht Seiten umfassenden DIN-Vorschrift, wobei auch eine vier Seiten umfassende Erläuterungsschrift des Wissenschaftsrates zu beachten ist.

b) Ermittlung der Nutzer

Bei der Ermittlung der Nutzer hat der Sachbearbeiter die Flächen sowohl nach einem universitätsinternen als auch nach einem davon abweichenden Nutzerschlüssel des Bundes einzuordnen. Dabei ist zwischen den Dezernaten der Zentralverwaltung, den Fachbereichen mit ihren Studiengängen, den wissenschaftlichen Einrichtungen außerhalb der Fachbereiche, den zentralen Betriebseinheiten, den Instituten und den Fremdnutzungen zu unterscheiden. Die Schlüssel sind vom Sachbearbeiter laufend zu aktualisieren.

c) Ermittlung der Nutzung

Die Ermittlung der Nutzung erfolgt nach dem Raumnutzungsschlüssel des Bundes, wobei der Sachbearbeiter nach der DIN-Vorschrift 277 nach Hauptnutzflächen, Verkehrsflächen, Nebennutzflächen und betriebstechnischen Flächen zu unterscheiden hat. Zur Bestimmung der Raumnutzungsart hat der Sachbearbeiter eigene Feststellungen zu treffen, zum Beispiel über die in Laborräumen vorhandene technische Ausstattung und darüber, für welche wissenschaftlichen Versuche bestimmte Laborräume vorgesehen sind. Dabei ist zwischen physikalischen, chemischen und technischen Labors sowie danach zu unterscheiden, ob Labors überwiegend zu Forschungs- oder zu Unterrichtszwecken genutzt werden und ob sie besonderen sicherheitstechnischen oder Hygieneanforderungen unterliegen. Weiter sind die Flächen hinsichtlich ihrer Studienplatzkapazität zu bewerten, wobei ebenfalls nach einem vom Wissenschaftsrat aufgestellten Schlüssel vorzugehen ist. Die vom Sachbearbeiter zur Ermittlung der Nutzung benötigten Angaben kann er nur zum Teil den ihm vorliegenden Planungsunterlagen entnehmen; zum Teil ist er auf eigene Feststellungen angewiesen, wie die letzte Einzeltätigkeit ausweist:

d) Begehung der Räume zur Vervollständigung und zum Datenvergleich

Für diese Aufgabe benötigt der Sachbearbeiter folgende Fachkenntnisse:

8

- bautechnische Kenntnisse
- Kenntnisse der oben genannten unterschiedlichen komplexen Regelwerke für die Flächenberechnung, die Ermittlung der Nutzer sowie die Nutzung und für die Feststellung der Kapazitätswirksamkeit der vorhandenen Flächen
- Organisation der Universität, soweit sie für die Nutzung der Räumlichkeiten von Bedeutung ist

Die Gründlichkeit ergibt sich aus dem Erfordernis, dass für die Bestandsaufnahme nur oberflächliche Kenntnisse der dabei anzuwendenden Regelwerke nicht ausreichen. Er muss die Bestimmungen im Detail beherrschen, um sie sachgerecht auf den jeweiligen Erfassungsfall anwenden zu können. Die Vielseitigkeit ergibt sich schon aus dem oben dargestellten Umfang der Fachkenntnisse, ohne dass es daneben noch darauf ankäme, wie vielen Fachgebieten dieses Wissen zuzuordnen ist (vgl. BAG 20.10.1993, AP Nr. 172 zu §§ 22, 23 BAT 1975).

3. Gründliche, umfassende Fachkenntnisse

Erläuterung durch den Tarifvertrag

 Gründliche, umfassende Fachkenntnisse bedeuten ggü. gründlichen und vielseitigen Fachkenntnissen eine Steigerung der Tiefe und Breite nach.

(Klammersatz zu Entgeltgruppe 8 Fallgruppe 8.2 der Anlage 1 zu § 5 TV-V)

Damit entspricht die Regelung der des BAT (vgl. dort Klammerzusatz zu Vergütungsgruppe Vb Fallgruppe 1a BAT-B/L).

Auslegung durch die Rechtsprechung

8

Folglich kann grundsätzlich auf die BAT-Rechtsprechung zum Tätigkeitsmerkmal der gründlichen, umfassenden Fachkenntnisse zurückgegriffen werden:

Der Begriff der Gründlichkeit im Sinne der gründlichen, umfassenden Fachkenntnisse ist, obwohl wortgleich, nicht identisch mit dem der Gründlichkeit im Sinne der gründlichen und vielseitigen Fachkenntnisse. Die Vertiefung der Fachkenntnisse muss sich somit deutlich voneinander abheben. Denn nunmehr wird nach dem erläuternden Klammerzusatz ausdrücklich eine Steigerung nicht nur der Breite (gleich Umfang) wie bei den vielseitigen Fachkenntnissen, sondern auch nach der Tiefe der einzusetzenden Fachkenntnisse gefordert. Die Begriffe „gründlich" und „umfassend" sind somit nicht getrennt zu beurteilen. Vielmehr ist dieses Tätigkeitsmerkmal den „gründlichen und vielseitigen Fachkenntnissen" zusammenfassend gegenüberzustellen und einheitlich zu bewerten. Nur wenn unter dieser Bedingung eine entsprechende Steigerung nach Tiefe (Qualität) und Breite (Quantität) des erforderlichen Wissens gegenüber dem Tätigkeitsmerkmal „gründliche und vielseitige Fachkenntnisse" festgestellt werden kann, ist das Tätigkeitsmerkmal der „gründlichen, umfassenden Fachkenntnisse" erfüllt.

Gründliche und vielseitige Fachkenntnisse sind gegeben, wenn Grundtatbestände und deren Zusammenhänge in einem thematisch eng begrenzten bzw. klar vorbestimmten Bereich zu kennen sind. Es handelt sich um Fachwissen, das unmittelbar zur Aufgabenlösung eingesetzt/angewendet werden kann. Gründliche, umfassende Fachkenntnisse sind hingegen geprägt vom Erkennen fachlicher (rechtlicher) Zusammenhänge. Es liegt kein unmittelbar anwendbares Fachwissen vor. Vielmehr muss der Mitarbeiter zunächst den Stand der Fachdisziplin (Fachliteratur bzw. Rechtsprechung) fallspezifisch analysieren und bewerten, um seine Aufgaben lösen zu können. Mit gründlichen, umfassenden Fachkenntnissen ist damit vor allem eine stärker analysierende Tätigkeit erfasst, um Zweifelsfälle lösen zu können (in Anlehnung an LAG SLH 29.11.2007, 4 Sa 355/07 in Hofmann/Reidelbach, F 100).

Umfassende Fachkenntnisse im oben genannten Sinne werden danach für einen Aufgabenkreis jedenfalls dann nicht benötigt, wenn dieser im Verhältnis zu dem Gesamtgebiet oder den Gebieten der beschäftigenden Verwaltung nur einen relativ geringen Ausschnitt darstellt (vgl. BAG 10.12.1997, AP Nr. 237 zu §§ 22, 23 BAT 1975 m. w. N.).

8

Für die Auslegung dieses fachkompetenzbezogenen Tätigkeitsmerkmals im TV-V bedeutet dies: Die gründlichen, umfassenden Fachkenntnisse im Sinne der Entgeltgruppe 8 Fallgruppe 8.2 liegen in ihrer Wertigkeit zwischen den Anforderungen der Entgeltgruppe 5 und der Entgeltgruppe 9.

Die Entgeltgruppe 5 ist per Definition der Tarifvertragsparteien der untere Abgrenzungsmaßstab (vgl. Klammersatz zu Entgeltgruppe 8 Fallgruppe 8.2 der Anlage 1 zu § 5 TV-V). Die Entgeltgruppe 5 bedeutet Fachwissen auf Berufsausbildungsniveau (zu den Einzelheiten siehe Seite 43). Die Entgeltgruppe 9, konkret die Fallgruppe 9.2, ist der Abgrenzungsmaßstab nach oben, da in dieser Entgeltgruppe und Fallgruppe erstmals die tarifliche Anforderung auftaucht:

 ... mit abgeschlossener Fachhochschul- oder Bachelorausbildung und entsprechenden Tätigkeiten

Gemäß Vorbemerkung Nr. 2 der Anlage 1 zu § 5 TV-V sind nur Tätigkeitsmerkmale innerhalb einer Entgeltgruppe gleichwertig. Wird demnach in Entgeltgruppe 9 eine neue (gesteigerte) Form der Fachkompetenz ins Spiel gebracht, ist sie gleichzeitig Abgrenzungskriterium zum nächstniederen – auf die Fachkompetenz bezogenen – Tätigkeitsmerkmal. Das ist hier die Entgeltgruppe 8 Fallgruppe 8.2. Die gründlichen, umfassenden Fachkenntnisse liegen demnach unter dem Dipl.-FH-/Bachelor-Niveau und (weit) über dem Niveau einer abgeschlossenen Berufsausbildung.

Daneben kennt die Entgeltordnung des TV-V – anders als die Vergütungsordnung des BAT – gemäß der Vorbemerkung Nr. 1 Satz 2 der Anlage 1 zu § 5 TV-V die von Entgeltgruppe 2 bis zu Entgeltgruppe 11 durchgängige Orientierungsmöglichkeit an Beispielstätigkeiten. Danach entsprechen die in den Entgeltgruppen genannten Beispiele (mindestens) der Wertigkeit der Oberbegriffe.

 Urteil zum TV-V

Der Oberbegriff der gründlichen, umfassenden Fachkenntnisse ist damit gleichwertig mit folgenden Beispielstätigkeiten:

8.4.1 Handwerks- und Industriemeister, die große Arbeitsstätten (Bereiche, Werkstätten, Abteilungen oder Betriebe) fachlich beaufsichtigen, in denen Handwerker oder Facharbeiter beschäftigt sind.

8.4.2 An- und Abfahren von Kraftwerksblöcken mit einer Leistung von mehr als 100 MW und Eingreifen bei Störungen als Kraftwerker mit Kraftwerkerprüfung

8.4.3 Erstellen von Kostenangeboten und Bearbeiten von Versorgungsfragen in mehreren Energiesparten

8.4.4 Selbstständiges Anfertigen, Ändern und Pflegen von DV-Programmen und DV-Programmbausteinen

(vgl. LAG Hamm 31.05.2012, 8 Sa 1908/11)

Bei diesen Beispielen handelt es sich entweder um mittlere Führungspositionen (Beispiel 8.4.1) oder um qualifizierte Sachbearbeitungsfunktionen mit Entscheidungsbefugnissen (Beispiele 8.4.2 und 8.4.4) in einem fachlich erweiterten Arbeitsfeld (vgl. Beispiele 8.4.2 und 8.4.3).

4. Selbstständige Leistungen

Erläuterung durch den Tarifvertrag

 Selbständige Leistungen erfordern ein **den vorausgesetzten Fachkenntnissen** entsprechendes selbständiges Erarbeiten eines Ergebnisses unter Entwicklung einer eigenen geistigen Initiative. Eine leichte geistige Arbeit kann diese Anforderung nicht erfüllen.

(Klammersatz zu Entgeltgruppe 6 Fallgruppe 6.2 der Anlage 1 zu § 5 TV-V; *Hervorhebung durch die Verfasser*)

Auslegung durch die Rechtsprechung

Insofern übernimmt der TV-V die Grundregeln des BAT und der dazu ergangenen Rechtsprechung: Selbstständige Leistungen erfordern – entsprechend den hier vorausgesetzten gründlichen und vielseitigen bzw. gründlichen, umfassenden Fachkenntnissen – ein eigenständiges Erarbeiten eines Arbeitsergebnisses unter Entwicklung einer eigenen geistigen Initiative. Eine leichte geistige Arbeit kann diese Anforderung nicht erfüllen. Somit sind „selbstständige Leistungen" klar vom „selbstständigen Arbeiten" zu trennen. Das liegt vor, wenn eine Tätigkeit ohne direkte Aufsicht oder Lenkung durch Weisungen erledigt wird. Im Gegensatz dazu ist eine selbstständige Leistung dann anzunehmen, wenn eine Gedankenarbeit bzgl.

- des einzuschlagenden Wegs (Arbeitsmethoden, -gestaltung) **und insbesondere**

- des zu findenden Arbeitsergebnisses

erbracht wird, die eine eigene Beurteilung und Entschließung (Entscheidung) erfordert (vgl. BAG 10.12.1997, AP Nr. 235 zu §§ 22, 23 BAT 1975 m. w. N.).

Selbstständige Leistungen sind somit zunächst dadurch gekennzeichnet, dass im Rahmen der Aufgabenlösung eine Gedankenarbeit zu erbringen ist. Es sind Abwägungsprozesse erforderlich, die entsprechende Anforderungen ans Überlegungsvermögen stellen: Es sind unterschiedliche Informationen (Fachwissen auf der einen, den damit zu lösenden Fall auf der anderen Seite) zu verknüpfen, untereinander abzuwägen und zu einer Entscheidung zu kommen, wie der zu bearbeitende Fall gelöst werden könnte (vgl. BAG 15.11.1995, AP Nr. 209; BAG 10.12.1997, AP Nr. 235; BAG 22.04.2009, AP Nr. 311; BAG 21.03.2012, AP Nr. 319 alle zu §§ 22, 23 BAT 1975; BAG 14.12.2005, 4 AZR 560/04).

8

Der Arbeitnehmer muss sich im Rahmen der **inhaltlichen** Aufgaben-erfüllung fragen:

- Wie geht es nun weiter?
- Worauf kommt es als Nächstes an?
- Was muss zweckmäßigerweise als Nächstes geschehen?

(vgl. BAG 10.12.1997, AP Nr. 235 zu §§ 22, 23 BAT 1975). Das setzt voraus, dass das Aufgabengebiet eine gewisse Eigen-ständigkeit besitzt (BAG 23.02.1983, AP Nr. 70; BAG 23.11.1994, AP Nr. 190 beide zu §§ 22, 23 BAT 1975).

Praxis-Tipp:

Der Arbeitnehmer muss ohne Detailvorgaben, das heißt ohne Lenkung der Aufgabenerfüllung durch (Einzel-)Anweisungen des Vorgesetzten arbeiten.

Im tariflichen Sinne muss also – **ohne Bindung an verwaltungsrecht-liche Fachbegriffe** – ein wie auch immer gearteter

- Ermessens-,
- Entscheidungs-,
- Gestaltungs- oder
- Beurteilungsspielraum

bei der Erarbeitung eines Arbeitsergebnisses bestehen (vgl. BAG 14.08.1985, AP Nr. 109; BAG 21.03.2012, AP Nr. 319 beide zu §§ 22, 23 BAT 1975).

Nach den Auslegungsregeln in Kapitel 4 – i. V. m. mit der oben **8** genannten Ergänzung – können die Begriffe Ermessensspielraum, Entscheidungsspielraum, Gestaltungsspielraum und Beurteilungs-spielraum im Sinne des allgemeinen Sprachgebrauchs wie folgt bestimmt werden:

Ein Spielraum ist gekennzeichnet durch einen gewissen freien Raum, der den ungehinderten Ablauf, das ungehinderte Funktionieren von etwas ermöglicht/gestattet (vgl. Duden, S. 1643).

Dementsprechend liegt ein Ermessensspielraum vor, wenn ein Spiel-raum für Entscheidungen nach eigenem Ermessen besteht. Der Begriff des Ermessens umfasst dabei eine Einschätzung und Beurtei-lung sowie eine Entscheidung, die auf einem eigenen Urteil basiert (vgl. Duden, S. 538). Als Urteil ist in diesem Zusammenhang eine prüfende, kritische Beurteilung bzw. eine abwägende Stellungnahme zu verstehen (vgl. Duden, S. 1858).

Das Entscheiden (im Sinne des Entscheidungsspielraums) umfasst zwei alternative Aspekte:

■ Bei Zweifelsfällen gehört zum Entscheiden das Klären des Sachverhalts und ein Urteil darüber zu fällen sowie anordnend zu bestimmen.

■ In allen anderen Fällen liegt eine Entscheidung im Sinne des allgemeinen Sprachgebrauchs vor, wenn in Bezug auf etwas nach Prüfung und Vergleich bzw. kurzem Besinnen eine Wahl aus einer von mehreren Möglichkeiten zu treffen ist (vgl. Duden, S. 522).

Das Gestalten (im Sinne des Gestaltungsspielraums) bedeutet, einer Sache eine bestimmte Form zu geben, ein bestimmtes Aussehen (vgl. Duden, S. 715).

Eine Beurteilung liegt vor, wenn über jemanden oder über etwas eine Einschätzung abzugeben ist (vgl. Duden, S. 307).

Über diese Handlungsspielräume hinaus ist es nicht erforderlich, dass dem Arbeitnehmer die Unterschriftsbefugnis für seine Arbeitsleistungen obliegt (vgl. BAG 14.02.1979, AP Nr. 15 zu §§ 22, 23 BAT 1975).

Steht das Arbeitsergebnis hingegen von vornherein fest, liegen keine selbstständigen Leistungen vor (vgl. BAG 23.02.1983, AP Nr. 70; BAG 23.11.1994, AP Nr. 190 beide zu §§ 22, 23 BAT 1975).

Das ist zum Beispiel der Fall, wenn das zu erarbeitende Arbeitsergebnis durch die Formenstrenge des Arbeits-/Rechtsgebiets genau vorgezeichnet ist (vgl. LAG Sachsen 27.11.2002, 2 Sa 572/01) bzw. zahlreiche, stark differenzierte Formulare zur Aufgabenlösung zu benutzen sind (BAG 25.11.1981, AP Nr. 51 zu §§ 22, 23 BAT 1975).

8

Prüfkriterien für selbstständige Leistungen
1. Bestehen Vorgaben zum einzuschlagenden Arbeitsweg (Arbeitsmethoden, -gestaltung)?
2. Steht das Arbeitsergebnis von vornherein fest oder ist es selbst und frei von inhaltlichen Detailvorgaben zu ermitteln?
3. Welche Abwägungs- und Handlungsmöglichkeiten (und nicht Alternativen) bestehen bei der Ermittlung des Arbeitsergebnisses konkret?

Praxis-Tipp:

Dem Arbeitnehmer müssen somit – aufbauend auf den fehlenden Detailvorgaben – zumindest Entscheidungsrechte über die Art und Weise der Aufgabenerledigung aus inhaltlich-methodischer Sicht obliegen.

Wie diese Grundaussagen in der Praxis geprüft werden können, verdeutlichen folgende Beispiele aus der Rechtsprechung:

Beispiele zu selbstständigen Leistungen auf Basis gründlicher und vielseitiger Fachkenntnisse

Fortführung des Beispiels aus der Verwaltung (vgl. Seite 127):

Sachbearbeiter Baubestandserhebung sowie Aufstellung einer Raumdatei und einer Raumnutzungsdatei

Selbstständige Leistungen bestehen bei dieser Aufgabe:

1. Erfassung aller neu der Universität übergebenen Gebäude

a) Ermittlung der bautechnischen Daten

b) Ermittlung der Nutzer

c) Ermittlung der Nutzung

d) Begehung der Räume zur Vervollständigung und zum Datenvergleich

Sie bestehen, da der Sachbearbeiter wegen der Unvollständigkeit der Angaben über die aufzunehmenden Räume oft eigenständig Daten feststellen muss und weil die fachgerechte Verschlüsselung der aufgenommenen Räume wegen der feinen Ausdifferenzierung der anzuwendenden Regelwerke zu einer Fülle von Abgrenzungsproblemen führt und daher eine **eigene wertende Tätigkeit** durch den Sachbearbeiter erforderlich ist (vgl. BAG 20.10.1993, AP Nr. 172 zu §§ 22, 23 BAT 1975).

8

Beispiel aus dem Versorgungsbereich:

Sachbearbeiter Kassen- und Mahnwesen eines Stadtwerks

Das LAG hatte – aufbauend auf gründlichen und vielseitigen Fachkenntnissen – selbstständige Leistungen bei der bewertungsrelevanten Tätigkeit anerkannt:

„Einleitung und Durchführung des gerichtlichen Mahnverfahrens, … Klageverfahren mit Streitwerten bis 5000 DM vor dem Arbeitgeber und einstweilige Anordnungen sowie Teilnahme an Gerichtsterminen in Anwaltsprozessen"

Das BAG lehnte wie folgt ab:

1. *LAG-Begründung:* Er müsse in eigener Verantwortung einen Sachverhalt feststellen und unter die einschlägigen gesetzlichen Bestimmungen subsumieren. Es stehe in seiner Entscheidung, ob er ein Mahnverfahren einleite oder etwa ein Klageverfahren.

   BAG-Ablehnung: Zwar entscheidet der Sachbearbeiter darüber, ob er ein Mahnverfahren oder ein Klageverfahren einleitet. Dies aber nach eigenem Vortrag nicht in dem Sinne, ob das Mahnverfahren ausreicht, etwa weil die Forderung unstreitig ist, oder ob gleich Klage eingereicht wird, weil die Forderung streitig ist, der Sachbearbeiter aber von dem Bestreiten oder Leugnen des Gegners nichts hält. Vielmehr wählt er das Klageverfahren, weil nach seinem Vortrag das Mahnverfahren in seiner mechanisierten Form (noch) nicht zeitnah funktioniere, so dass ein Klageverfahren schneller zu einem vollstreckbaren Titel führe, auch wenn die Forderung unstreitig sei. Das ist eine **reine Zweckmäßigkeitserwägung**.

2. *LAG-Begründung:* Das formularmäßige Ausfüllen des Mahnbescheids stelle nur das Ergebnis der zuvor erforderlichen eigenständigen Subsumtion des Sachverhalts unter die vorgegebenen Bestimmungen und die Prüfung der Erfolgsaussichten eines gerichtlichen Vorgehens gegen den jeweiligen Schuldner dar.

   BAG-Ablehnung: Ein Bezug zu den vom Sachbearbeiter zu verfolgenden Forderungen aus Energielieferung wird (durch das LAG) nicht hergestellt. Die Revision weist zutreffend darauf hin, dass sich der Sachbearbeiter auch vor Anstrengung des Mahnverfahrens oder vor Klageerhebung keine Gedan-

8

ken über die Erfolgsaussichten eines gerichtlichen Vorgehens gegen den jeweiligen Schuldner zu machen hat, da die Sachverhalte eindeutig sind: Die Schuldner haben Energie bezogen und nicht bezahlt. Es wird also **keine Beurteilung** dahin vorgenommen, ob die Forderung besser ausgebucht wird oder ob als nächster Schritt ein Mahn- oder Klageverfahren eingeleitet wird.

3. *LAG-Begründung:* Die Tätigkeit des Sachbearbeiters im Rahmen der Mahnverfahren sei keinesfalls schematisch. Der Sachbearbeiter müsse sich eigene Gedanken machen, in welcher Höhe er Hauptforderung und Nebenforderung geltend machen wolle, worauf er die Ansprüche stützen wolle und gegen wen er sie geltend machen wolle. Dabei sei er auf die Kenntnisse der einschlägigen Gesetzesbestimmungen und Verordnungen angewiesen. Das Mahnantragsformular setze diese Kenntnisse voraus und nehme dem Sachbearbeiter damit die zu treffende Vorentscheidung hinsichtlich der Anspruchsgrundlagen und der Erfolgsaussichten nicht ab.

BAG-Ablehnung: Der Sachbearbeiter verfolgt nicht bezahlte Forderungen aus Energielieferungen. Die Nebenforderungen, wie Mahnkosten und Verzugszinsen, ergeben sich aus dem jeweiligen Vorgang. Es wurde nicht vorgetragen, dass der Sachbearbeiter darüber befindet, ob und welche Nebenforderungen geltend gemacht werden, er also insoweit die **Weichen stellt** und etwa deswegen, um einen Schuldner zu schonen, nur die Hauptforderung verfolgt. Der Sachbearbeiter hat sich auch nicht die Anspruchsgrundlage zu überlegen. Er hat lediglich den Rechtsgrund anzugeben: Forderung aus Energielieferung (Energielieferungsvertrag). Er entscheidet auch nicht darüber, gegen wen der Mahnbescheid, die Klage gerichtet wird. Das ergibt sich aus der offenstehenden Rechnung über Energielieferung. Dass dies in nennenswertem Umfang anders ist, hat der Sachbearbeiter nicht vorgetragen, zum Beispiel weil er die gesetzlichen Erben nach Versterben des Energiebeziehers ermittle und wie er tätig werde.

4. *LAG-Begründung:* Auch bei Klageverfahren und der Durchführung der Vollstreckungsverfahren erbringe der Sachbearbeiter eigenständige gedankliche Arbeit, wobei die Klageverfahren noch eine höhere gedankliche Arbeit erforderten.

8

BAG-Ablehnung: Dass der Sachbearbeiter das zu findende Arbeitsergebnis unter Entwicklung einer **eigenen geistigen Initiative** erarbeitet, **ist nicht erkennbar.** Insoweit fehlt es am Vortrag. Immerhin wäre es denkbar, dass dies bei der Zwangsvollstreckung der Fall ist. So ermitteln findige Mitarbeiter im Rahmen der Zwangsvollstreckung Vermögenswerte des jeweiligen Schuldners, auf die zurückgegriffen werden kann, zum Beispiel Forderungen aus Arbeitsleistung, Steuerrückzahlungsansprüche, Beteiligungen an Gesellschaften, Ein- oder Durchfuhr von Eigentum des Schuldners ins Inland bzw. Ausland usw. Insoweit fehlt es indes an jedwedem Vortrag, der auszumachen vermöchte, dass der Sachbearbeiter insoweit selbstständige Leistungen erbringt.

Darüber hinaus setzte sich das BAG mit diesen zusätzlichen Argumenten des Sachbearbeiters auseinander:

1. *Sachbearbeiter:* Er müsse als Sachbearbeiter eine Forderung realisieren, die ggf. mit Einwänden behaftet sein könne (u. U. falscher Tarif, falsch abgelesen und/oder falscher Adressat), der vermeintliche Gegenansprüche des Kunden entgegenstehen könnten und/oder die mangels Zahlungswilligkeit oder -fähigkeit des Kunden mit den gesetzlich vorgesehenen Zwangsmitteln (die eine erhebliche Bandbreite hätten) durchzusetzen.

BAG: Um dies als selbstständige Leistung bewerten zu können, fehlt es an einem entsprechenden Sachvortrag, dass und inwieweit solche Fälle vorgekommen sind, und wie der Sachbearbeiter dann trotz mehrerer gegebener Möglichkeiten vorgeht, um das Arbeitsziel, die Durchsetzung der Forderungen aus Energielieferung, zu erreichen.

2. *Sachbearbeiter:* Nicht selten sei es auch seine Aufgabe, Teilzahlungsvergleiche oder ähnliche Zahlungsvereinbarungen mit Schuldnern vorgerichtlich oder auch nach Vorliegen eines Vollstreckungstitels herbeizuführen, um auch ggf. aussichtslos erscheinende Beitreibungen erfolgreich zu Ende zu führen.

BAG: Zahlungsvereinbarungen vor Einleitung von Mahn- oder Klageverfahren gehören nicht zur Teilaufgabe „Einleitung und Durchführung des gerichtlichen Mahnverfahrens ..., Klageverfahren ...", die das LAG allein zum Gegenstand seiner Betrachtung gemacht hat. Da sie aber durchaus zu einem großen Arbeitsvorgang „Durchsetzung von Forderungen aus

8

Energielieferung" zu rechnen sind, fehlt es insoweit an jedwedem Vortrag, worin die selbständige Leistung besteht: Welche Wege und Möglichkeiten stehen dem Sachbearbeiter offen? Mit welchen Überlegungen stellt er wie die Weichen, um bei der Realisierung der Forderungen das Optimale für die Stadtwerke herauszuholen?

Auch mangelte es an Entscheidungskompetenzen als Indiz für selbständige Leistungen. Das Gericht führte dazu aus, dass durch den Sachbearbeiter nicht belegt wurde, dass er allein entscheidet, ob, **wann und auf welche Weise** eine vermeintlich zustehende Forderung außergerichtlich und/oder gerichtlich geltend gemacht und beigetrieben wird. Das BAG ging weiter davon aus, dass nicht angenommen werden kann, dass es im Belieben des Sachbearbeiters steht, ob er einer Forderung nachgeht oder nicht. Dem dürfte schon entgegenstehen, dass die Stadtwerke als Arbeitgeber selbst gehalten sind, alles zu tun, um ihre Forderungen aus Energielieferung im Interesse aller Bürger zu realisieren, von der Rechnungsprüfung einmal ganz abgesehen. Weiterhin wird aus dem Vortrag des Sachbearbeiters nicht klar, dass und inwiefern er nach welchen Kriterien „überhaupt" entscheidet, ob beispielsweise bei bekannter Mittellosigkeit sogenannte „Wiederholungstäter" es in einem vernünftigen Kosten- bzw. Nutzenverhältnis stehe, kostenträchtige gerichtliche und vollstreckungsrechtliche Zwangsmaßnahmen einzuleiten und/oder ob es ggf. sinnvoll ist, Strafanzeige gegen derartige „Mehrfachkunden" zu erstatten. (vgl. BAG 28.09.1994, AP Nr. 185 zu §§ 22, 23 BAT 1975)

Beispiel aus dem Verwaltungsbereich:

8

Verwaltung, Wartung und Reparatur technischer Geräte in einer Schule

Bei keiner der dem Stelleninhaber übertragenen Tätigkeiten erkannte das BAG selbstständige Leistungen an:

1. *Tätigkeit: Führung der Mediothek*

a) Mit- und Umschnitte von Schulfunk- und Fernsehsendungen auf Ton- und Bildträger

b) Herstellung von Ton- und Bildaufnahmen bei Schulveranstaltungen (z. B. Theateraufführungen, Konzerte, Schulfeste)

c) Archivieren und Verwalten von a) und b) (Entwicklung eines Verleihsystems)

d) Koordination der Beschaffung von Leerkassetten

e) Reparaturen defekter Bild- und Tonträger

Begründung des BAG: Eine **Gedankenarbeit** ist bei dem Führen der Mediothek nicht erforderlich. Der Stelleninhaber entscheidet nicht selbst, ob und welche Schulfunk- und Fernsehsendungen bzw. Schulveranstaltungen er aufzeichnet. Unerheblich ist, dass er beim Filmen von Schulveranstaltungen selbst Szenen auswählen kann. Dabei wird nicht in einem solchen Umfang eine eigene geistige Initiative verlangt, wie es in der Vergütungsgruppe Vc (hier Entgeltgruppe 7) vorausgesetzt ist. Eine nennenswerte Gedankenarbeit unter Einsatz der vorausgesetzten Fachkenntnisse ist nicht erforderlich. Auch das Archivieren und Verwalten von Ton- und Bildträgern sowie die Beschaffung von Leerkassetten verlangt keine eigene Gedankenarbeit. Es handelt sich um regelmäßig wiederkehrende Routinearbeiten. Ob dem Stelleninhaber bei der Entwicklung des Verleihsystems ein eigener Entscheidungsspielraum zustand, lässt sich nicht abschließend entscheiden, da er nicht dargelegt hat, wie das System aufgebaut ist und welche Entscheidung er hierbei getroffen hat. Soweit der Stelleninhaber defekte Bild- und Tonträger repariert, lässt dies ebenfalls nicht den Schluss auf eine eigene geistige Arbeit zu, da nicht klar wird, welche Schäden und Fehler auftreten und welche Reparaturmöglichkeiten dementsprechend in Betracht kommen. Hierzu hätte dargelegt werden müssen, inwiefern die Tätigkeit, ausgehend von den vorausgesetzten Fachkenntnissen, eigene Gedankenarbeit erfordert.

2. Tätigkeit: Verwaltung und Wartung aller audiovisuellen Geräte

a) Koordination der Neuanschaffungen (technische Beratung aufgrund von Schulungen der Landesbildstelle LBST)

b) Aufstellen und Installieren der Geräte sowie Einweisung der Lehrkräfte und Hilfestellung bei der Handhabung

c) Regelmäßige Kontrolle und Wartung der in Klassenräumen aufgestellten Geräte (Eigene Entwicklung von Sicherheitseinrichtungen gegen Diebstahl sowie Schutzvorrichtungen gegen Beschädigungen)

d) Verwaltung, Wartung und Bereitstellung von Leihgeräten

e) Durchführung von Reparaturen oder ggf. Weiterleitung an LBST oder Fachfirmen

f) Vorratshaltung an Ersatzteilen (Sicherungen, Ton- und Projektionslampen)

g) Begründung von Absetzungsanträgen

Begründung des BAG: Auch hier fehlt es am notwendigen Entscheidungsspielraum. Die technische Beratung bei Neuanschaffungen beschränkt sich auf die Weitergabe von Wissen, das der Stelleninhaber unter anderem auf Schulungen der LBST erworben hat. Die Installation und der Einsatz der Geräte ist weitgehend durch Bedienungsanleitungen vorgegeben. Es ist nicht erkennbar, dass hierbei in nennenswertem Umfang gedankliche Arbeit anfällt. Gleiches gilt für die Kontrolle und Wartung der in den Klassenräumen aufgestellten Geräte. Bei der Wartung technischer Geräte handelt es sich regelmäßig um festgelegte wiederkehrende Tätigkeiten, die zum Teil durch den Hersteller vorgegeben sind. Ein eigener Entscheidungsspielraum des Stelleninhabers ist nicht ersichtlich. Soweit er sich auf die Entwicklung von Vorrichtungen gegen Diebstahl und Beschädigung beruft, hätte er näher darlegen müssen, wie diese Vorrichtungen konstruiert sind und welche gedankliche Arbeit hierzu erforderlich ist. Ebenso hätte er zur Reparatur audiovisueller Geräte näher ausführen müssen, welche Fehler und Schäden auftreten, welche Reparaturmaßnahmen in Betracht kommen und welche Überlegungen er hierbei anstellen muss. Welche Geräte er selbst repariert und welche er an die LBST oder Fachfirmen weiterleitet, entscheidet der Stelleninhaber nach seinen eigenen Fähigkeiten und den zur Verfügung stehenden Reparaturmitteln. Die **Entscheidungsmöglichkeiten stehen** also **fest**. Eine eigene geistige Initiative wird nicht verlangt. Das gilt ebenso bei der Verwaltung, Wartung und Bereitstellung von Leihgeräten sowie der Vorratshaltung an Ersatzteilen. Hinsichtlich der Begründung von Absetzungsanträgen hat der Stelleninhaber nicht näher dargelegt, welche gedankliche Arbeit hierbei von ihm verlangt wird.

3. Tätigkeit: Druck- und Kopierarbeiten

a) Wartung und Betreuung von vier Kopierautomaten, drei Umdruckern, Heftmaschine und Stapelschneider

b) Kontrolle des Materialverbrauchs, Vorratshaltung und Bemessung des Jahresbedarfs

8

c) Verwaltung des Kopiervolumens der Lehrkräfte (Kostenstellenzähler). Der Kl. programmiert das Kostenstellenzählersystem und verwaltet 90 Benutzercodes.

d) Erstellen von Folienkopien für Overheadprojektoren, Stapelaufträgen, Broschüren und Umdruckaufträgen

Begründung des BAG: Soweit der Stelleninhaber an Druck- und Kopierautomaten tätig ist, handelt es sich ebenfalls nicht um selbstständige Leistungen im Tarifsinne. Ein **eigener Entscheidungsspielraum ist nicht eröffnet.** Im Wesentlichen liegen den Tätigkeiten genaue Anweisungen zugrunde, beispielsweise bei Umdruckaufträgen und der Verwaltung des Kopiervolumens der Lehrkräfte.

4. Tätigkeit: Aufstellung und Koordination von audiovisuellen Anlagen bei schulischen Veranstaltungen

a) Installation der ELA-Anlagen

b) Bedienungen der ELA-Anlagen und Bühnenbeleuchtung

Begründung des BAG: Auch hier fehlen Aussagen, in welchem Umfang gedankliche Arbeit notwendig ist. Insofern hätte der Stelleninhaber näher ausführen müssen, welche Komplikationen die Installation derartiger Anlagen mit sich bringt und welche Entscheidungen hierzu getroffen werden müssen. Auch ist nicht ersichtlich, dass sich der Stelleninhaber bei der Installation **ständig an geänderte Raumverhältnisse anpassen muss und deshalb gezwungen wäre, die Art und Weise der Aufstellung ständig neu zu überdenken.**

5. Tätigkeit: Arbeiten im naturwissenschaftlichen Bereich: Physik, Chemie, Biologie

a) Regelmäßige Kontrolle, Bestandsaufnahme und Wartung aller technischen Geräte

b) Durchführung von Reparaturen und Ersatzteilbeschaffung

c) Herstellung von nichtkäuflichen Versuchs- und Messgeräten in Klassensätzen. (Der Stelleninhaber fertigt Konstruktionsteile aus Blech, Holz, Plexiglas und Kunststoffen zur Vereinfachung und zur Sicherheit von Versuchsaufbauten an.)

8

d) Anfertigung von Aufbewahrungs- und Ordnungshilfen

Begründung des BAG: Es sind keine selbstständigen Leistungen zu erbringen. Diese Tätigkeiten entsprechen weitgehend den Aufgaben des Stelleninhabers im Zusammenhang mit den audiovisuellen Geräten, so dass auf die obigen Ausführungen verwiesen werden kann. Insbesondere ist nicht erkennbar, dass der Stelleninhaber bei der Herstellung nichtkäuflicher Versuchs- und Messgeräte einen **eigenen Entscheidungsspielraum hat, sich also überlegen muss, wie er diese Geräte konstruiert.** Dazu hätte er die Art dieser Geräte und seine Tätigkeit bei der Herstellung näher beschreiben müssen.

6. *Tätigkeit: Praktische Einweisung von Schülern und Lehrkräften in die Produktion und Bearbeitung von Filmen (Besuch von Lehrgängen)*

Begründung des BAG: Bei der praktischen Einweisung in Produktion und Bearbeitung von Filmen handelt es sich lediglich um die Weitergabe von Fachkenntnissen. Im Hinblick auf eine **eigene Gedankenarbeit** hat der Stelleninhaber nichts vorgetragen.

(vgl. BAG 01.03.1995, AP Nr. 191 zu §§ 22, 23 BAT 1975)

Beispiel aus dem Verwaltungsbereich:

Sachbearbeiter Kostensicherung und Leistungsabrechnung in einem Krankenhaus

Der Sachbearbeiter war für die Kostensicherung und Leistungsabrechnung von Pflegekosten und Entwöhnungsbehandlungen in einem psychiatrischen Landeskrankenhaus zuständig. Bei seiner Tätigkeit muss der Sachbearbeiter schon zu Beginn der Ermittlung und der Klärung der Kostenträgerverhältnisse entscheiden:

■ Bei wem werden die nach seiner Auffassung erforderlichen Informationen eingeholt, beim Patienten selbst, bei seinen Angehörigen oder bei einem früheren Arbeitgeber?

Danach muss er selbstständig und eigenverantwortlich beurteilen:

■ Sind die erhaltenen Informationen ausreichend oder nicht?

■ Wie ist ggf. weiter zu verfahren?

8

Er muss sich dabei Klarheit über die Auswahlfragen verschaffen:

■ Wer kommt bei Behandlungsfällen als Kostenträger infrage?

Ist es eine Krankenkasse und wenn ja, welche, oder ein Sozialhilfeträger oder ein sonstiger Kostenträger?

Er muss unter Beachtung nachgehender Leistungsansprüche und freiwilliger Weiterversicherung Mitgliedschaftsverhältnisse prüfen. Entsprechendes gilt bei Pflegefällen. Insoweit kommen als Kostenträger Sozialhilfeträger und Selbstzahler in Betracht. Bei Selbstzahlern geht es auch um die Prüfung von Vermögens- und Einkommensverhältnissen.

Um diese Fragen lösen zu können, waren diese Bestimmungen zu kennen und anzuwenden:

■ gesetzliche Krankenversicherung

■ gesetzliche Unfallversicherung

■ Bundessozialhilfegesetz und seine Durchführungsverordnungen

■ Kriegsopferversorgung

■ Sondergesetze, wie Bundesseuchengesetz, Soldatenversorgungsgesetz, Zivildienstgesetz, Lastenausgleichsgesetz

■ einschlägige Bestimmungen des Bürgerlichen Gesetzbuchs und der Zivilprozessordnung

Folglich erkannte das Gericht an, dass der Sachbearbeiter das zu findende Arbeitsergebnis unter Entwicklung einer eigenen geistigen Initiative zu erarbeiten hatte. Dem steht auch nicht eine hauseigene Dienstanweisung „Vermögensbetreuungspflicht – Aufnahme und Kostensicherungsverfahren" entgegen, da in dieser nicht der einzuschlagende Weg und das zu findende Ergebnis **je nach Fallkonstellation** im Einzelnen beschrieben wurde. Die Dienstanweisung war vielmehr für die Ärzteschaft und den Sozialdienst gedacht. Dementsprechend gibt sie nur auf einzelne, bei der Kostensicherung auftauchende Fragen eine Antwort. Sie regelt nur einzelne Probleme **förmlicher Art**, ohne den Entscheidungs- und Beurteilungsspielraum des Sachbearbeiters im Einzelfall einzuschränken oder ihn gar ganz zu nehmen. **Insbesondere enthält die Dienstanweisung keine Vorgaben im Zusammenhang mit der Beachtung der oben genannten Bestimmungen** (vgl. BAG 18.05.1994, AP Nr. 178 zu §§ 22, 23 BAT 1975).

8

Da das Merkmal der selbstständigen Leistungen aus dem BAT und damit für verwaltende und nicht für technisch-handwerkliche Tätigkeiten entwickelt wurde, stellt sich in der Praxis häufig die Frage, wie das Merkmal auf den technisch-handwerklichen Bereich anzuwenden ist. Die erste Rechtsprechung dazu beantwortet die Frage nicht einheitlich:

 **Urteil zum TV-V**

So nimmt das LAG Hamm selbstständige Leistungen im Rahmen von Wartungs- und Instandhaltungsarbeiten einschl. Störungsbeseitigungen an, ohne das Merkmal inhaltlich im Detail darzustellen und zu prüfen.

(LAG Hamm 31.05.2012, 8 Sa 1908/11)

Eine entsprechende Begründung lässt sich dem Urteil des LAG Hamm vom 21.03.2006 (12 Sa 1859/05) entnehmen:

Beispiel:

Der Arbeitnehmer erbringt bei der Auswertung und Qualitätskontrolle im Rahmen der Bestimmung von Ammonium-Stickstoff mittels des Fließinjektionsanalyseverfahrens selbstständige Leistungen. Das betrifft zum einen die Überprüfung der Kalibrierkurve auf ausreichende Genauigkeit. Stellt der Arbeitnehmer am Computer fest, dass die fünf Punkte der fünf Standards auf dem Schaubild keine Gerade ergeben, muss er in eine Fehlersuche eintreten. Dabei können Fehler aufgrund nicht korrekter Standards, aber auch aufgrund der Zusätze auftreten, die unter Umständen zu lange gestanden haben und zu lange gelagert wurden. Hier muss der Arbeitnehmer eine Entscheidung darüber fällen, wie er seine Fehlersuche konkret gestaltet, das heißt mit welcher Fehlerursache er sich zunächst beschäftigt.

Selbstständige Leistungen werden vom Arbeitnehmer zudem bei der Kontrolle der Messdaten auf Plausibilität und Richtigkeit erbracht. Zunächst hat der Arbeitnehmer aufgrund seines Erfahrungswissens darüber zu entscheiden, ob er ein Ergebnis für plausibel hält oder nicht. Stellt er fest, dass das vom Computer aufgezeigte Ergebnis nicht plausibel ist, weil beispielsweise bei der Doppelbestimmung einer Probe ein großer und kleiner Peak angezeigt werden oder ein Ergebnis angezeigt wird, das erheblich von dem Ergebnis alter, das heißt in der Vergangenheit gemessener Proben vom selben Entnahmeort abweicht, muss er

8

sich wiederum einer Analyse möglicher Fehlerquellen zuwenden. Die Fehlerursachen sind hier vielfältig. Ursache für einen Fehler kann hier eine Verschleppung, aber auch eine Verstopfung sein. Auch kann es sein, dass ein Schlauch porös oder die Pumpe verschmutzt ist. Unter Umständen haben sich auch Luftblasen gebildet. Auch eine zu hohe Konzentration der Probe kann Auslöser für den „Ausreißer" sein. Um die Richtigkeit der Messdaten zu gewährleisten, muss der Arbeitnehmer dann bestimmte Ursachen ausschließen. Zwar sind die möglichen Ursachen einer mangelnden Plausibilität und auch die konkrete Vorgehensweise im Hinblick auf eine bestimmte Ursache dem Arbeitnehmer bekannt und im Wesentlichen durch die allgemeine Arbeitsanweisung vorgegeben. Allerdings hat der Arbeitnehmer hier die Entscheidung zu treffen, welcher möglichen Fehlerursache er sich zunächst zuwendet, das heißt in welcher Reihenfolge er mögliche Ursachen ausschließt.

Die allgemeine Arbeitsanweisung enthält nämlich keine genaue Vorgabe im Hinblick darauf, in welcher Reihenfolge bestimmte Tests durchzuführen sind. Hier orientiert sich der Arbeitnehmer im Wesentlichen an seinem Erfahrungswissen, zum Teil zieht er auch ältere Testverfahren heran. Dabei wird die Entscheidung des Arbeitnehmers, mit welcher „Ursachenforschung" er beginnt, im Wesentlichen dadurch bestimmt, möglichst schnell die wirkliche Ursache aufzudecken.

8 Das LAG Köln hingegen lehnt selbstständige Leistungen bei vergleichbaren Arbeiten ab: Bei der Fehleranalyse und bei der Überlegung, wie der Fehler behoben werden kann sind auch eigenständige Überlegungen anzustellen. Die dabei zu leistende gedankliche Arbeit spielt sich aber in einem vergleichsweise engen Rahmen ab, der durch das Ziel der Wiederherstellung der Funktionsfähigkeit einer defekten Anlage, Einrichtung etc. begrenzt ist und damit die Anforderungen an selbstständige Leistungen – im Vergleich zu den Beispielen der jeweils infrage kommenden Entgeltgruppen nicht erreicht (zum vergleichbaren Tarifvertrag TV-WW/NW: vgl. LAG Köln 29.11.2006, 7 Sa 743/06).

Wichtig: Ob im Rahmen der Fehleranalyse und -behebung an technischen Anlagen selbstständige Leistungen anfallen, hängt vor allem an der Komplexität der dazu erforderlichen Überlegungen und Handlungsmöglichkeiten auf der einen Seite, und den hausinternen Arbeitsvorgaben auf der anderen ab.

Beispiele für selbstständige Leistungen auf Basis gründlicher, umfassender Fachkenntnisse

1. *Arbeitnehmer im Bereich der Raumordnung mit vorbereitenden Sachbearbeiteraufgaben für einzelne Kartenblätter zur Erstellung eines Atlasses*

Die selbstständigen Leistungen liegen vor, da der Arbeitnehmer in selbstständiger Gedankenarbeit die beschafften Daten bis zum Beginn der verantwortlich-wissenschaftlichen Auswertung (die ihm im Allgemeinen nicht oblag) vorbereitend auswerten und aufarbeiten musste (vgl. BAG 19.03.1986, AP Nr. 116 zu §§ 22, 23 BAT 1975).

2. *Controller*

Der Controller arbeitet im Bereich der Kosten- und Leistungsrechnung als Projektleiter. Die selbstständigen Leistungen ergeben sich aus den dabei vorhandenen Entscheidungsbefugnissen. Er kann den einzuschlagenden Weg und das zu erreichende Ergebnis bestimmen. Die Berichtspflicht ggü. dem Vorgesetzten steht dem nicht entgegen (vgl. LAG Niedersachsen 29.04.2002, 8 Sa 1049/01 E).

5. Besonders verantwortungsvolle Tätigkeiten

Mit dem Tätigkeitsmerkmal der besonders verantwortungsvollen Tätigkeit hat sich das BAG in seinen Entscheidungen vom 29.01.1986 (AP Nr. 115 zu §§ 22, 23 BAT 1975) und vom 19.03.1986 (AP Nr. 116 zu §§ 22, 23 BAT 1975) intensiv auseinandergesetzt. Die Rechtsprechung verweist regelmäßig auf diese Grundsatzentscheidungen (vgl. z. B. BAG 12.05.2004, AP Nr. 301 zu §§ 22, 23 BAT 1975).

Um auf diese Rechtsprechung aufbauen zu können, ist zunächst zu prüfen, ob sie im TV-V im gleichen Sinnzusammenhang verwendet wird wie im BAT, was der Fall ist:

8

TV-V	BAT
Entgeltgruppe 8 Fallgruppe 8.2: gründliche, umfassende Fachkenntnisse selbständige Leistungen	Vergütungsgruppe Vb Fallgruppe 1a: gründliche, umfassende Fachkenntnisse selbständige Leistungen
Entgeltgruppe 9 Fallgruppe 9.1 Heraushebung aus der Entgeltgruppe 8 Fallgruppe 8.2 durch: besonders verantwortungsvolle Tätigkeiten	Vergütungsgruppe IVb Fallgruppe 1a Heraushebung aus der Vergütungsgruppe Vb Fallgruppe 1a durch: besonders verantwortungsvolle Tätigkeiten

Nach den oben genannten Grundsatzurteilen ist somit auch im TV-V von einer besonders verantwortungsvollen Tätigkeit auszugehen, wenn diese Bedingungen erfüllt sind.

BAG vom 19.03.1986

Hier ist zunächst klarzustellen, dass die TV-Parteien eine gewichtige, beträchtliche Heraushebung fordern, weil sie ausdrücklich in den Merkmalen eine „besonders verantwortungsvolle Tätigkeit" verlangen.

Aus den in dem Urteil des Senats vom 29.01.1986 – 4 AZR 465/84 – AP Nr. 115 zu §§ 22, 23 BAT 1975 – im Einzelnen dargelegten Gründen ist im Übrigen davon auszugehen, dass die TV-Parteien mit dem Rechtsbegriff der „Verantwortung" bzw. der „besonders verantwortlichen Tätigkeit", womit inhaltlich dasselbe gemeint ist, nicht auf die jeweilige zivilrechtliche oder strafrechtliche Verantwortlichkeit des Angestellten abstellen, auch nicht auf die sog. „politische Verantwortung". Vielmehr ist nach dem erkennbaren Sinn und Zweck der entsprechenden Tarifnormen (z. B. Vergütungsgruppe IIa BAT Fallgruppe 8, Vergütungsgruppe III BAT Fallgruppe 1a sowie wie vorliegend Vergütungsgruppe IVb BAT Fallgruppe 1a) auf die Bedeutung des Wortes „Verantwortung" im allgemeinen Sprachgebrauch zurückzugreifen.

Dieser versteht darunter die mit einer bestimmten Stellung oder Aufgabe verbundene Verantwortung, das heißt die Verpflichtung, der jeweiligen Stellung oder Aufgabe entsprechend dafür zu sorgen, dass innerhalb eines bestimmten Rahmens oder Lebensbereiches alles einen guten, sachgerechten Verlauf nimmt, was beispielsweise mit der entsprechenden Verantwortung von Eltern, Lehrern, aber auch Ärzten, Ingenieuren und Redakteuren erläutert wird (vgl. Meyers Enzykl. Lexikon, Deutsches Wörterbuch, Bd. 32, S. 2729).

In diesem allgemeinen Sinne verstehen die TV-Parteien unter „Verantwortung" auch im Rahmen des zur Beurteilung stehenden Tarifmerkmals die Verpflichtung des Angestellten, dafür einstehen zu müssen, dass in dem ihm übertragenen Dienst- oder Arbeitsbereich die dort – auch von anderen

8

Bediensteten – zu erledigenden Aufgaben sachgerecht, pünktlich und vorschriftsgemäß ausgeführt werden.

Diese Absicht der TV-Parteien wird in den Merkmalen der Vergütungsgruppe IVb BAT Fallgruppe 1a deswegen besonders deutlich, weil sie darin von einer „besonders verantwortungsvollen Tätigkeit" sprechen und damit den Rechtsbegriff der Verantwortung ausdrücklich auf den konkreten Dienst- oder Arbeitsbereich beziehen. Dabei kann sich je nach der Lage des Einzelfalles die tariflich geforderte Verantwortung des Angestellten auf andere Mitarbeiter oder dritte Personen, Sachen, Arbeitsabläufe, zu gewinnende wissenschaftliche Resultate oder – wie etwa beim Einsatz von Computern – auf technische Zusammenhänge beziehen.

Für das Vorliegen der tariflich geforderten Verantwortung kann auch der Umstand sprechen, dass die Tätigkeit des betreffenden Angestellten keiner weiteren oder nur einer lockeren Kontrolle oder Überprüfung unterliegt.

Bei dieser Beurteilung verkennt der Senat keineswegs, dass nach den allgemeinen Grundsätzen der Rechtsordnung und seinen arbeitsvertraglichen Pflichten jeder Angestellte des öffentlichen Dienstes für seine Arbeit in einem allgemeinen Sinne verantwortlich ist.

(...)

Da die TV-Parteien – wie auch sonst in der VergO zum BAT – in den Merkmalen der Vergütungsgruppe IVb BAT Fallgruppe 1a darauf verzichten, konkrete Gründe für die Verantwortung des Angestellten zu normieren, ist im Sinne der bisherigen Senatsrechtsprechung daran festzuhalten, dass Mitverantwortung ausreichend und die Unterstellung eines Angestellten unter Vorgesetzte unschädlich sein können und damit der Annahme der herausgehobenen Verantwortung nicht schlechthin entgegenstehen (vgl. auch dazu das Urteil des Senats vom 29.01.1986 – 4 AZR 465/84 – AP Nr. 115 zu §§ 22, 23 BAT 1975 – und die weiteren Urteil vom 11.09.1985 – 4 AZR 271/84 – AP Nr. 107 zu §§ 22, 23 BAT 1975 – vom 14.12.1977 – 4 AZR 476/76 – AP Nr. 99 zu §§ 22, 23 BAT, m. w. N.). Dafür spricht auch die Erwägung, dass in aller Regel Angestellte der Vergütungsgruppe IVb BAT in der Behördenhierarchie irgendwelchen Vorgesetzten unterstehen, von deren Weisungen mehr oder weniger abhängig sind und je nach den Umständen ihre eigenen Arbeitsergebnisse diesen auch zur Überprüfung, Kontrolle oder Unterschrift vorzulegen verpflichtet sind. Diese den sachkundigen TV-Parteien darüber hinaus allgemein bekannten Umstände sollen nach dem erkennbaren Willen der TV-Parteien jedenfalls der Annahme der besonderen Verantwortung im Sinne der Merkmale der Vergütungsgruppe IVb BAT Fallgruppe 1a nicht prinzipiell im Wege stehen.

(BAG 19.03.1986, AP Nr. 116 zu §§ 22, 23 BAT 1975)

BAG vom 15.02.2006

Das Merkmal fordert allerdings nicht, dass der Angestellte die letzte oder alleinige Verantwortung trägt. Es kann nämlich im Einzelfall durchaus so liegen, dass der Angestellte, obwohl er als der Verantwortliche nicht in Erscheinung tritt, an Maßnahmen mit erheblichen Auswirkungen gegenüber dem öffentlichen Arbeitgeber oder Dritten deshalb wesentlich beteiligt ist, weil sein Vorgesetzter zur Nachprüfung aller vom Angestellten bearbeiteten Vorgänge schon zeitlich nicht in der Lage und deshalb nicht dazu verpflichtet ist.

In solchen Fällen kann eine bestehende Mitverantwortung je nach Umfang und Bedeutung der Beteiligung des Angestellten die Eigenschaft der besonderen Verantwortung im Sinne der Vergütungsgruppe IVb begründen. Dabei kommt es maßgeblich darauf an, ob und inwieweit eine echte Nachprüfung der vom Angestellten vorgelegten Sachen erfolgt. Ist dies nicht der Fall, kann somit eine Mitverantwortung des Angestellten ausreichend sein; eine Verantwortung nach außen wird dann nicht zwingend gefordert.

(BAG 15.02.2006, 4 AZR 646/04 m. w. N.)

Zusammenfassend ist von diesen Prüfkriterien auszugehen:

Prüfung der besonders verantwortungsvollen Tätigkeiten

1. Feststellung der stellen-/aufgabenbezogenen (Normal-)Verantwortung des Arbeitnehmers

2. Prüfen, welche konkreten Folgen sich aus dem Handeln bzw. Nichthandeln des Arbeitnehmers ergeben können, um die gewichtige, beträchtliche Heraushebung zu ermitteln

3. Abgrenzung der Feststellungen nach oben, insbesondere dem Begriff der „Bedeutung" der Entgeltgruppe 10 Fallgruppe 10.1

(in Anlehnung an Krasemann, 9. Kapitel, Rn. 186)

Die besonders verantwortungsvolle Tätigkeit ist dadurch gekennzeichnet, dass sie bei fehlerhaftem Arbeiten einen beträchtlichen Schaden/erhebliche negative Folgen auslösen kann und deshalb besonders sorgfältig, sachgerecht und umsichtig erledigt werden muss (vgl. Krasemann, 9. Kapitel, Rn. 183).

Der Arbeitnehmer braucht keine Verantwortung nach außen zu tragen. Innerbehördliche Verantwortung bzw. Mitverantwortung genügen (vgl. BAG 11.09.1985, AP Nr. 107 zu §§ 22, 23 BAT 1975).

Trotzdem kann – je nach Lage des Einzelfalls – der Unterschriftsbefugnis eine Bedeutung zukommen, nämlich dann, wenn dem Arbeitnehmer keine Unterschriftsbefugnis eingeräumt wurde, da seine Arbeitsergebnisse inhaltlich im Detail kontrolliert und danach ggf. nochmals geändert werden. Bei einer solchen Fallkonstellation kann dem Arbeitnehmer das Ergebnis seiner Arbeit und damit die Verantwortung nicht mehr unmittelbar zugerechnet werden. Er ist nicht selbst für die richtige Ausführung seiner Arbeit verantwortlich und

8

muss dementsprechend auch nicht selbst für seine Arbeitsergebnisse einstehen (vgl. zur Bedeutung der Unterschriftsbefugnis: BAG 18.06.1997, 4 AZR 28/95, ZTR 1998, S. 87; BAG 12.08.1981, AP Nr. 47 zu §§ 22, 23 BAT 1975).

Zusammenfassend ist das Heraushebungsmerkmal der „besonders verantwortungsvollen Tätigkeit" erfüllt, wenn sich die Tätigkeit des Beschäftigten gemessen an und ausgehend von den Anforderungen der Entgeltgruppe 8 Fallgruppe 8.2 durch das Maß der geforderten Verantwortung in gewichtiger, beträchtlicher Weise heraushebt. Diese Anforderung kann auch dann erfüllt sein, wenn der Arbeitnehmer, obwohl er als der Verantwortliche nicht in Erscheinung tritt, an Maßnahmen mit erheblichen Auswirkungen gegenüber dem Arbeitgeber oder Dritten deshalb wesentlich beteiligt ist, weil sein Vorgesetzter zur Nachprüfung aller vom Arbeitnehmer bearbeiteten Vorgänge schon zeitlich nicht in der Lage und deshalb nicht dazu verpflichtet ist (vgl. BAG 15.02.2006, AP Nr. 32 zu §§ 22, 23 BAT-O).

Beispiele:

In diesen Fällen wurde eine besonders verantwortungsvolle Tätigkeit bejaht:

- Führen von Verhandlungen über privatrechtliche Duldungs-, Nutzungs-, Pacht-, Kauf- oder Tauschverträge über Grundstücke, ohne Abschlussvollmacht und anhand von Vertragsmustern (vgl. BAG 17.08.1994, AP Nr. 183 zu §§ 22, 23 BAT 1975)

- einziger Personalsachbearbeiter eines Unternehmens (vgl. LAG Düsseldorf, 04.02.1997, 16 Sa 1554/96, zit. nach Hofmann/Reidelbach, P 150)

- Controller als Projektleiter zur Einführung einer betriebsweiten Kosten- und Leistungsrechnung (vgl. LAG Niedersachsen, 29.04.2002, 8 Sa 1049/01 E)

- Liegenschaftssachbearbeiter (vgl. ArbG Koblenz 07.03.1991, 1 Ca 2238/90, zit. nach Hofmann/Reidelbach, L 1550)

- Leitungs- und Aufsichtsfunktionen (vgl. BAG 01.08. 2001, 4 AZR 298/00)

8

Die Bedeutung von Studienabschlüssen bei der Auslegung der Oberbegriffe ab EG 9

9

1. Die unterschiedlichen Qualifikationsebenen

Der TV-V unterscheidet in den Entgeltgruppen 9 bis 10 bzw. Entgeltgruppen 11 bis 15 zwischen einem abgeschlossenen Fachhochschul- oder Bachelorstudium einerseits und einer abgeschlossenen wissenschaftlichen Hochschulbildung andererseits. Damit wird an die in Deutschland bislang bestehende Differenzierung zwischen Fachhochschulstudiengängen mit einer Regelstudienzeit von höchstens vier Jahren (vgl. § 11 Satz 1 Nr. 1 HRG) und anderen Studiengängen mit einer Regelstudienzeit von viereinhalb Jahren (vgl. § 11 Satz 1 Nr. 2 HRG) angeknüpft.

2. Das bisherige Hochschulrecht

Nach traditionellem Verständnis handelt es sich bei Fachhochschulstudiengängen um Studiengänge, die dem besonderen Auftrag der Fachhochschulen zu einer berufsbezogenen Ausbildung entsprechen. Danach vermitteln Fachhochschulen durch eine anwendungsbezogene Lehre eine Bildung, die zu selbstständiger Anwendung wissenschaftlicher Methoden in der Berufspraxis befähigt (vgl. Reich, § 1 Rn. 1 und 5 m. w. N.). Vor diesem Hintergrund sahen die alten Tarifverträge des öffentlichen Dienstes eine grundsätzliche Unterscheidung vor: Die Fachhochschulausbildung befähigte für auszuübende Tätigkeiten im „gehobenen Dienst" (vgl. Vergütungsgruppe Vb-III BAT), während die Ausbildung an einer wissenschaftlichen Hochschule (Universität, Technische Universität) für den „höheren Dienst" (vgl. Vergütungsgruppe II-I BAT) qualifizierte.

3. Die Studienreform

Mit der Einführung von Bachelor- und Masterstudiengängen gemäß § 19 HRG wurde diese Unterscheidung infrage gestellt (vgl. Jahn, S. 132). Zur Vereinheitlichung der Hochschulausbildung in Europa werden die alten Diplom- und Magisterabschlüsse sowie die Staatsexamina durch diese neuen berufsqualifizierenden Abschlüsse abgelöst („Sorbonne-Erklärung" und „Bolgona-Erklärung"; siehe Jahn, S. 128; Schwarz-Hahn/Rehburg). Diese Entwicklung wird begleitet durch eine „Verwissenschaftlichung" der Fachhochschulausbildung. Universitäten wie Fachhochschulen können ihre Bachelor- und Masterstudiengänge sowohl praxis- als auch wissenschaftsbezogen ausrichten (vgl. Waldeyer, ZBR 2003, S. 17, 23 m. w. N.). Einheitliches

9

Ausbildungsziel der Hochschulen ist gemäß § 7 HRG, die Studierenden durch Lehre und Studium auf ein berufliches Tätigkeitsfeld vorzubereiten und ihnen die dafür erforderlichen fachlichen Kenntnisse, Fähigkeiten und Methoden des jeweiligen Studiengangs zu vermitteln. An Fachhochschulen wird anwendungsbezogene Forschung und Entwicklung betrieben. Die Forschung dient dabei gemäß § 22 HRG auch der Lehre, so dass auch beim Fachhochschulstudium von Wissenschaftlichkeit gesprochen werden kann. Dementsprechend hat die Konferenz der Kultusminister der Länder beschlossen, dass Masterabschlüsse von Universitäten und Fachhochschulen grundsätzlich zur Promotion berechtigen (vgl. Waldeyer, ZBR 2003, S. 17 f., 20 m. w. N.). Im Ergebnis unterscheiden sich die Hochschulformen Universität und Fachhochschule nicht mehr durch „institutionelle Standardzuweisungen", sondern durch das Profil des Studienangebots (vgl. Waldeyer, ZBR 2003, S. 17, 24; Jahn, S. 132).

4. Bachelorgrad

Bei dem Bachelorgrad handelt es sich um einen ersten berufsqualifizierenden Abschluss, der nach einer Regelstudienzeit von mindestens drei und höchstens vier Jahren verliehen wird. Im Unterschied zum alten Hochschulrecht verleihen sowohl Fachhochschulen als auch (Technische) Universitäten diesen Grad. Der bisherige Zusatz „(FH)" entfällt. Stattdessen werden folgende Bachelorgrade verliehen: Bachelor „… of Arts" (B. A.; Geisteswissenschaften), „… of Science" (B. Sc.; Naturwissenschaften), „… of Engineering" (M. Eng.; Ingenieurwissenschaften), „… of Laws" (LL. B.; Rechtswissenschaft).

5. Mastergrad

Entsprechendes gilt für den Mastergrad. Dieser baut auf dem Bachelorgrad auf und muss so dem Aufbau- bzw. Weiterbildungsbereich zugerechnet werden (vgl. Reich, § 19 Rn. 4 m. w. N.). Dabei handelt es sich um einen „weiteren" berufsqualifizierenden Abschluss. Möglich ist aber auch der Aufbau auf ein Fachhochschul-Diplom oder ein Staatsexamen (vgl. Reich, § 19 Rn. 4).

9

In der Praxis werden für den Master folgende Abschlussbezeichnungen verwendet: Master „… of Arts" (M. A.; Geisteswissenschaften), „… of Science" (M. Sc.; Naturwissenschaften), „… of Engineering" (M. Eng.; Ingenieurwissenschaften), „… of Laws" (LL. M.; Rechtswissenschaft).

Wichtig: Im Bereich der Wirtschaftswissenschaften wird zudem von verschiedenen Hochschulen der MBA-Grad (Master of Business Administration) verliehen. Bei Akkreditierung gelten auch für diesen die oben genannten Ausführungen entsprechend.

6. Lücke im TV-V

Vor diesem Hintergrund ist im TV-V eine Lücke, das heißt eine planwidrige Unvollständigkeit entstanden.

Derartige Lücken werden nach Maßgabe allgemeiner Gerechtigkeitsvorstellungen in möglichst enger Anlehnung an das geltende Recht ausgefüllt (vgl. Schwintowski, S. 84). Es erfolgt somit eine analoge Anwendung anderer Eingruppierungsnormen. Bei der Ausfüllung der Lücke ist zu fragen, wie eine artverwandte oder vergleichbare Tätigkeit bewertet wird (vgl. Krasemann, 7. Kapitel, Rn. 66 m. w. N.).

In den neuen Entgeltgruppen des TVöD-Bund und TV-L entspricht der Bachelorgrad grundsätzlich der Qualifikationsebene Entgeltgruppe 9b/9 bis 12 TVöD/TV-L („gehobener Dienst") und der Mastergrad der Qualifikationsebene Entgeltgruppe 13 bis 15 TVöD/TV-L („höherer Dienst") (vgl. auch Richter/Gamisch, StB, S. 82 m. w. N.). Entsprechendes ist für den TVöD-VKA vorgesehen und gilt auch für das Laufbahnrecht der Beamten (vgl. Waldeyer, ZBR 2003, S. 17).

Diese Überlegung ist überzeugend, da der Mastergrad einen „Aufbau-Grad" darstellt, der eine Vertiefung im gleichen Studienfach belegt (vgl. Reich, § 19 Rn. 6). Gleiches muss gelten, wenn beispielsweise auf ein Fachhochschulstudium der Betriebswirtschaftslehre ein Masterstudium im Bereich (Wirtschafts-)Recht aufgesattelt wird. Die Ergänzung ist eine Ausweitung der bisherigen Kenntnisse. Folglich qualifiziert der akkreditierte Mastergrad einer Fachhochschule oder (Technischen) Universität für die Entgeltgruppen 11/12 bis 15 TV-V (zu den neuen Hochschulabschlüssen siehe auch Richter/Gamisch, RiA 2009, S. 97 ff.).

9

Praxis-Tipp:

Nähere Informationen über die Studiengänge und -abschlüsse deutscher Hochschulen finden sich auf den Seiten der Deutschen Hochschulrektorenkonferenz (www.hochschulkompass.de) oder unter: www. studienwahl.de

Die Auslegung der Oberbegriffe ab EG 9

1. Übersicht

Die Oberbegriffe ab Entgeltgruppe 9

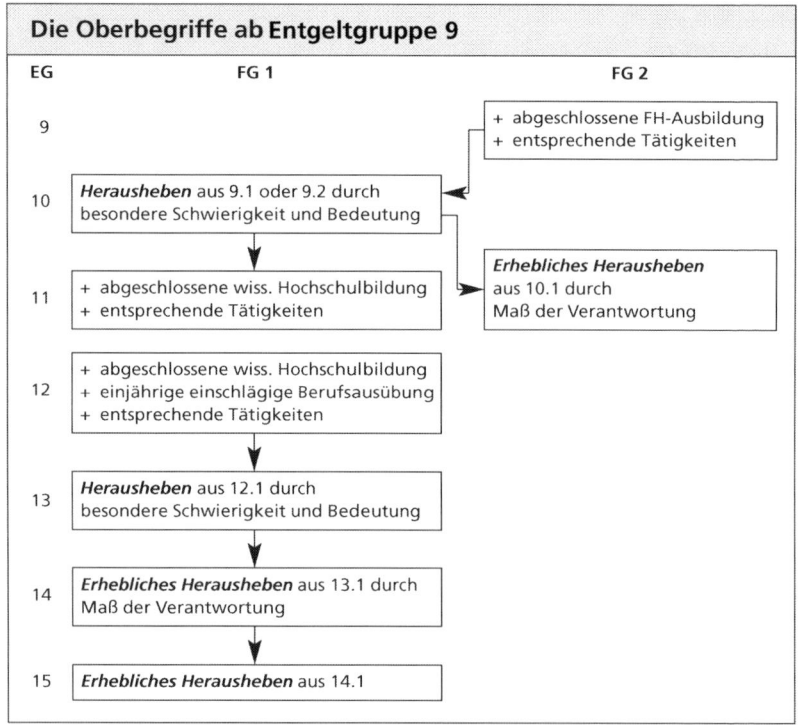

EG	FG 1	FG 2
9		+ abgeschlossene FH-Ausbildung + entsprechende Tätigkeiten
10	*Herausheben* aus 9.1 oder 9.2 durch besondere Schwierigkeit und Bedeutung	
11	+ abgeschlossene wiss. Hochschulbildung + entsprechende Tätigkeiten	*Erhebliches Herausheben* aus 10.1 durch Maß der Verantwortung
12	+ abgeschlossene wiss. Hochschulbildung + einjährige einschlägige Berufsausübung + entsprechende Tätigkeiten	
13	*Herausheben* aus 12.1 durch besondere Schwierigkeit und Bedeutung	
14	*Erhebliches Herausheben* aus 13.1 durch Maß der Verantwortung	
15	*Erhebliches Herausheben* aus 14.1	

2. Vorbemerkungen

Wie bereits aus der Übersicht ersichtlich, finden sich diese identischen Tätigkeitsmerkmale ab Entgeltgruppe 9:

1. entsprechende Tätigkeiten (Entgeltgruppe 9 Fallgruppe 9.2, Entgeltgruppe 11 Fallgruppe 11.1, Entgeltgruppe 12 Fallgruppe 12.1, Entgeltgruppe 13 Fallgruppe 13.1, Entgeltgruppe 14 Fallgruppe 14.1, Entgeltgruppe 15 Fallgruppe 15.1)

2. besondere Schwierigkeit und Bedeutung (Entgeltgruppe 10 Fallgruppe 10.1, Entgeltgruppe 13 Fallgruppe 13.1)

3. Maß der Verantwortung (Entgeltgruppe 11 Fallgruppe 11.2, Entgeltgruppe 14 Fallgruppe 14.1)

Sie entsprechen zum Großteil in ihrem Wortlaut und in ihrer Systematik denen des BAT, so dass grundsätzlich auf die entsprechend

10

vorhandene Rechtsprechung zurückgegriffen werden kann. Dabei werden die jeweils oben genannten Tätigkeitsmerkmale in gleicher Weise ausgelegt. Lediglich die Vergleichsbasis ist jeweils eine andere (vgl. z. B. BAG 29.01.1986, AP Nr. 115; BAG 19.03.1986, AP Nr. 116 beide zu §§ 22, 23 BAT 1975), so dass auch wir im Folgenden erst die Begriffe an sich in ihrem tariflichen Zusammenhang erläutern und anschließend, soweit für den TV-V passend, konkrete Beispielfälle aus der Rechtsprechung aufarbeiten.

Aufgrund der Studienreform ist für die Auslegung der Tätigkeitsmerkmale zu beachten:

■ Der akkreditierte Bachelorgrad aller Hochschulformen entspricht dem „alten" Dipl.-FH-Abschluss.

■ Der akkreditierte Mastergrad aller Hochschulformen entspricht dem „alten" Universitätsabschluss.

Wenn wir im Nachfolgenden vom „akademischen Zuschnitt" sprechen, können diese Voraussetzungen auch von FH-Absolventen mit Masterabschluss erfüllt werden.

3. Die entsprechenden Tätigkeiten

Auslegung durch die Rechtsprechung

Von entsprechenden Tätigkeiten kann nach neuem Hochschulrecht nur dann gesprochen werden, wenn der übertragene Aufgabenbereich die Anwendung der durch die jeweilige Ausbildung und das jeweilige Ausbildungsniveau (Bachelor bzw. Master) erworbenen Kenntnisse und Fähigkeiten auch erfordert.

So müssen für eine Eingruppierung nach Entgeltgruppe 9 Tätigkeiten vorliegen, die ein Wissen und Können erfordern, wie es im Rahmen der alten Fachhochschulausbildungen bzw. der neuen Bachelorstudiengänge vermittelt wird.

Wichtig: Die alten FH-Ausbildungen und die neuen Bachelorstudiengänge bieten eine Vielzahl von Schwerpunkten, die bei der Einschlägigkeit entsprechend zu berücksichtigen sind. Sonst werden einem Arbeitnehmer ggf. Kenntnisse und Fähigkeiten höherwertig angerechnet, nur weil nicht das entsprechend einschlägige Schwerpunktstudium als Vergleichsbasis herangezogen wurde.

Nichts anderes gilt für akademische Studienabschlüsse (Master). Auch hier müssen die entsprechenden Tätigkeiten einen sogenannten akademischen Zuschnitt aufweisen, das heißt die auszuübenden

10

Tätigkeiten müssen Fähigkeiten erfordern, wie ein einschlägig ausgebildeter Akademiker auf seinem entsprechenden Fachgebiet Zusammenhänge zu überschauen und Ergebnisse zu entwickeln. So stellen bloße Erfassungs- und Zusammenfassungstätigkeiten vorab erbrachter wissenschaftlicher Arbeit als solche keine Tätigkeiten mit akademischem Zuschnitt dar (vgl. BAG 15.03.2006, 4 AZR 157/05).

Nicht ausreichend ist es, wenn das in der Ausbildung erworbene Wissen und Können lediglich nützlich oder wünschenswert für die Aufgabenbewältigung ist. Es muss vielmehr notwendig sein (vgl. ständige Rechtsprechung des BAG zu entsprechenden Tätigkeiten: BAG 23.05.1979, AP Nr. 24; BAG 23.02.1994, AP Nr. 176; BAG 18.12.1996, AP Nr. 221; BAG 24.11.1999, AP Nr. 273 alle zu §§ 22, 23 BAT 1975).

Praxis-Tipp:

Die Prüfung „entsprechender Tätigkeiten" kann anhand der einschlägigen Berufsbilder (Ausbildungs- und Prüfungsanforderungen erfolgen (vgl. z. B. BAG 28.09.1994, AP Nr. 192; BAG 22.03.2000, AP Nr. 275 beide zu §§ 22, 23 BAT 1975).

Beispiele aus der Rechtsprechung für die FH-Ausbildung

Technischer Sachbearbeiter HLS-Technik (Heizung, Lüftung und Sanitär)

Der Arbeitnehmer ist fachlich unmittelbar dem zuständigen Sachgebietsleiter und mittelbar dem zuständigen Abteilungsleiter unterstellt. Seine Funktion ist in einer „Kurzbeschreibung" wie folgt beschrieben: „Sachbearbeiter – Überwachung des technischen Zustands der gebäudetechnischen Anlagen – Auftragserteilung – Bauleitung – Überwachung der Leistung der beauftragten freiberuflich tätigen Ingenieure".

Er hat folgende Tätigkeiten auszuüben:

1. Feststellung und Beurteilung des technischen Zustands von Anlagen innerhalb der Objekte

   ■ Recherchieren zu möglichen Dokumentationen und deren Vergleich mit den Istzuständen

   ■ Ermittlung der sich ergebenden Aufgaben aus dem Zustand der Anlagen sowie die Kosteneinschätzung der sich ergebenden Aufgaben in der Liste

10

- Analysentätigkeit in Bezug auf Energieart und Verbrauch der technischen Anlagen
- Feststellung des Zustands und der Art der Messeinrichtungen für Wärme, Wasser, Gas und Stromverbrauch
- Veranlassung des möglichen Einbaus von Messeinrichtungen bei den Rechtsträgern der Versorgungsmedien sowie der Ermittlung der technischen Daten für die Aufträge
- Begehung und Beratung mit den Nutzern der Objekte in Bezug auf die richtige Nutzung der Anlagen

2. Einschätzung der Bauphysik eines Objekts in Bezug auf Wärmeschutz und Lüftungsverhalten sowie die Rückkopplung auf die Funktionsweise der technischen Anlagen des Gebäudes

- Rechnerische Ermittlung der Wärmelast der Gebäude als Voraussetzung für den wirtschaftlichen Einsatz von Wärmeerzeugern
- Ermittlung des Warmwasserbedarfs für die wirtschaftliche Auswahl der TW-Erwärmungsanlagen
- Wirtschaftlichkeitsermittlungen zum optimalen Einsatz von Wärmeerzeugern und Energieträgern
- Recherchen zur Feststellung der künftigen Versorgungsmöglichkeiten und Ermittlung der Leistungsparameter (diese Tätigkeit gestaltet sich in M. äußerst problematisch, weil seitens der Stadt keine verbindlichen Konzeptionen zur künftigen Wärmeversorgung bestehen und die Bildung der Stadtwerke lange hinausgezögert wird)

3. Erarbeitung und Erkennung von Aufgabenstellungen für die Vergabe von Planungsaufträgen an freiberufliche Ingenieure bzw. der eigenen Planungsgruppe innerhalb der Abteilung und Vorbereitung des Abschlusses des Ingenieurvertrages auf der Grundlage der HOAI

- Objektbegehung mit dem Planer
- Erfassung der erforderlichen Daten zur Aufgabenstellung (teilweise aus Tätigkeiten Nr. 1 und 2)
- Formulierung der Aufgaben und Feststellung der Leistungsphasen aus der HOAI als Grundlage zur Abrechnung der Ingenieurleistungen
- Abstimmung der Aufgabenstellung mit den zuständigen Sachbearbeitern der bautechnischen Abteilungen und mit den Nutzern der Objekte

10

4. Arbeit mit den freiberuflich tätigen Ingenieuren nach Übergabe der Aufgabenstellung in Bezug auf Kontrolle und Auswertung der Planungstätigkeit, der Vorbereitung der Ausschreibungsverfahren und Vergabe von HLS-Bauaufträgen

- Zwischenabsprache und Auswertung von Planungsentwürfen mit dem Planer, Vorstellung und Diskussion der Entwürfe mit den anderen am Bau beteiligten Abteilungen, Planern und den Nutzern

- Kontrolle von Leistungsverzeichnissen in Bezug auf Vollständigkeit und Materialarten, Kontrolle der Ausführungsplanung und deren Abzeichnung durch die Bauabteilung des Hochbauamts

- Wahl der Vergabeart

- Zusammenstellung der Ausschreibungsunterlagen und Vorbereitung der Ausschreibung mit der zuständigen Stelle innerhalb des Hochbauamtes

- Auswertung der Submission, Entscheidung der Vergabe nach erfolgter Auswertung durch das Ingenieurbüro oder eigener Auswertung

- Erteilung des Bauauftrages an den ausgewählten Bieter und Einbeziehung des Abteilungsleiters, des Rechnungsprüfungsamts und Unterschriftseinholung durch den Zeichnungsberechtigten des Baudezernats (bei Überschreitung des Grenzbetrags Erstellung der Magistratsvorlage und Überwachung des Durchlaufs derselben)

5. Überwachung von Baudurchführungen entsprechend der vergebenen Aufträge

- Anlaufberatungen und Einweisungen mit den beauftragten Firmen und je nach Vereinbarung mit dem Planungsbüro

- Abstimmung der Baudurchführung mit dem Nutzer

- Bauüberwachung der Leistungen der bauausführenden Firma (die Intensität der Überwachung richtet sich nach der beauftragten Leistung des Planers für die Leistungsphase 8 der HOAI)

- Abnahme der Leistungen (mit oder ohne Planer)

- Überwachung bzw. Kontrolle von Funktionsproben, Abgasuntersuchungen, Wasseranalysen, Dichtigkeitsprüfungen, Schweißnahtuntersuchungen (soweit erforderlich) und TÜV-Abnahmen

10

- Zusammenstellung der Dokumentation bzw. deren Kontrolle
- Durchsetzung der Gewährleistung und Überwachung der im Abnahmeprotokoll festgelegten Restleistungen und Mängelbeseitigungen

6. Abrechnung der beauftragten Leistungen

- Kontrolle der Mengen auf Übereinstimmung mit den tatsächlich ausgeführten Leistungen
- Kontrolle der Einheitspreise
- Abzeichnung und Codierung der Rechnung, Weiterleitung an die Haushaltsbearbeiter, notwendige Rücksprachen mit denselben und Zuordnung in die Akten bzw. nochmalige Rücksendung an die Firma

7. Haushaltstechnische Tätigkeiten

- Kostenzuordnungen
- Abstimmungen der Positionen im Haushaltsplan mit der Abteilung 65.1 (Haushaltsstelle)
- Zuarbeiten an die Abteilung 65.1 in Bezug auf die zu erwartende Abarbeitung der Mittel
- Erarbeitung von Prioritätenlisten und sonstigen Zuarbeiten im Rahmen der Haushaltsplanung für das eigene und für fremde Ämter
- Zuarbeit von Haushaltsunterlagen für die nutzenden Ämter zur Erarbeitung von Magistratsvorlagen für außerplanmäßige Mittelbereitstellungen
- Technische Vorbereitung für förderfähige Maßnahmen der nutzenden Ämter und Mitarbeit, Führen des Verwendungsnachweises abgeschlossener Fördermaßnahmen

8. Teilnahme an Veranstaltungen, Vorträgen, Schulungen, Filmdarstellungen, Besichtigungen von Objekten in anderen Sachbereichen und anderen Orten und Fachmessen

9. Anleitung und Abstimmung der Arbeiten mit dem dem Sachgebiet zugeordneten Techniker (Heizungsmeister)

- Abstimmung über die Prioritäten bei der Durchführung der Instandhaltungs- und Reparaturarbeiten in den einzelnen Objekten

10

- Gemeinsame Objektbegehungen
- Abstimmung zum Inhalt, dem technischen Niveau, dem Umfang und der Art der Instandhaltungs- und Reparaturarbeiten an den technischen Anlagen

10. Teilnahme an Dienstberatungen des Abteilungsleiters und des Stellenleiters sowie interne Beratung mit Vorgesetzten

Der Arbeitnehmer ist in seinem Aufgabenbereich für 180 Gebäude oder Einrichtungen zuständig. Diese Gebäude oder Einrichtungen stehen zum Teil unter Denkmalschutz.

Er verfügt über ein Diplom als Ingenieur (FH) in dem Ausbildungsgang HLS-Technik. Dabei übt er eine Tätigkeit ingenieurmäßigen Zuschnitts aus, da es sich bei den Tätigkeiten der Einschätzung der Bauphysik eines Objekts in Bezug auf Wärmeschutz und Lüftungsverhalten, der Erarbeitung und Erkennung von Aufgabenstellungen für die Vergabe von Planungsaufträgen an freiberufliche Ingenieure bzw. Ingenieure der eigenen Planungsgruppe und die Vorbereitung der Auftragsvergabe bei Gebäuden wie dem Theater der Landeshauptstadt, den Kammerspielen usw. um die Tätigkeit eines Ingenieurs auf dem Gebiet der Versorgungstechnik handelt.

(vgl. BAG 09.07.1997, AP Nr. 7 zu §§ 22, 23 BAT-O)

**Beispiele aus der Rechtsprechung
für die wissenschaftliche Hochschulausbildung**

1. Diplom-Ingenieur der Fachrichtung Elektrotechnik

Er hat folgende Aufgaben:

1. Planerische und gutachterliche Betreuung – technischer, wirtschaftlicher und anwendungsbezogener Art – von technischen Programmen, Ausschreibungen, Errichtungen, Abnahmen und Betrieb von elektroakustischen und fernsehtechnischen Aufnahme-, Wiedergabe- und Speicheranlagen bei Bauvorhaben für das Land Niedersachsen sowie für Kommunalverwaltungen, Organisationen und Institutionen der außerschulischen Bildung

2. Mitwirkung in der Aus- und Weiterbildung von Ausbildern

(vgl. BAG 06.06.1984, AP Nr. 91 zu §§ 22, 23 BAT 1975)

2. Pressereferent

(vgl. BAG 21.05.1980, AP Nr. 34 zu §§ 22, 23 BAT 1975)

3. Referatsleiter Konstruktiver Ingenieurbau

Das Referat ist zuständig für die Aufnahme, Speicherung und Auswertung der Daten von Bauwerken an überörtlichen Straßen des
Landes Rheinland-Pfalz sowie für die Entwicklung und den Test der
dazugehörigen EDV-Programme (sog. Bauwerksinformationssystem).

Dieses vom Referatsleiter und den fünf Mitarbeitern seines
Referats (zwei Ingenieure, ein Techniker, zwei Sachbearbeiter) entwickelte Informationssystem ist das erste EDV-Informationssystem
der Bundesrepublik Deutschland für Bauwerke an Straßen des überörtlichen Verkehrs. Bei diesen Bauwerken handelt es sich um Brücken, Tunnel und Stützmauern.

Die besondere Schwierigkeit kann durch die Kompliziertheit der
Materie begründet werden. Vorliegend sei die besondere Beziehung
der ingenieurmäßigen Kenntnisse und Fähigkeiten des Referatsleiters zum EDV-Informationswesen von Bedeutung. Der Referatsleiter
muss sein Wissen und Können im Hochbauwesen auf einem anderen
Prinzipien unterstehenden Wissensgebiet einsetzen. Hierbei kommt
er nicht nur am Rande mit dem anderen Gebiet in Berührung, sondern muss dieses Gebiet sowohl von der Sache her als aufgrund seiner Leitungsfunktion voll integrieren. Er muss in seinem Referat eine
große Anzahl von Bauwerken, die zum Teil erhebliche Unterschiede
aufweisen, mit ihren bautechnischen wesentlichen Merkmalen auf
möglichst zweckmäßige und in der Praxis verwertbare Weise erfassen und bearbeiten lassen und muss das daraus gebildete Informationssystem auf dem Laufenden halten.

(vgl. BAG 10.02.1982, AP Nr. 56 zu §§ 22, 23 BAT 1975)

4. Abteilungsleiter im Tiefbauamt einer Großstadt

Die Abteilung ist zuständig für:

- projektbezogene Angelegenheiten der Eisenbahnen und U-Bahnen, soweit Belange der Baubehörde berührt werden

- grundsätzliche Anliegen des nichtschienengebundenen öffentlichen Nahverkehrs, soweit Belange des Tiefbauamts berührt werden

- die Ermittlung überörtlicher Leitungstrassen

Dies alles gilt mit Ausnahme der Aufgaben des Schnellbahnneubaus
und der technischen Aufsicht über U-Bahnen.

10

Dem Abteilungsleiter obliegen:

1. Führungsaufgaben zu 20 Prozent Anteil an der Gesamtarbeitszeit

2. Fachaufgaben zu 80 Prozent Anteil an der Gesamtarbeitszeit, hier

Wahrnehmung der Aufgaben als Träger der Straßenbaulast mit diesen Einzeltätigkeiten:

■ Aufstellung und Abschluss von Vereinbarungen mit den Verkehrsunternehmen bei der Änderung vorhandener oder der Herstellung neuer Eisenbahnkreuzungen im Rahmen einzelner Bauvorhaben. Hier kann der Abteilungsleiter nach innerbetrieblicher Abstimmung selbstständig entscheiden. Das Baurechtsamt überprüft insoweit die rechtlichen Aspekte.

■ Auslegung und eigenverantwortliche Verhandlung mit den Verkehrsunternehmen über Maßnahmen an vorhandenen Eisenbahnkreuzungen aufgrund bestehender Verträge. Hier wirkt der Abteilungsleiter an der Erarbeitung und dem Abschluss von öffentlich-rechtlichen Verträgen lediglich mit.

(vgl. BAG 24.06.1998, AP Nr. 241 zu §§ 22, 23 BAT 1975)

4. Die besondere Schwierigkeit und Bedeutung

Auslegung durch die Rechtsprechung

Mit den Tätigkeitsmerkmalen **besondere Schwierigkeit und Bedeutung** werden zwei voneinander abgrenzbare, unterschiedliche Qualifikationen gefordert. Die Schwierigkeit betrifft insoweit die Anforderungen an das fachliche Können des Arbeitnehmers, die Bedeutung hingegen die Auswirkungen der übertragenen Aufgaben.

Dabei ist insbesondere zu berücksichtigen, dass beide Anforderungen kumulativ (das heißt gleichzeitig) erfüllt sein müssen. Im Rahmen der Eingruppierung ist deshalb im Einzelnen genau und unabhängig voneinander zu prüfen, ob die Tätigkeiten des Arbeitnehmers das Heraushebungsmerkmal der besonderen Schwierigkeit erfüllen und ob sie darüber hinaus auch noch bedeutungsvoll sind (vgl. BAG 22.07.1998, AP Nr. 252 zu §§ 22, 23 BAT 1975; BAG 10.02.1982, AP Nr. 56 zu §§ 22, 23 BAT 1975).

10

Die tarifliche Anforderungskombination der **besonderen Schwierigkeit** bezieht sich nach der ständigen Rechtsprechung des BAG auf die fachliche Qualifikation des Arbeitnehmers, das heißt auf sein fachliches Können und auf seine fachliche Erfahrung. Sie verlangt, dass sich die Tätigkeit des Arbeitnehmers hinsichtlich der fachlichen Anforderungen in beträchtlicher, gewichtiger Weise von denjenigen der niedrigeren Entgeltgruppe abhebt. Wird dort in dem einschlägigen Tätigkeitsmerkmal eine einem bestimmten Beruf entsprechende Tätigkeit („Normaltätigkeit") gefordert, sind die Ausbildungsinhalte dieses Berufs während des streitigen Anspruchszeitraums maßgebend. Die erhöhte Qualifizierung im Vergleich zur „Normaltätigkeit" dieses Berufs kann sich im Einzelfall aus der Breite und Tiefe des geforderten fachlichen Wissens und Könnens ergeben, aber auch aus außergewöhnlichen Erfahrungen oder einer sonstigen gleichwertigen Qualifikation, etwa Spezialkenntnissen (vgl. BAG 22.07.1998, AP Nr. 252 zu §§ 22, 23 BAT 1975; BAG 11.02.2004, AP Nr. 24 zu § 22 BAT-O m. w. N.).

Die besondere Schwierigkeit in diesem Sinne ergibt sich beispielsweise nicht aus der reinen Anwendung einer Software zur Sachverhaltserfassung. Die reine Anwendung entsprechender Software erfordert keinen besonderen technischen Sachverstand. Besondere IT-Kenntnisse wie zum Beispiel zur Programmierung einer Software oder zum Vornehmen von Softwareanpassungen sind nicht erforderlich (vgl. LAG SLH 27.09.2012, 5 Sa 48/12, ZTR 2013, S. 29 ff.).

Spezialkenntnisse im Sinne der besonderen Schwierigkeit liegen nur vor, wenn diese ein besonderes Gebiet abdecken, das nicht bereits in der grundständigen Ausbildung vermittelt worden ist. Die bloße Einarbeitung in die konkrete berufliche Tätigkeit stellt ebenso wenig Spezialkenntnisse dar wie die Aktualisierung der beruflichen Kenntnisse und Fähigkeiten und eine berufliche Weiterbildung im Hinblick auf veränderte technische Entwicklungen. Für den Vergleich sind die aktuellen Studien- und Ausbildungsinhalte maßgeblich (vgl. BAG zum vergleichbaren Begriff der Spezialausbildung: BAG 20.05.2009, AP Nr. 12 zu § 1 TVG Tarifverträge: Arbeiterwohlfahrt m. w. N.).

10

Eine Steigerung der Fachkenntnisse nach Breite und Tiefe liegt zum Beispiel bei einem Juristen vor, wenn er vertieftes juristisches Fachwissen aufweisen muss, dass im Rahmen der Juristenausbildung gar nicht oder nur in Grundzügen vermittelt wurde (vgl. LAG M-V 26.10.2010, 5 Sa 134/09 m. w. N., zit. nach www.personalpraxis24.de).

Darüber hinaus ist zu beachten, dass sich die Schwierigkeit unmittelbar aus der Tätigkeit selbst ergeben muss. Eine Tätigkeit kann nicht als besonders schwierig im Tarifsinne angesehen werden, „nur" weil sie unter belastenden Bedingungen geleistet werden muss (vgl. BAG 20.03.1991, AP Nr. 156 zu §§ 22, 23 BAT 1975).

Im Gegensatz zur besonderen Schwierigkeit knüpft die **Bedeutung** an die Auswirkungen der Tätigkeit an. Bei der Auslegung dieses Tätigkeitsmerkmals sind zwei Besonderheiten zu beachten:

- Es fehlt das Adjektiv „besonders".

- Die Tarifvertragsparteien greifen erstmals auf diese Anforderung im Entgeltgefüge für Arbeitnehmer mit FH- bzw. Hochschulbildung zurück.

Aus diesen Gründen genügt es, wenn sich die Tätigkeit des Arbeitnehmers überhaupt durch ihre Bedeutung deutlich wahrnehmbar aus den Anforderungen der Entgeltgruppe 9 Fallgruppe 9.1/9.2 bzw. Entgeltgruppe 13 Fallgruppe 13.1 heraushebt.

Die Auslegung des Begriffs „Bedeutung" orientiert sich nach dem allgemeinen Sprachgebrauch, wonach etwas von Bedeutung ist, wenn es von Belang oder großer Tragweite ist, **gewichtige Nachwirkungen** hat.

Dabei ist grundsätzlich jede Art der Auswirkung der Tätigkeiten eines Arbeitnehmers geeignet, die Bedeutung des Aufgabengebiets im tariflichen Sinne zu begründen.

Im Einzelnen kommen in Betracht:

- die Größe des Aufgabengebiets, insbesondere bei Vorgesetztenfunktionen

- die Tragweite der zu bearbeitenden Materie

- die Auswirkungen der Tätigkeit für den innerdienstlichen Bereich, Dritte oder die Allgemeinheit

(vgl. Grundsatzurteil des BAG 29.01.1986, AP Nr. 115; BAG 14.09.1999, AP Nr. 263 beide zu §§ 22, 23 BAT 1975 m. w. N.)

Dabei müssen weitreichende Auswirkungen bzw. erhebliche Folgewirkungen vorliegen. Von einer entsprechenden Tragweite der Arbeit des Arbeitnehmers kann ausgegangen werden, wenn er bei der Lösung dieser Aufgaben auch über entsprechende Entscheidungskompetenzen verfügt. Fehlen solche Entscheidungskompe-

10

tenzen, fehlt es auch an den entsprechenden – unmittelbaren – Auswirkungen der Tätigkeit des Arbeitnehmers (BAG 14.04.1999, AP Nr. 263 zu §§ 22, 23 BAT 1975).

Weitreichende Auswirkungen sind zudem regelmäßig erst dann gegeben, wenn der Mitarbeiter keine Einzelfallentscheidungen trifft, sondern strategische/fallübergreifende Entscheidungen, die für eine Vielzahl von Fallgestaltungen relevant sind oder Grundsatzentscheidungen – zumindest mit – zu treffen hat (vgl. BAG 16.05.2013, AP Nr. 328 zu §§ 22, 23 BAT 1975).

Das Vorliegen der oben genannten Tätigkeitsmerkmale kann nur durch einen wertenden Vergleich zwischen der Grundtätigkeit und der herausgehobenen Tätigkeit begründet werden. Im Streitfall ist es daher nicht ausreichend, wenn die Tätigkeit im Einzelnen dargestellt wird. Vielmehr müssen darüber hinaus Tatsachen dargelegt werden, die den erforderlichen Vergleich mit den nicht herausgehobenen Tätigkeiten ermöglichen (vgl. BAG 20.10.1993, AP Nr. 173 zu §§ 22, 23 BAT 1975; BAG 11.02.2004, AP Nr. 24 zu § 22 BAT-O; BAG 07.05.2008, AP Nr. 37 zu §§ 22, 23 BAT-O).

Wichtig: Diese Anforderungen werden nur durch eine Stellenbeschreibung und eine darauf aufgebaute Stellenbewertung erfüllt. Eine Stellenbeschreibung allein ist nicht ausreichend.

Beispiele aus der Rechtsprechung für die FH-Ausbildung:

1. *Werkleiter* eines kleinen Versorgungsbetriebs (Eigenbetrieb), auf den sich alle anfallenden Tätigkeiten konzentrieren. Eine Aufteilung der Kompetenzen innerhalb verschiedener Personen war nicht gegeben (vgl. LAG Rheinland-Pfalz 04.11.1993, 7 Sa 538/93).

2. *Einkaufsleiter* mit einem Vergabevolumen von ca. 13,5 Mio. Euro und einem Lagerinventurwert von ca. 1,6 Mio. Euro jährlich (LAG Hamm 06.08.1987, 4 Sa 251/87).

3. *Beauftragter für ...:*

Die **besondere Schwierigkeit** ergebe sich aus der globalen Aufgabenstellung als Beauftragter. Die Tätigkeit reicht von der Mitwirkung bei Personalentscheidungen über die Einflussnahme auf Entscheidungen der Aufsichtsgremien bis zur konzeptionellen Arbeit, Öffentlichkeitsarbeit und Kontaktpflege. Es liegt dem-

10

nach kein klar umrissenes, inhaltlich vorbestimmtes Aufgabenfeld vor. Vielmehr umfasst es alle Bereiche des Betriebs, in die er sich ggf. einarbeiten muss. So ist es für die konzeptionelle Arbeit erforderlich, wissenschaftliche Literatur zu sichten, Forschungsergebnisse zu prüfen sowie Daten zu sammeln und zu erheben. Hierzu sind unter anderem Kenntnisse über Statistik und die Methoden empirischer Sozialforschung notwendig. Weiterhin werden Grundkenntnisse in den Methoden verschiedener Wissenschaftsdisziplinen (Politikwissenschaften, Soziologie, Erziehungswissenschaften, Jura, Psychologie, Sprachwissenschaften) benötigt, um sich in die Texte dieser Disziplinen schnell einarbeiten zu können. Es werden Rechtskenntnisse aus den Bereichen Arbeitsrecht, Sozialhilferecht, Arbeitsförderungsrecht usw. erwartet. Für die Öffentlichkeitsarbeit, zu der es auch gehört, Pressemitteilungen zu erarbeiten und herauszugeben sowie konzeptionelle Vorüberlegungen zur Gestaltung von Informationsmaterial anzustellen, werden publizistische Kenntnisse benötigt. Diese Umstände lassen eine beträchtliche Breite des geforderten fachlichen Wissens und Könnens erkennen.

Die **Bedeutung** der Tätigkeit ist gegeben durch die Mitwirkung bei Entscheidungen, deren Auswirkungen für die Betroffenen unter Umständen erheblich seien (z. B. Personalentscheidungen, Vorstandsentscheidungen u. a.). Zudem trägt der Beauftragte durch seine Öffentlichkeitsarbeit nicht unerheblich zum äußeren Erscheinungsbild des Betriebs bei.

(nach BAG 20.09.1995, AP Nr. 205 zu §§ 22, 23 BAT 1975)

Beispiele aus der Rechtsprechung für die wissenschaftliche Hochschulausbildung:

1. Referatsleiter Konstruktiver Ingenieurbau

Das Referat ist zuständig für die Aufnahme, Speicherung und Auswertung der Daten von Bauwerken an überörtlichen Straßen des Landes Rheinland-Pfalz sowie für die Entwicklung und den Test der dazugehörigen EDV-Programme (sog. Bauwerksinformationssystem). Dieses vom Referatsleiter und den fünf Mitarbeitern seines Referats (zwei Ingenieure, ein Techniker, zwei Sachbearbeiter) entwickelte Informationssystem ist das erste EDV-Informationssystem der Bundesrepublik Deutschland für Bauwerke an Straßen

10

des überörtlichen Verkehrs. Bei diesen Bauwerken handelt es sich um Brücken, Tunnel und Stützmauern.

Die **besondere Schwierigkeit** kann durch die Kompliziertheit der Materie begründet werden. Vorliegend sei die besondere Beziehung der ingenieurmäßigen Kenntnisse und Fähigkeiten des Referatsleiters zum EDV-Informationswesen von Bedeutung. Der Referatsleiter muss sein Wissen und Können im Hochbauwesen auf einem anderen Prinzipien unterstehenden Wissensgebiet einsetzen. Hierbei kommt er nicht nur am Rande mit dem anderen Gebiet in Berührung, sondern muss dieses Gebiet sowohl von der Sache her als aufgrund seiner Leitungsfunktion voll integrieren. Er muss in seinem Referat eine große Anzahl von Bauwerken, die zum Teil erhebliche Unterschiede aufweisen, mit ihren bautechnischen wesentlichen Merkmalen auf möglichst zweckmäßige und in der Praxis verwertbare Weise erfassen und bearbeiten lassen und muss das daraus gebildete Informationssystem auf dem Laufenden halten.

Die **Bedeutung** ergibt sich aus den besonderen Auswirkungen auf den internen Dienstbetrieb. Diese bestehen darin, dass sich die Tätigkeit des Angestellten erheblich auf den Personaleinsatz und richtungweisend auf die Durchführung der Arbeit der Beschäftigungsbehörde auswirkt. Hierbei können die besonderen Auswirkungen im internen Dienstbetrieb bereits dann bejaht werden, wenn die Tätigkeit die Arbeit eines wesentlichen Teils der Beschäftigungsdienststelle entsprechend beeinflusst. Das ist hier der Fall, weil der Arbeitnehmer alle sein Referat betreffenden **Grundsatzfragen** entscheidet. Er ist zum Vorgesetzten eines Bauingenieurs und weiterer Mitarbeiter bestellt. Die Ausübung der damit verbundenen Weisungsbefugnis und seine Überwachungs- und Kontrollfunktion als Vorgesetzter erhöhten das Gewicht seines Aufgabenkreises im internen Dienstbetrieb. In seiner Eigenschaft als Referatsleiter ist die Tätigkeit des Arbeitnehmers besonders wichtig für die Abstimmung der in seinem Referat entstehenden Informationssysteme mit den Bedürfnissen der übrigen Referate der EDV-Abteilung sowie der übrigen Abteilungen der Straßenverwaltung und der ihr nachgeordneten Straßenbauämter sowie anderer Behörden, die an der Benutzung der Arbeitsergebnisse des Referats Interesse haben. Die Pflege und Auswertung aller Kontakte, die hierfür Bedeutung haben, ist sehr wichtig.

(vgl. BAG 10.02.1982, AP Nr. 56 zu §§ 22, 23 BAT 1975)

10

2. Abteilungsleiter im Tiefbauamt einer Großstadt

Die Abteilung ist zuständig für:

- projektbezogene Angelegenheiten der Eisenbahnen und U-Bahnen, soweit Belange der Baubehörde berührt werden

- grundsätzliche Anliegen des nichtschienengebundenen öffentlichen Nahverkehrs, soweit Belange des Tiefbauamts berührt werden

- die Ermittlung überörtlicher Leitungstrassen

Dies alles gilt mit Ausnahme der Aufgaben des Schnellbahnneubaus und der technischen Aufsicht über U-Bahnen.

Dem Abteilungsleiter obliegen:

1. Führungsaufgaben zu 20 Prozent Anteil an der Gesamtarbeitszeit

2. Fachaufgaben zu 80 Prozent Anteil an der Gesamtarbeitszeit, hier insbesondere die Wahrnehmung der Aufgaben als Träger der Straßenbaulast mit diesen Einzeltätigkeiten:

   - Aufstellung und Abschluss von Vereinbarungen mit den Verkehrsunternehmen bei der Änderung vorhandener oder der Herstellung neuer Eisenbahnkreuzungen im Rahmen einzelner Bauvorhaben. Hier kann der Abteilungsleiter nach innerbetrieblicher Abstimmung selbstständig entscheiden. Das Baurechtsamt überprüft insoweit die rechtlichen Aspekte.

   - Auslegung und eigenverantwortliche Verhandlung mit den Verkehrsunternehmen über Maßnahmen an vorhandenen Eisenbahnkreuzungen aufgrund bestehender Verträge. Hier wirkt der Abteilungsleiter an der Erarbeitung und dem Abschluss von öffentlich-rechtlichen Verträgen lediglich mit.

(vgl. BAG 24.06.1998, AP Nr. 241 zu §§ 22, 23 BAT 1975)

10

5. Das Maß der Verantwortung

Vorkommen in der Entgeltordnung des TV-V

Für die Anwendung der Rechtsprechung des BAG zum grundsätzlich vergleichbaren Tätigkeitsmerkmal im BAT ist zunächst zu prüfen, in welcher Tarifsystematik die Begriffe verwendet werden.

Im TV-V wird der Begriff für die hier maßgeblichen Gruppen unterschiedlich verwendet. Es gibt drei mögliche Wege, das Maß der Verantwortung der Entgeltgruppe 11 und Entgeltgruppe 14 zu erreichen.

1. Weg

- Entgeltgruppe 8 Fallgruppe 8.2:
  - gründliche, umfassende Fachkenntnisse
  - selbstständige Leistungen

- Entgeltgruppe 9 Fallgruppe 9.1: Heraushebung aus der Entgeltgruppe 8 Fallgruppe 8.2 durch
  besonders verantwortungsvolle Tätigkeiten

- Entgeltgruppe 10 Fallgruppe 10.1: Heraushebung aus der Entgeltgruppe 9 Fallgruppe 9.1 durch
  besondere Schwierigkeit und Bedeutung

- Entgeltgruppe 11 Fallgruppe 11.2: Erhebliche Heraushebung aus der Entgeltgruppe 10 Fallgruppe 10.1 durch
  Maß der Verantwortung

Dieser Weg entspricht den tarifvertraglichen Regelungen des BAT und TV-L für den allgemeinen Verwaltungsdienst. Für diesen kann die Rechtsprechung des BAG ohne Einschränkungen herangezogen werden.

2. Weg

- Entgeltgruppe 9 Fallgruppe 9.2:
  - abgeschlossene FH-Ausbildung
  - entsprechende Tätigkeiten

- Entgeltgruppe 10 Fallgruppe 10.1: Heraushebung aus der Entgeltgruppe 9 Fallgruppe 9.2 durch
  besondere Schwierigkeit und Bedeutung

- Entgeltgruppe 11 Fallgruppe 11.2: Erhebliche Heraushebung aus der Entgeltgruppe 10 Fallgruppe 10.1 durch
  Maß der Verantwortung

10

Hier fehlt im Gegensatz zum ersten Weg eine zweimalige Heraushebung durch das Maß der Verantwortung. Es erscheint hier, wie beim technischen Beschäftigten im BAT und TV-L, erstmals. Für die Auslegung kann somit auf die Rechtsprechung des BAG zum technischen Beschäftigten zurückgegriffen werden.

3. Weg

- Entgeltgruppe 11 Fallgruppe 11.1:
  - abgeschlossene wissenschaftliche Hochschulbildung
  - entsprechende Tätigkeiten
- Entgeltgruppe 12 Fallgruppe 12.1:
  - abgeschlossene wissenschaftliche Hochschulbildung
  - entsprechende Tätigkeiten
  - nach einjähriger Berufstätigkeit
- Entgeltgruppe 13 Fallgruppe 13.1: Heraushebung aus der Entgeltgruppe 12 Fallgruppe 12.1 durch besondere Schwierigkeit und Bedeutung
- Entgeltgruppe 14 Fallgruppe 14.1: Erhebliche Heraushebung aus der Entgeltgruppe 13 Fallgruppe 13.1 durch Maß der Verantwortung

Damit entspricht der dritte Weg materiell-rechtlich dem zweiten Weg. Einziger Unterschied ist die Basis: Bei Entgeltgruppe 9 ist es die Dipl.-FH-/Bachelorausbildung, bei Entgeltgruppe 11 die wissenschaftliche Hochschulbildung. Folglich kann auch für den dritten Weg die Rechtsprechung des BAG zum BAT übernommen werden, wobei aufgrund der gleichen Systematik sowohl auf die Rechtsprechung für technische als auch für akademische Arbeitnehmer zurückgegriffen werden kann.

10

Der Begriff der Verantwortung

Dieser kommt im BAT, TV-L und TV-V in zwei Varianten vor:

- besonders verantwortungsvolle Tätigkeit
- Maß der Verantwortung

Die Rechtsprechung zum BAT geht davon aus, dass begrifflich dasselbe gemeint ist (vgl. z. B. BAG 16.04.1986, AP Nr. 120 zu §§ 22, 23 BAT 1975).

Dabei ist nach dem erkennbaren Sinn und Zweck der entsprechenden Tarifnormen auf die Bedeutung des Wortes „Verantwortung" im allgemeinen Sprachgebrauch zurückzugreifen.

Dieser versteht darunter die mit einer bestimmten Stellung oder Aufgabe verbundene Verantwortung, das heißt die Verpflichtung, der jeweiligen Stellung oder Aufgabe entsprechend dafür zu sorgen, dass innerhalb eines bestimmten Rahmens oder Lebensbereichs alles einen guten, sachgerechten Verlauf nimmt, was beispielsweise mit der entsprechenden Verantwortung von Eltern, Lehrern, aber auch Ärzten, Ingenieuren und Redakteuren erläutert wird.

In diesem allgemeinen Sinn verstehen die Tarifvertragsparteien unter „Verantwortung" auch im Rahmen des zur Beurteilung stehenden Tarifmerkmals die Verpflichtung des Arbeitnehmers, dafür einstehen zu müssen, dass in dem ihm übertragenen Dienst- oder Arbeitsbereich die dort – auch von anderen Bediensteten – zu erledigenden Aufgaben **sachgerecht, pünktlich** und **vorschriftsgemäß** ausgeführt werden.

Hingegen ist beim Begriff der Verantwortung nicht auf die jeweilige zivilrechtliche oder strafrechtliche Verantwortlichkeit abzustellen, auch nicht auf die „politische Verantwortung".

(vgl. BAG 29.01.1986, AP Nr. 115; BAG 19.03.1986, AP Nr. 116 beide zu §§ 22, 23 BAT 1975)

Auf Basis dieser Grunddefinition fordern die Tarifvertragsparteien beim Maß der Verantwortung – aufbauend auf den oben genannten Tätigkeitsmerkmalen – als weitere Qualifizierung eine besonders weitreichende, hohe Verantwortung des Arbeitnehmers.

Das Maß der Verantwortung im Sinne des ersten Wegs

BAG vom 20.09.1995

Die TV-Parteien fordern hier ausdrücklich eine erhebliche Heraushebung, so dass – ausgehend von der Basis der Anforderungen der Vergütungsgruppe IVa Fallgruppe 1b BAT/VKA – eine beträchtliche, gewichtige Heraushebung und damit eine besonders weitreichende hohe Verantwortung zu fordern ist (z. B. Senatsurteil vom 29.01.1986 – 4 AZR 465/84 – BAG 51, 59 = AP Nr. 115 zu §§ 22, 23 BAT 1975). Es handelt sich um eine **Spitzengruppe des gehobenen**

10

Angestelltendienstes, die einer weiteren Steigerung nicht mehr zugänglich ist. (...)

Zwar ist jeder Angestellte des öffentlichen Dienstes für seine Arbeit in einem allgemeinen Sinne verantwortlich. Eine solche allgemeine Verantwortlichkeit genügt jedoch nicht den Anforderungen der Vergütungsgruppe III Fallgruppe 1a BAT/VKA. Vielmehr muss es sich um ein Maß an Verantwortung handeln, das **in der Position des gehobenen Angestelltendienstes nicht mehr nennenswert überboten werden kann.** In Betracht kommt dies

- für Angestellte, die große Arbeitsbereiche zu leiten haben und damit für eine größere Anzahl ihnen unterstellter Mitarbeiter „verantwortlich" sind. ...

- für Angestellte, die fachliche oder organisatorische Konzepte für nachgeordnete Bereiche zu erstellen haben und insofern für die ordnungsgemäße Arbeit der nachgeordneten Bereiche die Verantwortung tragen.

(BAG 20.09.1995, AP Nr. 205 zu §§ 22, 23 BAT 1975; *Hervorhebungen durch die Verfasser*)

BAG vom 12.06.1996

Dieses Tätigkeitsmerkmal erfüllen **beispielsweise** Angestellte, die entweder

große Arbeitsbereiche bei Verantwortung für mehrere Arbeitsgruppen mit qualifizierten Gruppenleitern leiten

oder

besonders schwierige Grundsatzfragen bei der Lösung von Fragen mit richtungweisender Bedeutung für nachgeordnete Bereiche oder die Allgemeinheit bearbeiten.

(BAG 12.06.1996, AP Nr. 33 zu §§ 22, 23 BAT – Sozialarbeiter m. w. N.; *Hervorhebungen durch die Verfasser*)

In der neueren Rechtsprechung des BAG wurde in Bezug auf die oben genannte Frage regelmäßig geprüft, in welcher Fachhierarchieebene sich der Arbeitnehmer befindet. Dabei haben die Gerichte den allgemeinen Rechtssatz entwickelt, dass das herausgehobene Maß der Verantwortung im Sinne einer Spitzenposition nicht mehr vorliegt, wenn sich der Arbeitnehmer in der dritten Fachhierarchieebene befindet. In dieser fachlichen Ebene zweifeln die Gerichte grundsätzlich an, dass der Arbeitnehmer fachliche Grundsatzfragen richtungsweisender Bedeutung im oben genannten Sinne zu bearbeiten hat. Auch das Vorliegen großer Arbeitsbereiche wird regelmäßig zu verneinen sein (vgl. z. B. BAG 12.06.1996, AP Nr. 33 zu §§ 22, 23 BAT – Sozialarbeiter m. w. N.).

10

1. Beispiel: Gruppenleiter in einer Großstadt

Dem Gruppenleiter obliegen – ohne nachgeordnete Bereiche – die Bereiche

a) Leitung eines Jugendhauses

b) Schutzstellen

c) Jugendnotdienst

d) „Betreutes Wohnen"

Das Maß der Verantwortung ist nicht gegeben, da sich der Gruppenleiter in der dritten Fachhierarchieebene befindet:

1. Fachhierarchieebene: Amtsleiter des Jugendamts

2. Fachhierarchieebene: Abteilungsleiter „Verbundsystem Krisenhilfe"

(vgl. BAG 12.06.1996, AP Nr. 33 zu §§ 22, 23 BAT 1975 – Sozialarbeiter).

2. Beispiel: Beauftragter für ...

(Fortführung des 3. Beispiels, vgl. Seite 169)

Das Spitzenmaß an Verantwortung wird **nicht** erreicht. Zwar hat der Beauftragte in seinem Bereich dafür einzustehen, dass die zu erledigenden Aufgaben sachgerecht, pünktlich und vorschriftsgemäß ausgeführt werden.

1. Hierbei handelt es sich jedoch nicht um eine **größere Abteilung** innerhalb des Betriebs, in der eine größere Anzahl Arbeitnehmer tätig ist. Dem Beauftragten ist nur ein Mitarbeiter unterstellt. Die ihm obliegende Verantwortung hat nicht einen solchen Umfang wie die eines Arbeitnehmers, der für die Arbeit mehrerer, ihm unterstellter Mitarbeiter einstehen muss.

2. Auch mit der **konzeptionellen Arbeit** ist nicht eine Verantwortung verbunden, wie sie tariflich gefordert ist. Die von ihm erstellten Konzepte sind **für andere Betriebsbereiche nicht verbindlich**. Insofern übernimmt der Beauftragte keine Verantwortung für die Arbeit anderer Abteilungen des Betriebs.

(vgl. BAG 20.09.1995, AP Nr. 205 zu §§ 22, 23 BAT 1975)

10

Das Maß der Verantwortung im Sinne des zweiten und dritten Wegs

BAG vom 29.01.1986

Bei dieser Beurteilung (*des Begriffs der Verantwortung – Anm. der Verfasser*) verkennt der Senat keineswegs, dass nach den allgemeinen Grundsätzen der Rechtsordnung und seinen arbeitsvertraglichen Pflichten jeder Angestellte des öffentlichen Dienstes für seine Arbeit in einem allgemeinen Sinne verantwortlich ist. Darauf kommt es jedoch bei der Interpretation der Tätigkeitsmerkmale der Vergütungsgruppe IIa BAT Fallgruppe 8 (*entspricht im TV-V den Tätigkeitsmerkmalen der Entgeltgruppe 11 Fallgruppe 11.2 für Arbeitnehmer mit abgeschlossener FH-Ausbildung bzw. Entgeltgruppe 14 Fallgruppe 14.1 für Arbeitnehmer mit abgeschlossener wissenschaftlicher Hochschulbildung – Anm. der Verfasser*) nicht an.

Die TV-Parteien haben nämlich ... die Verantwortung erstmals in den Merkmalen der Vergütungsgruppe IIa BAT Fallgruppe 8 zur selbständigen rechtserheblichen Anforderung erhoben, wobei es sich rechtsbegrifflich um eine besonders gewichtige Heraushebung aus der Summe der Anforderungen der Vergütungsgruppe III BAT Fallgruppe 2 (*entspricht im TV-V den Tätigkeitsmerkmalen der Entgeltgruppe 10 Fallgruppe 10.1 für Arbeitnehmer mit abgeschlossener FH-Ausbildung bzw. Entgeltgruppe 13 Fallgruppe 13.1 für Arbeitnehmer mit abgeschlossener wissenschaftlicher Hochschulbildung – Anm. der Verfasser*) handelt. (...)

Die TV-Parteien verzichten aber auch hier darauf, konkrete Gründe für die Verantwortung des Angestellten zu normieren, obwohl es nahe liegt, sie insbesondere bei **Aufsichtsfunktionen** anzunehmen. Da es an einer entsprechenden Einschränkung durch die TV-Parteien fehlt, ist im Sinne der bisherigen Senatsrechtspr. daran festzuhalten, dass **Mitverantwortung ausreichend** und die **Unterstellung** des Angestellten **unter einen Dezernenten** unschädlich sein **kann**.

(BAG 29.01.1986, AP Nr. 115 zu §§ 22, 23 BAT 1975; *Hervorhebungen durch die Verfasser*)

Wobei weitreichende Auswirkungen zu fordern sind. Mit den bloßen Auswirkungen der Tätigkeiten kann keine besondere Verantwortung im Sinne des Tätigkeitsmerkmals begründet werden, weil insoweit damit schon die Bedeutung des Aufgabengebiets im Sinne der niedrigeren Entgeltgruppe betroffen ist (vgl. BAG 29.01.1986, AP Nr. 115 zu §§ 22, 23 BAT 1975).

10

Beispiel: ────────────────────────────

Tätigkeiten der Referatsleitung auf den Gebieten „Gesundheitsschutz" und „Reproduktions- und Transplantationsmedizin"

Die Leitung der aus ursprünglich sechs und später fünf Referaten bestehenden Referategruppe „Gesundheitsschutz" als solche hebt sich nicht durch das Maß der damit verbundenen Verantwortung erheblich aus der Vergütungsgruppe Ib Fallgruppe 1a heraus. Wenn das Merkmal der Verantwortung bereits begrifflich das Einstehenmüssen für die Tätigkeit von anderen Bediensteten umfasst (Senatsurteil vom 24.06.1998 – 4 AZR 304/97 – AP BAT 1975 § 22 Nr. 241 I 3.2.1 der Gründe), bedarf es für die Erfüllung des Tatbestandsmerkmals der „erheblichen Heraushebung durch das Maß der Verantwortung" **einer über die normale Vorgesetztenstellung deutlich hinausgehenden Stellung.** Dabei muss es sich – auch nach Einführung der Vergütungsgruppe I – um eine Spitzenstellung des höheren Dienstes mit großem Arbeitsbereich, vorwiegend in der Leitung **großer Organisationseinheiten oder** mit der **Entscheidungskompetenz über Grundsatzfragen allgemeiner und richtungsweisender Bedeutung** handeln. (BAG 26.01.2005, AP Nr. 302 zu §§ 22, 23 BAT 1975 m. w. N.; *Hervorhebungen durch die Verfasser*)

---

6. Die Spitzenposition der Entgeltordnung (Entgeltgruppe 15)

Die Entgeltgruppe 15 Fallgruppe 15.1 stellt **die** Spitzenposition der Entgeltordnung dar.

Die Merkmale der Entgeltgruppe 15 Fallgruppe 15.1 sehen gegenüber den Merkmalen der Entgeltgruppe 14 Fallgruppe 14.1 eine weitere Steigerung in Form einer „erheblichen Heraushebung" vor. Damit weicht das Tätigkeitsmerkmal von dem des BAT ab. Dort heißt es „deutlich höher zu bewertende" Tätigkeit. Damit fordern die Tarifvertragsparteien des TV-V eine nochmalige Steigerung der Verantwortung und nicht wie im BAT ganz allgemein eine deutlich höher zu bewertende Tätigkeit, was auch aus Umständen außerhalb des Verantwortungsbereichs gefolgert werden kann (vgl. BAG 23.02.1983, AP Nr. 70; BAG 06.06.1984, AP Nr. 91 beide zu §§ 22, 23 BAT 1975).

10

„Erheblich herausheben" bedeutet nach der ständigen Rechtsprechung des BAG, dass eine beträchtliche, gewichtige Heraushebung und damit besonders weitreichende hohe Verantwortung zu fordern ist (vgl. BAG 29.01.1986, AP Nr. 115 zu §§ 22, 23 BAT 1975 m. w. N.).

Wichtig: Eine diesen Anforderungen entsprechende Tätigkeit muss so beschaffen sein, dass sie ihrer Verantwortung nach als absolute Spitzenposition definiert werden kann.

Dementsprechend kann zumindest ein Urteil des BAG für die Auslegung dieses Tätigkeitsmerkmals herangezogen werden.

BAG vom 19.02.2003

Das Tätigkeitsmerkmal der Fallgruppe 1a Vergütungsgruppe I erfordert die Wahrnehmung einer Spitzenfunktion. Es erfasst jene Angestellte, die

die Leitung **größter Organisationseinheiten** innehaben,

bei denen insbesondere die Personalführung und die organisatorische Befähigung **höchste Anforderungen** stellen sowie

die Entscheidung von Grundsatzfragen allgemeiner und richtungsweisender Bedeutung zu bearbeiten sind,

wenn dabei wissenschaftliche Probleme zu lösen sind, die eine hervorragende entsprechende Qualifikation voraussetzen. (...)

Dabei ist es nicht erforderlich, dass all diese Merkmale gemeinsam vorliegen. Vielmehr reicht es aus, dass die eine oder andere Voraussetzung erfüllt ist.

(BAG 19.02.2003, 4 AZR 265/02 m. w. N.; *Hervorhebungen durch die Verfasser*)

10

Der Eingruppierungsvorgang

11

1. Überblick

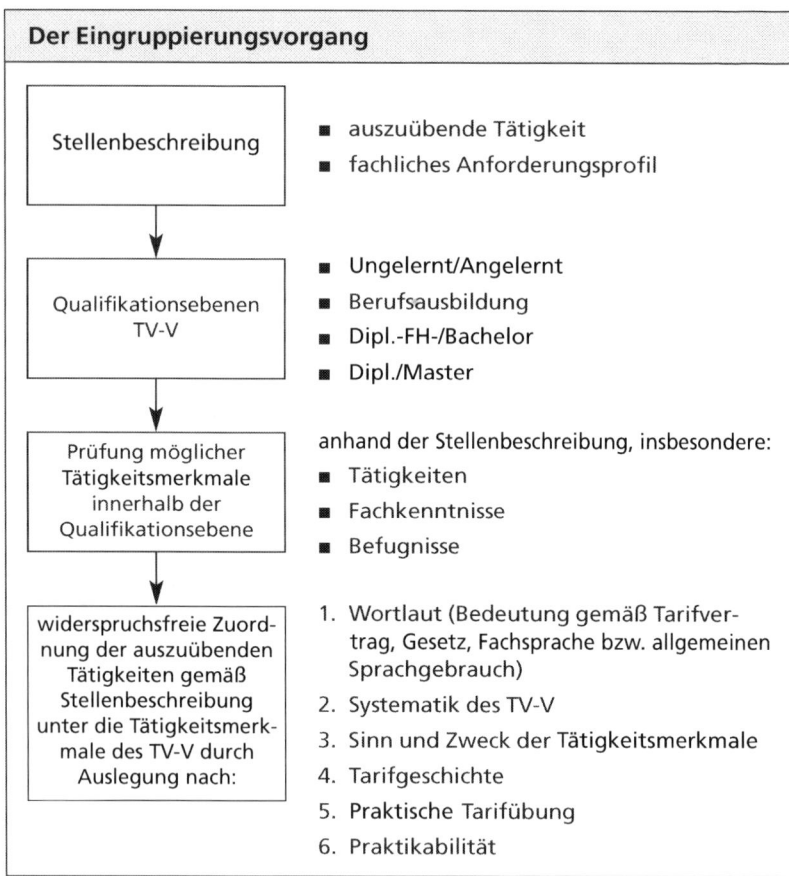

Der Eingruppierungsvorgang

Stellenbeschreibung	■ auszuübende Tätigkeit ■ fachliches Anforderungsprofil

Qualifikationsebenen TV-V	■ Ungelernt/Angelernt ■ Berufsausbildung ■ Dipl.-FH-/Bachelor ■ Dipl./Master

Prüfung möglicher Tätigkeitsmerkmale innerhalb der Qualifikationsebene	anhand der Stellenbeschreibung, insbesondere: ■ Tätigkeiten ■ Fachkenntnisse ■ Befugnisse

widerspruchsfreie Zuordnung der auszuübenden Tätigkeiten gemäß Stellenbeschreibung unter die Tätigkeitsmerkmale des TV-V durch Auslegung nach:	1. Wortlaut (Bedeutung gemäß Tarifvertrag, Gesetz, Fachsprache bzw. allgemeinen Sprachgebrauch) 2. Systematik des TV-V 3. Sinn und Zweck der Tätigkeitsmerkmale 4. Tarifgeschichte 5. Praktische Tarifübung 6. Praktikabilität

2. Die Stellenbeschreibung als Basis

Das Stellenbeschreibungsformular

Um den Eingruppierungsprozess transparent und nachvollziehbar zu gestalten, sind Stellenbeschreibungen unabdingbar (zu den Kosten von Stellenbeschreibungen vgl. Richter/Gamisch, AuA 2010, S. 110 ff.). Sie werden regelmäßig in Formularform erstellt:

11

Unternehmen / Dienststelle

Stellenbeschreibung

1. Organisatorische Eingliederung der Stelle

1.1 Organisationseinheit: _____

(Fachbereich/Abteilung/Team)

1.2 Stellenbezeichnung: _____

1.3 Stellennummer: _____

1.4 Unterstellung:

    1.4.1 fachlich: _____

    1.4.2 disziplinarisch: _____

(Angabe der unmittelbar vorgesetzten Stelle/n)

1.5 Überstellung: *(Angabe der ständig unmittelbar unterstellten Stellen)*

fachlich	disziplinarisch	Anzahl	Stellenanteil	Bezeichnung der Stelle	Stellennummer

1.6 Stellvertretung

    1.6.1 Aktive Stellvertretung *(= der Stelleninhaber vertritt)*:

a) ständig / b) in Abwesenheit	Stellenbezeichnung	Stellennummer	Vertretungsbereiche (Eintragen der lfd. Nr. gem. 4. Tätigkeitsbeschreibung)

    1.6.2 Passive Stellvertretung *(= der Stelleninhaber wird vertreten durch)*:

a) ständig / b) in Abwesenheit	Stellenbezeichnung	Stellennummer	Vertretungsbereiche (Eintragen der lfd. Nr. gem. 4. Tätigkeitsbeschreibung)

2. Arbeitszeit/Beschäftigungsumfang der Stelle

☐ Vollzeit   ☐ Teilzeit mit   ☐ _____ % Anteil Vollzeit

                                           ☐ _____ Wochenstunden

3. Ziel(e) der Stelle

(Angabe der zu erreichenden Ziele/Arbeitsergebnisse)

11

Die männliche Sprachform erfasst weibliche und männliche Stelleninhaber gleichermaßen.

Der Eingruppierungsvorgang

4. **Tätigkeitsbeschreibung**

Lfd. Nr.	a) Beschreibung der Tätigkeiten gem. § 5 Abs. 1 TV-V *(Angabe der wesentlichen inhaltlichen Arbeitsschritte zur Zielerreichung)* b) einzusetzende Kenntnisse und Vorschriften *(mit Angabe der Paragraphen/Abschnitte etc. bei Gesetzen, Verordnungen, internen Richtlinien, etc.)*	Zeit- anteil in %
4.1	a) b)	??%
4.2	a) b)	??%
4.3	a) b)	??%
4.4	a) b)	??%

5. **Befugnisse**

5.1 Unterschrifts- und Feststellungsbefugnisse:
(Unterschriftsberechtigungen nach innen [wie z. B. Zeichnung der fachtechnischen und sachlichen Richtigkeit] und außen [wie z. B. Handlungsvollmacht, Prokura])

5.2 Entscheidungsbefugnisse:
(Fällen von Sachentscheidungen durch Ausfüllen von Ermessens-, Beurteilungs-, Gestaltungsspielräumen)

5.3 Weisungsbefugnisse:
(Rechte zur Bestimmung des Verhaltens und Handelns anderer Stellen; ggü. den gem. 1.5 zugeordneten Stellen bzw. im Einzelfall)

11

Die männliche Sprachform erfasst weibliche und männliche Stelleninhaber gleichermaßen.

Die Stellenbeschreibung als Basis

6. **Erforderliche berufliche Qualifikation(en) und Erfahrung(en)**
   (berufsbildender Abschluss, Prüfungen, mehr-/langjährige Berufserfahrung)

bzw. vergleichbare Kenntnisse/Fähigkeiten/Erfahrungen

7. **Personalwirtschaftliche Angaben**

7.1 ☐ Erstellt (Erstfassung-Version 1) / ☐ Geänderte Fassung, Version: _____

Datum: Ort, den _____   von: _____

(zuständiger Mitarbeiter der Personalabteilung)

7.2 In-Kraft-Treten:

Datum: Ort, den _____   Unterschrift: _____

(Personalleitung)

_____

(Dienststellen-/Unternehmensleitung)

7.3 Kenntnisnahme des Stelleninhabers:

Ich habe die von mir regelmäßig auszuübenden Tätigkeiten gemäß vorliegender Stellenbeschreibung zur Kenntnis genommen. Darüber hinaus sind die weiterführenden Informationen des Vorgesetzten zu beachten.

Mir ist darüber hinaus bekannt, dass ich verpflichtet bin, relevante Informationen dem zuständigen Vorgesetzten rechtzeitig und der Situation angemessen weiterzugeben und auf Weisung des Vorgesetzten Einzelaufträge auszuführen, die dem Wesen nach zu meinem Tätigkeitsgebiet gehören oder sich aus den dienstlichen/betrieblichen Notwendigkeit ergeben.

Datum: Ort, den _____   Unterschrift: _____

(Stelleninhaber)

7.4 Kenntnisnahme der vorgesetzten Stelle/n (siehe 1.4):

Datum: Ort, den _____   Unterschrift: _____

(zu 1.4.1)

_____

(zu 1.4.2)

7.5 Gefährdungsbeurteilung zum Arbeitsplatz

☒ durchgeführt (s. Anhang)

11

_____

Die männliche Sprachform erfasst weibliche und männliche Stelleninhaber gleichermaßen.

Erläuterungen zum Ausfüllen des Stellenbeschreibungsformulars

zu 1. Organisatorische Eingliederung der Stelle

Bei der **Organisationseinheit** ist der offizielle Titel anzugeben. Es ist die unmittelbare Einheit gemeint, in welcher die Stelle angesiedelt ist.

Die **Stellenbezeichnung** soll verdeutlichen, um welche Art von Stelle (Rang) es sich handelt und welche Aufgabe(n) hauptsächlich übertragen wurde(n). Der Rang verdeutlicht in diesem Zusammenhang die hierarchische Eingliederung als Leitungs-, Stabs-, Sachbearbeitungs- oder Assistenzstelle.

Die **Stellennummer** dient als Verbindungselement zwischen der rein sachbezogenen Stellenbeschreibung und der Stellenbesetzung, festgehalten im Stellen(besetzungs)plan.

Bei der Angabe des unmittelbaren Vorgesetzten (**Unterstellung**) ist zu differenzieren, ob es einen Hauptvorgesetzten gibt oder – wie regelmäßig in der Praxis anzutreffen – eine Trennung von fachlicher und disziplinarischer Unterstellung vorliegt.

Im Rahmen der **Überstellung** sollte für ein personalwirtschaftlich aussagefähiges Gesamtbild neben der Nennung der Anzahl der unterstellten Stellen auch der jeweilige Stellenanteil und die Stellenbezeichnung der ständig unmittelbar unterstellten Stellen benannt werden. Diese Angaben erleichtern die personalwirtschaftliche Arbeit, zum Beispiel im Rahmen der Stellenbewertung und Eingruppierung, da diese Daten insgesamt einen Einblick in die Ausstattung des Leitungsbereichs ermöglichen.

Aus Sicht der Organisationslehre beschreibt die **Stellvertretung** die neben den einer Stelle zugewiesenen Hauptaufgaben wahrgenommene Vertretung anderer Beschäftigter. Im Gegensatz zur ständigen Vertretung ist hierunter die Vertretung bei Abwesenheit (Urlaub, Arbeitsunfähigkeit, Dienstreisen) des zu Vertretenden zu verstehen. Beide Vertretungsformen (aktiv und passiv) sollten entsprechend eindeutig aufgeführt werden.

Die Stellvertretung kann alle oder nur bestimmte Aufgaben beinhalten. Um dies eindeutig zu dokumentieren, empfehlen wir – neben der Angabe von Stellenbezeichnung und Stellennummer – die Nennung der Vertretungsgebiete unter Verweis auf die jeweiligen Tätigkeiten in der Tätigkeitsbeschreibung. Die im Einzelnen wahrzunehmenden Aufgaben und Befugnisse hingegen sind als Teil der Tätigkeits-

11

beschreibung (siehe Punkt 4 des Formulars) und der Befugnisse (siehe Punkt 5 des Formulars) des Stelleninhabers zu erfassen.

zu 2. Arbeitszeit/Beschäftigungsumfang der Stelle

Dieses Formularfeld ist sinnvoll, wenn der Arbeitgeber aus organisatorischer Sicht regelmäßig Stellen schafft, die aufgrund der Aufgaben keine Vollzeitstelle erfordern. Hier wird dementsprechend der zeitliche Gesamtaufwand für die Erfüllung der an der Stelle angesiedelten Aufgaben festgehalten, das heißt, ob es sich bei der Stelle um eine Vollzeit- oder Teilzeitstelle handelt.

zu 3. Ziel(e) der Stelle

Mit Zielen sind hier die aufgabenbezogenen Ziele gemeint.

Das Ziel der Stelle vermittelt in kurzen einführenden Sätzen oder Wortgruppen:

a) Wozu gibt es diese Stelle?

b) Was soll im Ergebnis der Arbeit erreicht werden?

Damit wird aus organisatorischer Sicht die Frage beantwortet, für die Erfüllung welcher Unternehmensaufgaben die Stelle geschaffen worden ist. Aus bewertungsrechtlicher Sicht beantwortet sie – durch die Darstellung der Arbeitsergebnisse – die Frage, wie viele Tätigkeiten und damit Bewertungseinheiten im Sinne des § 5 Abs. 1 TV-V vorliegen.

zu 4. Tätigkeitsbeschreibung

Sie ist das Kernstück der Stellenbeschreibung. Um den oben genannten tariflichen Anforderungen gerecht zu werden, besteht sie aus einer Beschreibung der einzelnen Tätigkeiten, einer Darstellung der einzusetzenden Kenntnisse und Vorschriften sowie der Angabe der erforderlichen Zeitanteile je Tätigkeit.

zu a) Beschreibung der Tätigkeiten

Es wird jede Tätigkeit (Tätigkeit im Sinne des § 5 Abs. 1 TV-V) für sich beschrieben. Die Ausführungen erfolgen arbeitsablauf-/prozessbezogen mit Angabe der wesentlichen (inhaltlichen) Arbeitsschritte und des Arbeitsergebnisses. Zusammenhangstätigkeiten, wie Kopieren,

11

Ablegen und Dokumentieren der Arbeiten, können hingegen entfallen, da sie für die inhaltliche Beschreibung der Tätigkeiten eine untergeordnete Rolle spielen. In technischen Bereichen kann das anders aussehen, wenn aufgrund von implementierten Qualitätssicherungs-Systemen (QS-Systeme) sehr großen Wert auf die Dokumentation der Arbeit gelegt wird bzw. werden muss. In diesen Fällen sichert eine Standardformulierung wie „einschließlich Dokumentation der Arbeit gemäß QS-Handbuch" diese Anforderungen.

Da die Beschreibung regelmäßig Basis zur Stellenbewertung und Eingruppierung ist, muss die Darstellung der Tätigkeiten den besonderen Anforderungen der Rechtsprechung genügen:

Anforderungen der Rechtsprechung

- Gliedern der Tätigkeiten nach Arbeitsschritten, Arbeitsergebnissen und Zusammenhangsarbeiten

- konkrete Angabe und Zuordnung der anzuwendenden Normen und Vorschriften

- Angabe konkreter Beispiele einschließlich Informationen über

   - die Art und Weise der Ausführung der Tätigkeiten

   - die unterschiedlichen fachlichen Anforderungen

   - den zeitlichen Aufwand

Eine diesen Erfordernissen entsprechende Stellenbeschreibung besteht demnach aus:

- der Gliederung der einzelnen Aufgaben nach Tätigkeiten im Sinne der Rechtsprechung (vgl. Kapitel 2.3) und deren detaillierte Beschreibung **mit** (Fach-)Kenntnissen

- Quantifizierung der einzelnen Tätigkeiten durch Zeitanteile

- Festlegung des erforderlichen Niveaus der Vorbildung ohne Nennung von Berufsbildern unterschiedlicher tariflicher Wertigkeit

Diese Informationen ermöglichen die Zuordnung der Aufgaben der Stelle zu den Tätigkeitsmerkmalen der Entgeltordnung. Da sie eine Vielzahl unterschiedlichster Aufgabenbereiche abdecken soll, ist sie entsprechend abstrakt gehalten. Es handelt sich regelmäßig um unbestimmte Rechtsbegriffe, die nur mit entsprechender Kenntnis

11

der Rechtsprechung und Literatur sachgerecht ausgelegt und angewendet werden können.

Wichtig: Ohne diese Sachkenntnis ist es regelmäßig nicht möglich, Stellen zielführend zu beschreiben.

Wir sprechen davon, dass die Stellenbeschreibung eine tarifkonforme Sprache (vgl. Richter/Gamisch, StB, S. 158 ff.) aufweisen muss. Das heißt die Formulierung der Tätigkeiten muss diese Grundsätze berücksichtigen:

Unzulässig ist

- die (unkommentierte) Verwendung von Wertungen, wertenden Adjektiven usw.

- die Verwendung von zu unbestimmten Tätigkeitsworten

- die (unkommentierte) Verwendung von Fachbegriffen

Das Benutzen wertender Adjektive, wie „bedeutend, besonders, eigen(-verantwortlich), schwierig, selbstständig" usw. verhindert Feststellungen zum tatsächlichen Grad der Bedeutung, Schwierigkeit oder Selbstständigkeit der Tätigkeiten. Zudem geben sie in der ein oder anderen Form Tätigkeitsmerkmale der Entgeltordnung wieder.

Zu unbestimmte Tätigkeitsworte, wie „bearbeiten, mitarbeiten, mitwirken, zuarbeiten", lassen nicht erkennen, welchen Anteil der Stelleninhaber an der zu erbringenden Arbeitsleistung konkret hat.

Das „Entschlüsseln" unkommentiert verwendeter Fachbegriffe hat einen erheblichen Mehraufwand zur Folge. Typisch dafür sind Stellenbeschreibungen aus dem IT-Bereich, in denen regelmäßig Anglizismen dazu führen, dass Sinn und Zweck der Tätigkeiten ohne Englischwörterbuch und einem breiten IT-technischen Überblick kaum mehr zu verstehen sind.

Um die oben genannten Formulierungsdefizite so weit wie möglich zu vermeiden, ist eine einheitliche, wertneutrale und allgemeinverständliche Beschreibung erforderlich, konkret:

1. Jede Tätigkeit wird prozessorientiert vom ersten Arbeitsschritt bis hin zum Endergebnis dargestellt.

2. Die einzelnen Arbeitsschritte werden so beschrieben, dass auch der Nichtfachmann sie versteht. Fachspezifische Abkürzungen und Begriffe sind zu erläutern.

11

3. Die Beschreibung der Tätigkeiten mit ihren Arbeitsschritten orientiert sich an diesen Kriterien, die auch maßgeblich für die Stellenbildung sind:

- Tätigkeitswörter, die die durchzuführenden Handlungen/Verrichtungen konkret definieren

- Objekte/Arbeitsgegenstände, auf die sich die Handlungen/ Verrichtungen beziehen

- Vorgaben/Hilfsmittel

- Schnittstellen zu anderen Stellen (Kontrolle, Weiterbearbeitung)

(vertiefend Richter/Gamisch, StB)

Die auszuführenden Handlungen/Verrichtungen (1.) werden durch Verben oder substantivierte Verben beschrieben. In der Literatur finden sich entsprechende Beispiele, die in der Praxis gut umzusetzen sind. Sie sind bereits um Fragewörter zur Definition des Objekts/ Arbeitsgegenstands (2.) ergänzt, auf das sich das Handeln bezieht.

Tätigkeitswort	Mögliche Fragen nach dem ...	
	... Arbeitsobjekt	... Arbeitsinhalt
ablegen	welche Schriftstücke?	nach welchen Regeln?
abnehmen	was?	wie?
abrechnen	was?	nach welchen Regeln?
abwickeln	welche Arbeiten?	wie?
analysieren	welche Tatbestände, Ergebnisse, Abläufe?	im Hinblick worauf?
anfertigen	was?	wie?
annehmen	was?	
anpassen	was?	wie, woran?
anweisen	welche Zahlungen?	wie?
assistieren	wem, wobei?	wie?
aufmessen	was, welche Anlage, Teile?	wie?
aufstellen	welche Pläne, Anlagen, Maschinen?	nach welchen Regeln?

11

| Tätigkeitswort | Mögliche Fragen nach dem ... | |
	... Arbeitsobjekt	... Arbeitsinhalt
ausführen	welche Arbeiten?	nach welchen Regeln?
ausfüllen	was, welche Formulare?	nach welchen Regeln?
ausgeben	was?	an wen?
auswerten	was?	im Hinblick worauf?
bedienen	welche Geräte, Kunden?	wie, nach welchen Regeln?
begutachten	was?	im Hinblick worauf?
benachrichtigen	wen?	worüber?
beraten	wen?	worüber?
berechnen	was, für wen?	nach welchen Regeln?
bereitstellen	was, für wen?	wie?
Bericht erstatten	an wen?	worüber?
beschaffen	welche Materialien, Informationen?	wie?
besichtigen	was?	wozu?
bestellen	was?	wie, wofür?
beurteilen	was?	im Hinblick worauf?
bewerten	was?	im Hinblick worauf?
buchen	was?	nach welchen Regeln?
darstellen	was?	wie?
(de-)montieren	welche Anlagenteile?	wie?
dokumentieren	was?	wo, für wen?
durchführen	welche Maßnahmen?	wie?
einkaufen	welche Materialien, Dienstleistungen?	nach welchen Regeln?
einrichten	was?	wie?
einteilen	wen, welches Personal?	wofür?
eintragen	was, welche Daten?	wohin?
einweisen	wen?	worin?

11

| Tätigkeitswort | Mögliche Fragen nach dem ... | |
	... Arbeitsobjekt	... Arbeitsinhalt
entscheiden	was?	worüber, in welchen Fällen?
entwerfen	was, welche Pläne, Modelle?	wie, nach welchen Regeln?
entwickeln	was?	zu welchem Zweck?
erarbeiten	was?	zu welchem Zweck?
ermitteln	welche Tatbestände?	wie?
erstellen	welche Unterlagen?	nach welchen Regeln/Kriterien?
festlegen	was?	nach welchen Regeln/Kriterien?
führen	von Verhandlungen, Besprechungen, Korrespondenz?	wie?
genehmigen	was?	nach welchen Regeln?
informieren	wen?	über was?
in Stand setzen	welche Geräte, Maschinen?	nach welchen Regeln/Kriterien?
interviewen	wen?	über was?
justieren	welche Geräte, Maschinen?	nach welchen Regeln/Kriterien?
kalkulieren	was?	nach welchen Vorgaben?
kommentieren	welche Ergebnisse, Schriften?	im Hinblick worauf?
kontrollieren	was?	im Hinblick worauf?
korrigieren	was?	im Hinblick worauf?
melden	was?	an wen?
planen	was?	wie, im Hinblick worauf?
projektieren	welche Geräte, Anlagen?	wie?
protokollieren	was?	wie?
(über-)prüfen	was?	im Hinblick worauf?

11

Tätigkeitswort	Mögliche Fragen nach dem ...	
	... Arbeitsobjekt	... Arbeitsinhalt
redigieren	was?	im Hinblick worauf?
registrieren	was?	wo, nach welchen Regeln?
reinigen	welche Geräte, Maschinen, Räume?	nach welchen Regeln/Vorgaben?
sammeln	welche Informationen, Belege?	nach welchen Kriterien?
sortieren	was, welche Belege?	nach welchen Kriterien?
speichern	was?	wohin?
stempeln	was?	weshalb?
übertragen	was?	wie, wohin?
überwachen	was?	im Hinblick worauf?
umsetzen	was?	wie?
unterrichten	wen?	worüber?
unterschreiben	was?	im Hinblick worauf?
untersuchen	welche Fragen/ Tatbestände?	im Hinblick worauf?
verfolgen	was, welche Arbeitsabläufe?	im Hinblick worauf?
verhandeln	über was?	mit wem, wie?
vorbereiten	was?	wie, wofür?
vorschlagen	für was/für wen?	was?
vortragen	was?	wem, zu welchem Zweck?
warten	welche Geräte, Maschinen?	wie?
zeichnen	was?	nach welchen Regeln/Vorgaben?
zusammenstellen	welche Unterlagen, Daten?	nach welchen Regeln/Vorgaben?
zusammentragen	welche Unterlagen, Daten?	nach welchen Regeln/Vorgaben?

(vgl. Richter/Gamisch, StB, S. 163 ff. m. w. N.)

11

Beispiele:

Personalsachbearbeiter:

a) Verfassen

b) von Stellenbeschreibungen

c) auf Basis der gesammelten Informationen

d) Abstimmung mit den Fachbereichen und Weiterleitung der daraus erstellten endgültigen Fassungen zur Freigabe an die Dienststellenleitung

Bauplaner:

a) Bau- und kostentechnische Planung

b) von Umbaumaßnahmen an den Verwaltungsgebäuden (HOAI: Honorarzone III)

c) anhand der vor Ort festgestellten Mängel an der Bausubstanz und

d) Weiterleitung zur finanzwirtschaftlichen Prüfung und Genehmigung an die Unternehmens-/Dienststellenleitung

zu b) Darstellung einzusetzende Kenntnisse und Vorschriften

Diese sind für jede Tätigkeit im Einzelnen anzugeben. Die Angabe von Vorschriften muss mit Nennung der Paragrafen/Abschnitte etc. von Gesetzen, Verordnungen, internen Richtlinien usw. erfolgen. Nur so ist im Rahmen der Bewertung der Stelle sicher zu prüfen, ob die angegebenen Kenntnisse zu den beschriebenen Tätigkeiten passen (können). Die Personalabteilung muss sich damit nicht ausschließlich auf die Angaben der Stelleninhaber und Vorgesetzten verlassen. Zudem ermöglicht die genaue Angabe der Vorschriften im Rahmen der Bewertung der Stelle eine Prüfung, ob die genannten Regelungen aus sich heraus verständlich oder auslegungsbedürftig sind. Es sind also Rückschlüsse auf Umfang und Schwierigkeitsgrad der Fachkenntnisse möglich.

Dabei sind, gemäß der Definition von Fachkenntnissen, alle Kenntnisse anzugeben, die der Arbeitnehmer benötigt, um die ihm übertragenen Aufgaben sachgerecht erfüllen zu können. Je nach Arbeitsgebiet kommen infrage:

11

194

- fachspezifische Kenntnisse (z. B. betriebswirtschaftliche, pädagogische)

- technische Kenntnisse und Fertigkeiten (mit Angabe der Fachrichtung, z. B. Bautechnik oder technische Gebäudeausrüstung)

- handwerkliche Kenntnisse und Fertigkeiten (mit Angabe der Fachrichtung, z. B. elektrotechnisch, bauhandwerklich)

- spezielle (Fachkunde-)Prüfungen (z. B. Zertifikate für die Arbeit unter Spannung bei Elektrikern in der Versorgungswirtschaft)

- Sprachkenntnisse

- arbeitsorganisatorische Kenntnisse

- tätigkeitsspezifisches Erfahrungswissen

- IT-(Anwender-)Kenntnisse etc.

Angabe der erforderlichen Zeitanteile je Tätigkeit

Obwohl die Zeitanteile erhebliche Bedeutung für das Ermitteln der Eingruppierung besitzen, setzen sich die Gerichte und die Literatur zum Eingruppierungsrecht nur am Rande mit dieser Frage auseinander: Grundsätzlich muss der zeitliche Aufwand für jede Tätigkeit separat festgestellt werden. Adäquat sind Methoden, die im Rahmen von Organisationsuntersuchungen zur Ermittlung des Personalbedarfs zum Einsatz kommen.

Dazu zählen:

1. qualifizierte Schätzung

2. Selbstaufschreibung/Arbeitstagebuch

3. Multimomentaufnahme

4. Laufzettelverfahren

Die **qualifizierte Schätzung** erfordert fundierte Erfahrungswerte über das Aufgabengebiet und die Prozessabläufe, da auf Basis von Erfahrungswerten aus der Vergangenheit Daten für die Gegenwart und Zukunft gewonnen werden sollen. Aus diesem Grund kommt das Verfahren nur zum Einsatz, wenn genauere Ermittlungsmethoden wegen betrieblicher Gegebenheiten nicht möglich bzw. eine hundertprozentig präzise Datenbasis nicht zwingend notwendig ist.

11

Wichtig: Die Schätzung reicht aus, wenn über die Schätzergebnisse keine Differenzen zwischen Personalabteilung und der schätzenden Fachabteilung bestehen.

Kernstück der **Selbstaufschreibung** ist das Führen eines Arbeitstagebuches. In ihm dokumentiert der Arbeitnehmer selbst seine täglich durchgeführten Arbeiten in zeitlicher Abfolge (Anfangs- und Endzeitpunkte). Zur Erleichterung werden Erfassungsbögen entwickelt, die die Tätigkeiten bereits beinhalten.

Die **Multimomentaufnahme** ist ein Stichprobenverfahren, bei dem aus einer Vielzahl von (Augenblick-)Beobachtungen statistisch gesicherte Zeit- und ggf. Mengenangaben abgeleitet werden. Um dies zu erreichen, werden im Vorfeld die zu beobachtenden Tätigkeiten katalogmäßig erfasst und entsprechend repräsentative Beobachtungsanzahl und -zeitpunkte ausgewählt. Mithilfe des erstellten Aufnahmekataloges werden dann für die darin festgehaltenen Tätigkeiten die anfallenden Zeiten und ggf. Mengen erfasst. Auf Basis der so erhobenen Stichproben wird mittels Wahrscheinlichkeitsrechnung die Gesamtheit der Zeiten und ggf. Mengen ermittelt. Je nach Aufgabenart stehen dazu zwei unterschiedliche Teilverfahren zur Verfügung: Das Multimomenthäufigkeitszählverfahren und das Multimomentzeitmessverfahren.

Wichtig: Das Multimomenthäufigkeitszählverfahren ist nur geeignet für Bereiche, in denen relativ wenig verschiedene immer wiederkehrende Tätigkeiten in großer Anzahl durchgeführt werden (Routinetätigkeiten). Zu diesen Bereichen zählen: Bezügerechnung, Buchhaltung, Sekretariatsarbeiten. In Bereichen mit sich kaum wiederholenden, zeitintensiven Tätigkeiten (planende, beratende, kreative Tätigkeiten) ist hingegen das Multimomentzeitmessverfahren anzuwenden.

Das **Laufzettelverfahren** ist im Gegensatz zu den drei vorgenannten Techniken eine arbeitsablauforientierte Zeiterfassungstechnik. Dabei werden Weg, Menge und Durchlaufzeiten eines Bearbeitungsfalls (z. B. eine Akte, ein Antrag, ein Werkstück) mittels eines angebrachten Zettels ermittelt. Auf diesem werden vom jeweiligen Bearbeiter der Arbeitsablauf im oben genannten Sinne sowie die Bearbeitungszeiten notiert. Nach einem längeren Erhebungszeitraum (z. B. einem Monat) werden die Daten ausgewertet.

11

Wichtig: Wegen der objektorientierten Ausrichtung ist die Technik am wenigsten für das Ermitteln tätigkeitsbezogener Zeitanteile geeignet, da Tätigkeiten im Sinne des TV-V regelmäßig nicht objektorientiert gebildet werden. Einzige Ausnahme sind die Beispielstätigkeiten für Ingenieure (vgl. Entgeltgruppe 11 Fallgruppe 11.4.4 und 11.4.5). Hier sieht der Tarifvertrag eine Orientierung an der Art der Bauprojekte vor.

Die **Dauer für die Ermittlung der Zeitanteile** ist, unabhängig von der Methode, einzelfallbezogen festzulegen. Sie richtet sich grundsätzlich danach, zu welchen Zeitpunkten und in welchem Zeitrahmen alle auf Dauer auszuübenden Tätigkeiten in einem repräsentativen Umfang angefallen sind. Zeitraum und Zeitpunkt der Erhebung müssen so gewählt sein, dass nicht nur alle Tätigkeiten überhaupt zu erledigen waren (Arbeitsanfall), sondern auch die jeweiligen Arbeitsmengen als typisch klassifiziert werden können. Schwanken diese über- oder unterjährig, sind unterschiedliche Erhebungszeitpunkte und -räume zu bestimmen, um die Schwankungen auszugleichen.

Im Rahmen der Rechtsprechung spielt die Frage nach geeigneten Erhebungszeitpunkten und -zeiträumen nur eine untergeordnete Rolle, so lassen sich nur hin und wieder Aussagen dazu finden, wie:

1. Unterliegen die Tätigkeiten eines Arbeitnehmers in ihrem Schwierigkeitsgrad Schwankungen, kann der Zeitraum zur Erfassung der Zeitanteile sechs Monate und mehr betragen.

2. Ein Zeitraum von sieben Monaten ist für die Erfassung von Vertretungszeiten nicht repräsentativ, wenn in dieser Zeit ca. 83 Prozent aller Urlaubstage des zu Vertretenden angefallen sind.

3. Nimmt ein Arbeitnehmer regelmäßig an Bereitschaftsdiensten teil, ist die darin zu leistende Arbeit bei der Zeitanteilsermittlung mit zu berücksichtigen. Für die Zeitermittlung dürften sechs Monate ausreichen (BAG 29.11.2001, AP Nr. 288 zu §§ 22, 23 BAT 1975).

Das BAG hat das Recht des Arbeitgebers zur Anweisung von Arbeitsaufzeichnungen gegenüber dem Arbeitnehmer klargestellt: Der Arbeitgeber ist im Rahmen seines Direktionsrechts berechtigt, vom Arbeitnehmer die Dokumentation der erbrachten Arbeitsleistungen zu verlangen. Dabei kann er – je nach Zweck – auch unterschiedliche Qualitäten der Aufzeichnung der erbrachten Arbeitsleistungen fordern:

11

1. Zweck: Nachweis der erbrachten Arbeitsleistung

Täglicher Tätigkeitsbericht:		Datum:
Uhrzeit	Tätigkeit	Anzahl der bearbeiteten Vorgänge

2. Zweck: Erstellen einer Stellenbeschreibung und -bewertung

Tägliche Arbeitsaufzeichnungen über vier Wochen anhand eines noch umfangreicheren Formulars mit Einzelzeitangaben in Minuten für jeden zu bearbeitenden Einzelfall.

(vgl. BAG 19.04.2007, AP Nr. 77 zu § 611 BGB Direktionsrecht)

In der Praxis stellt sich immer wieder die Frage, welche Bedeutung Aufzeichnungen des Beschäftigten bei der Bestimmung des Zeitanteils haben, wenn die Verteilung der Zeitanteile auf die einzelnen Tätigkeiten/Arbeitsvorgänge zwischen Arbeitgeber und Beschäftigten strittig ist. Letztlich ist der Beweiswert dieser Aufzeichnungen regelmäßig gering, wenn sie nicht für einen repräsentativen Zeitraum und lückenlos für alle übertragenen Tätigkeiten erfolgen. Zeiterfassungen, die nur für bestimmte Tätigkeiten (z. B. Abwesenheitsvertretungen) vorgenommen werden, sind unzureichend.

Zudem kommt es für die Eingruppierung – und dazu zählen auch die Zeitanteile – auf die auszuübende – das heißt die vom Arbeitgeber übertragene – Tätigkeit an. Zur auszuübenden Tätigkeit gehört nicht nur der Arbeitsinhalt, sondern auch deren Zeitaufwand (vgl. LAG Hamm 10.02.1999, 18 Sa 837/98).

Praxis-Tipp:

Der Arbeitgeber muss deshalb bei einem Rechtsstreit ganz konkret beweisen, weshalb die vom Arbeitnehmer behaupteten Zeitanteile unzutreffend sind. Es genügt nicht, zu behaupten, den Zeitaufwand für die auszuübenden Tätigkeiten/Arbeitsvorgänge nicht zu kennen (§ 138 Abs. 3 und 4 ZPO; vgl. BAG 19.03.2003, 4 AZR 336/02, NZA 2004, S. 400 ff.).

11

zu 5. Befugnisse

Der Begriff **Befugnis** wird in der Organisationslehre synonym zum Begriff der „Kompetenz" verwandt. Er definiert ausdrücklich zugeteilte Rechte und wird wie folgt klassifiziert:

Unterschrifts- und Feststellungsbefugnisse: Die Unterschriftsbefugnis (oder auch Verpflichtungsbefugnis) bestimmt das Recht, im Auftrag oder im Namen des Unternehmens rechtskräftig Verpflichtungen gegenüber Dritten einzugehen. Äußeres Kennzeichen ist die Unterschriftsberechtigung. Im Außenverhältnis wirkt diese durch Handlungsvollmacht bzw. Prokura. Beide Begriffe sind im Handelsgesetzbuch näher bestimmt (vgl. § 48 ff. HGB). Feststellungsbefugnisse wirken hingegen nach innen, wie beispielsweise Zeichnung der fachtechnischen und sachlichen Richtigkeit.

Entscheidungsbefugnisse: Sie definieren das Recht, bestimmte Entscheidungen zu treffen, die eine Willensbildung und -durchsetzung erfordern. In der Praxis heißt das, dass nur dann Entscheidungsbefugnisse im oben genannten Sinne vorliegen, wenn das Fällen von Sachentscheidungen auf dem Ausfüllen von Ermessens-, Beurteilungs-, Gestaltungsspielräumen bzw. auf dem Durchführen von Abwägungsprozessen basiert. Ja-Nein-Entscheidungen gehören nicht dazu, da die Wahl zwischen richtig und falsch keine echte Willensbildung darstellt.

Weisungsbefugnisse: Als typisches Kennzeichen von Leitungsstellen berechtigen Weisungsbefugnisse dazu, das Verhalten (aber auch das Handeln) der zugeordneten Stellen zu bestimmen. Aus rechtlicher Sicht werden sie durch das Direktionsrecht (vgl. § 106 GewO) und die Fürsorgepflicht (vgl. § 241 Abs. 2 BGB) des Arbeitgebers näher bestimmt.

zu 6. Erforderliche berufliche Qualifikation(en) und Erfahrung(en)

An dieser Stelle wird die Frage beantwortet, welche Ausbildung und welche ggf. darauf aufbauenden praktischen beruflichen Erfahrungen erforderlich sind, um die Anforderungen auf der Stelle im Hinblick auf Aufgaben (siehe Punkt 4 des Formulars) und Befugnisse (siehe Punkt 5 des Formulars) erfüllen zu können.

zu 7. Personalwirtschaftliche Angaben

Diese sind – neben den genannten erforderlichen inhaltlichen Punkten – regelmäßig praxisrelevant.

11

Datumsangaben halten den zeitlichen Entwicklungsprozess der Stellenbeschreibung transparent. Da zwischen Erfassung, Beschreibung, Abstimmung und Verabschiedung der Stellenbeschreibungen regelmäßig ein zeitlicher Abstand besteht, sollte aus der Stellenbeschreibung zumindest klar hervorgehen, ab wann diese in Kraft tritt. Darüber hinaus können aus Dokumentationszwecken diese Datumsangaben zweckmäßig sein: Datum der Erfassung vor Ort, Datum zu Änderungen an der Stellenbeschreibung, Datum der Aushändigung an den Stelleninhaber.

Unterschriften durch den Stelleninhaber, den Ersteller, die Dienststellenleitung und die Personalleitung sind zweckmäßig. Mit der Unterschrift sollte immer eine eindeutige Erläuterung verbunden werden, aus welchem Grund sie erfolgt und was mit ihr dokumentiert werden soll: Mit der Unterschrift der Dienststellen- und Personalleitung als die Arbeitgebervertreter wird die Stellenbeschreibung in Kraft gesetzt. Die Personalabteilung zeichnet als zuständiger Ersteller, der Stelleninhaber für die Kenntnisnahme.

(vertiefend Richter/Gamisch, StB, S. 137 ff. m. w. N.)

Die **Gefährdungsbeurteilung** schreibt § 5 Abs. 1 ArbSchG vor. Es fehlt aber an konkreten Vorgaben zu Zielen und Verfahren. Vielmehr liegt eine sehr flexible Regelung vor, die im Betrieb bzw. in der Dienststelle ausgefüllt und umgesetzt werden muss. Dabei geht es weniger um eine Dokumentation für Dritte (z. B. die Aufsichtsbehörde). Vielmehr soll vor allem für Arbeitgeber eine interne Arbeitsbasis zur Gefahreneinschätzung geschaffen werden. Zur Durchführung und Dokumentation der Gefährdungsbeurteilung können wir an dieser Stelle nur auf die Literatur zum Arbeitsschutzrecht verweisen. In dieser wurde die Ansicht vertreten, dass der Arbeitnehmer keinen vertraglichen Anspruch auf die Durchführung der Gefährdungsbeurteilung hätte (vgl. Kollmer, Rn. 114e). Dem ist das BAG mit seiner Entscheidung vom 12.08.2008 (NZA 2009, S. 102 = ZTR 2008, S. 623) nicht gefolgt.

Vielmehr sagt es, dass Arbeitnehmer nach § 5 Abs. 1 ArbSchG i. V. m. § 618 Abs. 1 BGB einen Anspruch haben auf die Beurteilung der mit ihrer Beschäftigung verbundenen Gefährdungen. Diese Rechtslage wird für den Sozial- und Erziehungsdienst nunmehr in § 2 Abs. 3 der Anlage zu § 56 BT-V bzw. in § 53 Abs. 3 BT-B deklaratorisch wiederholt.

Vor diesem Hintergrund ist es sinnvoll, die Durchführung der Gefährdungsbeurteilung in der Stellenbeschreibung zu dokumentieren (vgl. Richter/Gamisch, StB, S. 137).

3. Die Bewertung der Stelle

Unter einer Stellenbewertung ist die Zuordnung der nach der Erstellung der Tätigkeitsbeschreibung festgestellten Arbeitsvorgänge bzw. Tätigkeiten unter die einschlägigen Tätigkeitsmerkmale der Entgeltordnung zu verstehen. Sie bildet die Grundlage für die Eingruppierung des Arbeitnehmers (vgl. BAG 17.11.2010, 7 ABR 123/09).

Da Stellenbewertungen funktions- und nicht personenbezogen sind, liegt eine Eingruppierung nicht vor (vgl. BAG 12.12.1995, 1 ABR 31/95, ArbuR 1996, S. 280).

Mit der Feststellung der erforderlichen fachlichen Qualifikation im Rahmen der Ausfertigung der Stellenbeschreibung ist der erste Bewertungsschritt schon getan:

Checkliste: Bewertungsschritte

- Feststellen der erforderlichen fachlichen Qualifikationen (Abschlüsse, praktische Erfahrungen)
- Bildung von Tätigkeiten im Sinne des TV-V (vgl. Seite 21 ff.)
- Prüfung und Zuordnung jeder Tätigkeit unter die Tätigkeitsmerkmale der Entgeltordnung
- ggf. Hinzurechnungsverfahren gemäß § 5 Abs. 1 Satz 3 TV-V

---

1. Schritt: Feststellen der erforderlichen fachlichen Qualifikationen

Diese können regelmäßig durch einen Vergleich der Berufsbilder (Ausbildungs- und Prüfungsanforderungen) mit den beschriebenen Tätigkeiten, Fachkenntnissen und Befugnissen ermittelt werden.

Praxis-Tipp:

Informationen über alle Berufsbilder und weiterführende Informationen zu den Ausbildungs- und Prüfungsanforderungen sind abrufbar unter der offiziellen Informationsplattform der Bundesagentur für Arbeit: www.berufenet.arbeitsagentur.de bzw. unter: www.studienwahl.de

11

2. Schritt: Bildung von Tätigkeiten im Sinne des TV-V

Bei der Zusammenfassung von Tätigkeiten im Sinne des TV-V sind weite Spielräume möglich.

Bei strenger Auslegung der Tätigkeitsmerkmale, wie sie der TV-V vom BAT übernommen hat, können beispielsweise Eingruppierungen in Entgeltgruppe 5 Fallgruppe 5.2 „verhindert" werden, indem die Aufgaben eines Stelleninhabers, die einzeln betrachtet die gründlichen Fachkenntnisse erfüllen, nicht im Sinne einer Gesamttätigkeit/im Sinne eines Berufsbilds zusammengefasst, sondern für sich gesehen werden. Mit Verweis auf die Tarifbestimmungen in § 5 Abs. 1 Satz 3 TV-V ist dieses Vorgehen ebenso begründbar wie die Zusammenfassung und Orientierung an Berufsbildern, mit denen die Tarifvertragsparteien in den Beispielen zur Entgeltgruppe 5 arbeiten. Hier kann umgekehrt auf die neueste Rechtsprechung des BAG zur Auslegung des Begriffs der Tätigkeit verwiesen werden (BAG 15.02.2006, AP Nr. 3 zu §§ 22, 23 BAT Rückgruppierung) und auf die Vorbemerkung Nr. 1 Satz 2 der Anlage 1 zu § 5 TV-V, die besagt, dass die Beispiele der Wertigkeit des Oberbegriffs entsprechen. Da der Oberbegriff auch den der Tätigkeiten umfasst, ist auch diese Auslegung begründbar.

3. Schritt: Prüfung und Zuordnung jeder Tätigkeit unter die Tätigkeitsmerkmale der Entgeltordnung

Dies geschieht unter Anwendung der in den vorhergehenden Kapiteln ausführlich dargestellten Rechtsprechung und Literatur.

4. Schritt: ggf. Hinzurechnungsverfahren gemäß § 5 Abs. 1 Satz 3 TV-V

Es ist möglich, dass Tätigkeiten mit unterschiedlichen tariflichen Anforderungen und Wertigkeiten anfallen. Man spricht dann von sogenannten Mischtätigkeiten. In diesem Zusammenhang bestimmt § 5 Abs. 1 Satz 3 TV-V:

 Erreicht keine der vom Arbeitnehmer auszuübenden Tätigkeiten das in Satz 1 oder 2 geforderte Maß, werden höherwertige Tätigkeiten zu der jeweils nächstniederen Tätigkeit hinzugerechnet.

11

1. Beispiel

EG	Anteil an der Gesamtarbeitszeit
4	40 %
5	20 %
6	20 %
7	20 %

Der erforderliche Anteil von 50 Prozent an der Gesamtarbeitszeit wird bei Addition der Entgeltgruppen 6 und 7 (40 Prozent) noch nicht erreicht. Die Zeitanteile der Entgeltgruppe 7 und Entgeltgruppe 6 sind demnach der nächstniedrigeren Entgeltgruppe 5 hinzuzurechnen, um die mindestens erforderlichen 50 Prozent zu erreichen. Die Eingruppierung erfolgt somit nach Entgeltgruppe 5.

2. Beispiel für einen Diplom-Ingenieur (FH)

EG	FG	Anteil an der Gesamtarbeitszeit
9	9.2	45 %
10	10.3.1	20 %
11	11.4.4	20 %
11	11.4.5	15 %

Der erforderliche Anteil von 50 Prozent an der Gesamtarbeitszeit wird bei Addition der Beispielstätigkeiten der Entgeltgruppe 11 (35 Prozent) noch nicht erreicht. Die Zeitanteile der Beispielstätigkeiten der Entgeltgruppe 11 sind demnach der nächstniedrigeren Entgeltgruppe 10 hinzuzurechnen, um die mindestens erforderlichen 50 Prozent zu erreichen. Die Eingruppierung erfolgt also nach Entgeltgruppe 10, aber nicht unter die Beispielstätigkeit 10.3.1, sondern unter 10.2.

4. Die Eingruppierung des Mitarbeiters

Unter Eingruppierung ist die Zuordnung eines Beschäftigten aufgrund der von ihm vertragsgemäß auszuübenden Tätigkeit zur entsprechenden tariflichen Entgeltgruppe einer im Betrieb geltenden

11

Entgeltordnung zu verstehen (vgl. ständige Rechtsprechung des BAG, z. B. BAG 23.11.1993, NZA 1994, S. 461).

Dabei wird überprüft, ob der Stelleninhaber die in der Stellenbeschreibung genannten Qualifikationen vorweisen kann. Ist das nicht der Fall, wird die Eigenschaft des sonstigen Arbeitnehmers geprüft (vgl. Ausführungen auf Seite 36 f.).

Erfüllt der Arbeitnehmer die Anforderungen, ist er in die jeweils separate Fallgruppe der im Rahmen der Stellenbewertung festgestellten Entgeltgruppe eingruppiert.

Mit dieser Regelung verfolgen die Tarifvertragsparteien das Ziel, berufliches Erfahrungswissen und formale (Aus-)Bildungsabschlüsse gleichzustellen. Das Fehlen eines Abschlusses soll gerade nicht mehr – wie im BAT – zu einer regelmäßig niedrigeren Eingruppierung führen. Die Frage der Nichterfüllung der Anforderungen an den sogenannten sonstigen Arbeitnehmer ergibt sich im TV-V nicht mehr. Denn dieser geht mit seiner abgeschwächten Form des sonstigen Arbeitnehmers davon aus, dass diese Anforderung bei Vorliegen entsprechender Tätigkeiten in jedem Fall erfüllt ist.

Wichtig: Trotzdem ist es in der Praxis möglich, dass ein Arbeitnehmer die regelmäßig zu fordernde Erfahrungszeit im Vergleich zur formellen Ausbildung noch nicht erfüllt. In diesem Fall wird er zeitlich befristet anders eingruppiert, als seine Stelle bewertet ist, da regelmäßig davon ausgegangen werden muss, dass der Arbeitnehmer nicht alle auf der Stelle angesiedelten Tätigkeiten bzw. Befugnisse voll ausüben kann. Für diesen Fall ist eine gesonderte Bewertung auf Basis der bereits übertragenen Aufgaben und Befugnisse vorzunehmen.

11

Umgruppierung und Übertragung höherwertiger Tätigkeiten

12

1. Höhergruppierung

Der TV-V regelt in § 5 Abs. 3 TV-V ausdrücklich die vorübergehende Übertragung einer höherwertigen Tätigkeit. Demgegenüber fehlen Bestimmungen über die Höhergruppierung.

Die Höhergruppierung ist die Einreihung des Arbeitnehmers in eine höhere Entgeltgruppe. Dafür kann es unterschiedliche Gründe geben:

- Übertragung einer anderen, höherwertigen auszuübenden Tätigkeit durch den Arbeitgeber

- Korrektur einer zu niedrigen Eingruppierung (sog. korrigierende Höhergruppierung)

Für die Höhergruppierung gilt das oben zum Grundsatz der Tarifautomatik Gesagte. Mit der Höhergruppierung erfolgt kein Gestaltungsakt, sondern lediglich ein „Akt der Rechtsanwendung" (vgl. Kapitel 2.1).

Die Einstufung innerhalb der höheren Entgeltgruppe richtet sich nach § 5 Abs. 2 Satz 2 TV-V (weiterführend Herzberg/Schlusen, Kapitel B, § 5, Rn. 96 ff.).

2. Herabgruppierung

Für die Herabgruppierung existieren zwei Gründe:

- Übertragung einer anderen, niederwertigen Tätigkeit

- Korrektur einer zu hohen Eingruppierung (sog. korrigierende Herabgruppierung)

Niederwertige Tätigkeiten dürfen Arbeitnehmern grundsätzlich nicht übertragen werden (vgl. Kapitel 4.1). Deren dauerhafte Übertragung kann deshalb nur im Wege einer einvernehmlichen Vertragsänderung oder einer Änderungskündigung erfolgen. Bei der Änderungskündigung ist der Änderungskündigungsschutz des § 2 KSchG zu beachten.

 Urteil zum TV-V

Ist eine höherwertige Tätigkeit (hier der Entgeltgruppe 7 TV-V) Vertragsbestandteil geworden, kann einer Änderungskündigung (hier nach Entgeltgruppe 5.1 TV-V) nicht der Einwand entgegengehalten werden, stattdessen hätte eine korrigierende Rückgruppierung erfolgen müssen.

(LAG M-V 05.11.2008, 2 Sa 137/08)

12

Korrigierende Herabgruppierungen erfolgen grundsätzlich über das Direktionsrecht gemäß § 106 GewO. Nur in Ausnahmefällen ist eine Änderungskündigung erforderlich. Voraussetzung ist aber, dass der Arbeitgeber einen Irrtum bei der Anwendung der Eingruppierungsvorschriften des TV-V (objektiver Anwendungsfehler) darlegen und beweisen kann. Es gelten die Grundsätze, die die Rechtsprechung zum BAT entwickelt hat (vgl. Richter/Gamisch, gEG, IV.B.13.3).

 Urteil zum TV-V

So ist eine korrigierende Herabgruppierung zum Beispiel ausgeschlossen, wenn der Arbeitnehmer über zwölf Jahre nach einer bestimmten Vergütungsgruppe bezahlt wurde und aus dieser entsprechend in die TV-V-Entgeltgruppe übergeleitet wurde. Im Rahmen der Überleitung war der Arbeitgeber verpflichtet, die Eingruppierung zu prüfen. Die Überleitung in die entsprechende Entgeltgruppe ist die Bestätigung der Richtigkeit der Bezahlung, eine Korrektur damit ausgeschlossen.

(vgl. ArbG Cottbus 04.03.2009, 2 Ca 1466/08)

3. Vorübergehende Übertragung einer höherwertigen Tätigkeit

Der Arbeitnehmer ist grundsätzlich nur verpflichtet, Tätigkeiten seiner Entgeltgruppe auszuführen. Die Übertragung niederwertiger Tätigkeiten ist nur in sehr engen Grenzen möglich (vgl. Seite 206). Das würde entsprechend für höherwertige Tätigkeiten gelten.

§ 5 Abs. 3 TV-V eröffnet aber die Möglichkeit, höherwertige Tätigkeiten vorübergehend zu übertragen. Gegenüber dem Vorbild des § 24 BAT ist die Vorschrift gestrafft worden: Eine Unterscheidung der sachlichen Gründe (Vertretung oder andere Gründe) wird nicht mehr getroffen.

Wobei in der Praxis die Vertretung als Form der vorübergehenden Übertragung regelmäßig anfällt. In solchen Fällen ist es nicht erforderlich, dass der Vertreter die an den zu Vertretenden gestellten persönlichen Anforderungen an die Vorbildung (hier: abgeschlossene wissenschaftliche Hochschulbildung) erfüllt. Er muss nur die Tätigkeit ausüben (können). Ein Wille der Tarifvertragsparteien, dass die Zulage nach § 5 Abs. 3 TV-V nur dann zustehen soll, wenn sämtliche Anforderungen der Entgeltgruppe erfüllt sind, hat – anders als im BAT – im Wortlaut der Tarifbestimmung keinen Niederschlag gefunden. So haben die Tarifvertragsparteien auch die Höhe der Zulage

12

begrenzt. Vertreter und zu Vertretender sollen vergütungsrechtlich nicht gleichgestellt werden (siehe zur vergleichbaren Rechtslage im TV-N Berlin: BAG 06.05.2009, AP Nr. 15 zu § 1 TVG Tarifverträge: Verkehrsgewerbe).

Die Rechtslage gleicht § 14 TVöD/TV-L.

Das BAG hat seine Rechtsprechung aufgegeben, wonach für die Übertragung ein sachlicher Grund erforderlich ist. Die Rechtmäßigkeit der Übertragung muss nunmehr einer doppelten Billigkeitsprüfung im Sinne des § 315 BGB standhalten:

Das billige Ermessen der Ausübung des Direktionsrechts muss sich auf die Tätigkeitsübertragung „an sich" und die „Nicht-Dauerhaftigkeit" der Übertragung beziehen („doppelte Billigkeit"; siehe BAG, AP Nr. 23 zu § 24 BAT). Den Arbeitnehmer trifft unter diesen Voraussetzungen eine Loyalitätspflicht, die Tätigkeiten auszuüben. Sofern dies einen Monat erfolgt, erhält der Arbeitnehmer eine Zulage.

Die Vorschrift trifft keine ausdrückliche zeitliche Begrenzung für die Übertragung. Das BAG hat in einem Fall zum vergleichbaren § 24 BAT entschieden, dass **keine** zeitliche Grenze, wie lange eine „vorübergehende Übertragung" andauern kann, besteht (vgl. BAG 17.04.2002, AP Nr. 23 zu § 24 BAT m. w. N.; BAG 14.12.2005, AP Nr. 26 zu § 24 BAT m. w. N.).

Für die Anwendung des § 5 Abs. 3 TV-V ist keine Form vorgeschrieben. Die Übertragung kann schriftlich, mündlich oder durch konkludentes (schlüssiges) Verhalten erfolgen. Für den Arbeitnehmer muss deutlich erkennbar sein, dass die Tätigkeit nur vorübergehend ausgeübt wird (vgl. BAG 19.03.1986, AP Nr. 116 zu §§ 22, 23 BAT 1975; BAG 10.02.1988, AP Nr. 15 zu § 24 BAT). Da die Übertragung im Wege des Direktionsrechts gemäß § 106 GewO erfolgt, ist eine vertragliche Vereinbarung verfehlt (a. A. Herzberg/Schlusen, Kapitel B, § 5, Rn. 112, die von einer „Nebenabrede" sprechen).

Praxis-Tipp:

Eine schriftliche Übertragung sowie einschränkende Zusätze („... für die Dauer der Arbeitsunfähigkeit des ...") verdeutlichen die zeitliche Begrenzung.

208

Die Übertragung gemäß § 5 Abs. 3 TV-V unterliegt gemäß § 75 Abs. 1 Nr. 2 BPersVG der Mitbestimmung des Personalrats. In der Vergangenheit wurde die Ansicht vertreten, die Beendigung der vorübergehenden Übertragung einer höherwertigen Tätigkeit ist mitbestimmungsfrei (vgl. Breier/Dassau/Faber, § 14 Rn. 66). Demgegenüber hat das VG Halle die Ansicht vertreten, die Rücknahme ist eine mitbestimmungspflichtige Neu-Eingruppierung (vgl. VG Halle 21.05.2012, 10 A 1/12 HAL, n. v.). Das OVG Sachsen-Anhalt hat diese Entscheidung bestätigt (vgl. OVG Sachsen-Anhalt 12.06.2013, 6 L 3/12, zum BPersVG, rkr., n. v.).

12

Eingruppierung und Arbeitsrecht

13

1. Das weite Direktionsrecht im öffentlichen Dienst

Im Arbeitsrecht des öffentlichen Dienstes besteht grundsätzlich ein weites Direktionsrecht des Arbeitgebers. Der Arbeitnehmer ist verpflichtet, jede ihm zugewiesene zumutbare Tätigkeit zu verrichten, die den Merkmalen seiner Entgeltgruppe entspricht.

Vor diesem Hintergrund darf aber zum Beispiel die Tätigkeit als Datenschutzbeauftragter gemäß § 4f BDSG grundsätzlich nicht im Wege des Direktionsrechtes übertragen werden. Vielmehr liegt regelmäßig eine Änderung des Arbeitsvertrags vor, für die der Abschluss eines Änderungsvertrages notwendig ist (vgl. BAG 13.03.2007, AP Nr. 1 zu § 4f BDSG). Die Rechtslage ist anders, wenn sich die Beauftragung darauf beschränkt, im Auftrag des Arbeitgebers Weisungen zu erteilen. In diesem Fall erlangt der Beschäftigte keine besondere rechtliche Stellung, sondern bleibt gegenüber dem Arbeitgeber weisungsgebunden. Das gilt zum Beispiel für einen Zivildienstbeauftragten gemäß § 30 Zivildienstgesetz (vgl. BAG 12.09.1996, AP Nr. 1 zu § 30 ZDG) oder den Beauftragten des Arbeitgebers gemäß § 98 SGB IX.

Niederwertige Tätigkeiten muss der Arbeitnehmer grundsätzlich nicht ausüben, da die Übertragung niederwertiger Tätigkeiten nicht vom Direktionsrecht abgedeckt ist. Dabei ist es unerheblich, dass dem Arbeitnehmer sein bisheriges Entgelt weitergezahlt wird (vgl. LAG Rheinland-Pfalz 05.07.2007, 11 Sa 43/07 m. w. N. auf die Rechtsprechung des BAG). Eine Ausnahme besteht nur für sogenannte Mischtätigkeiten (siehe Seite XX). Dabei bilden das Berufs- und Sozialbild die Grenzen des Direktionsrechts (vgl. BAG 30.08.1995, AP Nr. 44; BAG 24.04.1996, AP Nr. 49 beide zu § 611 BGB Direktionsrecht).

Wichtig: Weitergehende Ausnahmen bestehen nur für den Fall, dass ein Beschäftigungsverbot gemäß Mutterschutzgesetz vorliegt (vgl. Brunhöber, Rn. 194 ff.).

Es kann fraglich sein, ob das Direktionsrecht durch eine betriebliche Übung bzw. Konkretisierung eingeengt worden ist.

Unter einer betrieblichen Übung bzw. Betriebsübung versteht man die regelmäßige Wiederholung bestimmter Verhaltensweisen durch den Arbeitgeber, aus denen der Arbeitnehmer schließen kann, dass diese Verhaltensweise auch künftig und auf Dauer erfolgen soll. Hinsichtlich der Arbeitsleistung des Arbeitnehmers spricht man in diesem Zusammenhang von einer Konkretisierung der geschuldeten Tätigkeit. Auch ohne eine ausdrückliche Festlegung im Arbeitsvertrag kann sich die vom Arbeitnehmer geschuldete Tätigkeit grundsätzlich bei langjährigem vorbehaltlosen Einsatz an einem bestimmten Arbeitsplatz auf diese bestimmte Tätigkeit konkretisieren.

13

Wichtig: Das Entstehen einer betrieblichen Übung und die Konkretisierung der Arbeitsleistung ist im öffentlichen Dienst regelmäßig ausgeschlossen.

Denn nach der ständigen Rechtsprechung des BAG muss der Arbeitnehmer des öffentlichen Dienstes davon ausgehen, dass ihm sein Arbeitgeber nur die Leistungen gewähren will, zu denen er gesetzlich oder tarifvertraglich verpflichtet ist: Im Zweifel gilt Normenvollzug (vgl. Repkewitz/Richter – Richter/Gamisch, Stichwort Betriebliche Übung, Rn. 1 ff.).

Das trifft in jedem Fall für öffentliche Arbeitgeber zu, die dem Haushaltsrecht unterliegen. Im Anwendungsbereich des TV-V kann aber grundsätzlich nichts anderes gelten, weil die Unternehmen zum einen dem öffentlichen Dienst zuzuordnen sind und zum anderen Aufgaben der Daseinsfürsorge erfüllen (vgl. LAG Düsseldorf 27.11.2002, 12 Sa 1071/02, ZTR 2003, S. 195 zur vergleichbaren Rechtslage im kirchlichen Arbeitsrecht).

Wichtig: Dies setzt aber voraus, dass der TV-V konsequent umgesetzt und nicht durch betriebliche oder einzelvertragliche Abweichungen unterlaufen wird.

2. Die Angabe der Entgeltgruppe im Arbeitsvertrag

Vor diesem Hintergrund wird in § 2 Abs. 1 TV-V bestimmt, dass im Arbeitsvertrag die Entgeltgruppe anzugeben ist. Die Rechtslage gleicht der im TVöD, TV-L bzw. BAT. Danach ist die Angabe der Entgeltgruppe deklaratorisch, das heißt klarstellend (vgl. BAG 22.07.2004, 8 AZR 203/03, zit. nach Hofmann/Reidelbach, E 470, S. 6). Mit dem Hinweis auf die Entgeltgruppe wird das (weite) Weisungsbzw. Direktionsrecht des Arbeitgebers (vgl. § 106 GewO) ein Stück weit eingegrenzt: Der Arbeitgeber darf dem Arbeitnehmer alle Tätigkeiten der Entgeltgruppe übertragen, sofern sich Grenzen nicht aus dem Berufs- oder Sozialbild ergeben. Es wird aber kein vertraglicher Vergütungsanspruch eingeräumt.

13

Demgegenüber muss die Fallgruppe nicht im Arbeitsvertrag genannt werden (ebenso Herzberg/Schlusen, Kapitel B, § 2, Rn. 14). Deren Aufnahme in den Vertrag verengt das Direktionsrecht des Arbeitgebers. Er darf in diesem Fall nur Tätigkeiten der Fallgruppe übertragen (ebenso Krasemann, 2. Kapitel, Rn. 57 m. w. N.). Da der TV-V im Unterschied zum BAT sich grundsätzlich auf wenige Fallgruppen je Entgeltgruppe beschränkt, hat diese Frage letztlich eine untergeordnete Bedeutung.

Wichtig: Eine Klage auf Feststellung der Fallgruppe ist nicht möglich (vgl. BAG 22.01.2003, AP Nr. 24 zu § 24 BAT).

In diesem Zusammenhang ist darauf hinzuweisen, dass durch Stellenbeschreibungen das Direktionsrecht des Arbeitgebers nicht eingeengt wird (vgl. Richter/Gamisch, StB, S. 31 f.).

Urteil zum TV-V

Rechtliche Relevanz kann dem Inhalt einer – von zuständiger Stelle verfassten – Stellenbeschreibung allein insoweit zukommen, als es die tatsächliche Feststellung betrifft, welche Einzelaufgaben mit welchen zeitlichen Anteilen dem betreffenden Arbeitnehmer übertragen sind. Im Bestreitensfall kommt der vom Arbeitgeber verfassten Stellenbeschreibung insoweit eine entsprechende indizielle Wirkung zu. Hiervon zu unterscheiden ist die rechtliche Bewertung, inwiefern die übertragene Tätigkeit den tariflichen Anforderungsmerkmalen einer bestimmten Vergütungsgruppe entspricht, das heißt ob etwa zur Aufgabenerledigung ein bestimmtes Maß an Fachkenntnissen erforderlich ist. Dieser Subsumtionsvorgang ist der Rechtsanwendung zuzuordnen, welche vom Gericht ohne Bindung an die Rechtsansichten der Parteien vorzunehmen ist.

(vgl. LAG Hamm 31.05.2012, 8 Sa 1908/11)

Das gilt auch für den Nachweis bzw. die Niederschrift gemäß Nachweisgesetz. Der Arbeitgeber ist verpflichtet, dem Arbeitnehmer die Wertigkeit der Stelle mitzuteilen. Dazu gehört nicht nur die Angabe der Entgeltgruppe im Arbeitsvertrag, sondern auch die der Fallgruppe im Nachweis (vgl. LAG Hamm 27.07.1995, 4 Sa 900/94, LAGE § 2 NachG Nr. 1; a. A. BAG 08.06.2005, AP Nr. 8 zu § 2 NachwG).

Die Mitbestimmung

14

1. Personal- und Betriebsrat

Bei der Überleitung vom BAT-B/L auf den TVöD bzw. TV-L wurden die Personal- und Betriebsräte mehrheitlich nicht beteiligt.

Wichtig: Es ist umstritten, ob die Überleitung der Mitbestimmung des Personal- bzw. Betriebsrats unterlegen hat. Für das Personalvertretungsrecht hat das VG Mainz ein Mitbestimmungsrecht abgelehnt (vgl. VG Mainz 05.04.2006, 5 K 592/05 MZ, rkr., NZA-RR 2006, S. 502 ff.). Das BAG sieht die Rechtslage für das Betriebsverfassungsgesetz aber anders. In dessen Beschluss heißt es:

BAG vom 22.04.2009

Bei der Überleitung von Beschäftigten zu den Entgeltgruppen und den Stufen der Entgelttabelle des Tarifvertrags für den öffentlichen Dienst (TVöD) nach den Regelungen des Tarifvertrags zur Überleitung der Beschäftigten der kommunalen Arbeitgeber in den TVöD und zur Regelung des Übergangsrechts (TVÜ-VKA) ist der Betriebsrat nach § 99 BetrVG zu beteiligen.

(BAG 22.04.2009, 4 ABR 14/08, ZTR 2009, S. 663–667)

Das Gericht geht zutreffend davon aus, dass die Überleitung in ein neues Entgeltsystem eine Umgruppierung darstellt.

Wichtig: Die Einführung neuer Tätigkeitsmerkmale ist in jedem Fall mitbestimmungspflichtig. Denn das BAG hat bereits früher entschieden:

BAG vom 27.07.1993

Dass bei einer nicht nur redaktionellen Änderung der anzuwendenden Lohngruppenordnung eine Neueingruppierung erforderlich ist, entspricht der ständigen Senatsrechtsprechung. (...)

(BAG 27.07.1993, AP Nr. 110 zu § 99 BetrVG 1972)

Wichtig: Der Eingruppierungskatalog und die Eingruppierungsregeln wurden grundlegend geändert. Deshalb kann kein Zweifel bestehen, dass der Personal-/Betriebsrat bei der Neu-Eingruppierung bzw. Umgruppierung mitzubestimmen hat. In diesem Zusammenhang steht die Stellenbeschreibung im Zentrum des (neuen) Tarifrechts.

2. Der Weg zur Stellenbeschreibung und korrekten Eingruppierung

Stellenbeschreibungen unterliegen grundsätzlich nicht der Mitbestimmung des Personal-/Betriebsrats (vgl. Richter/Gamisch, StB, S. 202 ff.). Neuerdings räumt das BAG (20.04.2010, 1 ABR 85/08, NZA 2010, S. 1307) dem Betriebsrat aus § 82 Abs. 2 Satz 1 BetrVG ein Beteiligungsrecht bei Stelleninterviews ein. Ob dieses Recht auch Personalräten zusteht, ist fraglich (vgl. Richter/Gamisch, StI, S. 88 f.).   **14**

3. Eingruppierung

Unter einer Eingruppierung wird die Einordnung des einzelnen Arbeitnehmers in ein kollektives Entgeltschema verstanden (vgl. BAG 17.03.2005, AP Nr. 90 zu § 1 TVG Tarifverträge Einzelhandel). Zum Teil wird in diesem Zusammenhang auf die „erstmalige" Zuordnung der vertraglich vereinbarten Arbeitsleistung zu einem kollektiven Entgeltsystem abgestellt. Es wurde aber klargestellt, dass eine mitbestimmungspflichtige Eingruppierung auch vorliegt, wenn sich die Arbeitsaufgaben im Verlauf des Arbeitsverhältnisses wesentlich ändern, so dass eine neue Eingruppierung erforderlich wird (vgl. BVerwG 14.06.1995, 6 P 43.93, PersR 1995, S. 428). Der Begriff der Eingruppierung umfasst auch die Bestimmung der Fallgruppe (vgl. BAG 27.07.1993, AP Nr. 110 zu § 99 BetrVG 1972; BVerwG 08.11.2011, 6 P 24.10).

Praxis-Tipp:

Im Mitbestimmungsverfahren hat der Betriebsrat ein Mitbeurteilungsrecht, ob der Arbeitgeber den „Akt der Rechtsanwendung" richtig vollzieht und die Tarifautomatik richtig anwendet (vgl. Richter/Gamisch, Grundlagen, S. 104 ff.).

Für die entsprechende Unterrichtung des Personal- bzw. Betriebsrats reicht eine Stellenbeschreibung allein nicht aus. Erforderlich ist darüber hinaus die Darstellung der auf die einzelnen Arbeitsvorgänge bezogenen Bewertungsüberlegungen gemäß § 22 BAT bzw. § 12 TV-L (vgl. zum BAT: Hess. VGH 06.11.2012, 22 A 2203/11.PV, Der Personalrat 2013, S. 330 ff.).

Aus der Sicht des Mitbestimmungsrechts ist zudem ggf. die Stufe innerhalb der Entgeltgruppe mitbestimmungspflichtig (zu den Einzelheiten siehe BVerwG 13.10.2009, 6 P 15.08; BVerwG 22.09.2011, 6 PB 15.11., ZTR 2012, S. 618; BAG 06.04.2011, AP Nr. 135 zu § 99 BetrVG 1972).

4. Umgruppierung

14

Bei einer Umgruppierung erfolgt eine Änderung der Einreihung in die tarifliche Entgeltgruppenordnung. Es ist unerheblich, ob der Wechsel der Entgeltgruppe nach oben (Höhergruppierung) oder nach unten (Herabgruppierung/Rückgruppierung) erfolgt, oder bei geänderten Tätigkeitsmerkmalen (Fallgruppenwechsel) weiterhin das gleiche Arbeitsentgelt erzielt wird (vgl. BAG 06.08.2002, AP Nr. 27 zu § 99 BetrVG 1972 Eingruppierung). Entscheidend ist, dass die Tätigkeit des Arbeitnehmers nicht bzw. nicht mehr den Tätigkeitsmerkmalen der Entgeltgruppe und Fallgruppe entspricht, in die er bisher eingruppiert ist (vgl. BAG 23.09.2003, AP Nr. 29 zu § 99 BetrVG 1972 Eingruppierung m. w. N.).

5. Vorübergehende Übertragung höherwertiger Tätigkeiten

Der Mitbestimmung unterliegt auch die vorübergehende Übertragung höherwertiger Tätigkeiten nach § 14 TVöD-Bund, die eine Versetzung im Sinne der §§ 99, 95 Abs. 3 BetrVG (ebenso Dassau/Wiesend-Rothbrust, § 14 Rn. 7) oder die Übertragung einer höher zu bewertenden Tätigkeit (vgl. z. B. § 75 Abs. 1 Nr. 2 BPersVG) darstellt (vgl. Richter/Gamisch, gEG, IV.E.3.1.4).

6. Stellenbewertungskommission

In diesem Zusammenhang hat sich die Arbeit mit paritätisch besetzten Stellenbewertungskommissionen bewährt. Darunter versteht man ein betriebliches Gremium, in dem Funktionsträger des Arbeitgebers (Personal-, Organisations-, Fachabteilung) und Mitglieder des Personal-/Betriebsrats vertreten sind (vgl. Richter/Gamisch, RiA 2007, S. 241 ff.). Unseres Erachtens überwiegen die Vorteile, sofern die denkbaren Nachteile beachtet werden (einführend Richter/Gamisch, StB, S. 26 ff., 40 f.; vertiefend Richter/Gamisch, gEG, IV.C.4, S. 1 ff.)

7. Schulungsanspruch

Grundvoraussetzung ist, dass alle Mitglieder der Bewertungskommission vergleichbare Kenntnisse des Eingruppierungsrechts haben.

Praxis-Tipp:

Ein „asymmetrischer Wissensstand" der Beteiligten macht eine konstruktive Zusammenarbeit unmöglich.

14

In diesem Zusammenhang ist darauf hinzuweisen, dass die Arbeitnehmervertretung einen Schulungsanspruch hinsichtlich des Eingruppierungsrechts hat. Das gilt für Seminare zur Stellenbeschreibung entsprechend. Bei derartigen Schulungs- und Bildungsveranstaltungen handelt es sich aber um sogenannte Spezialschulungen (vgl. § 37 Abs. 6 BetrVG; § 46 Abs. 6 BPersVG). Deshalb hat nicht jedes, sondern nur das im Gremium für diese Aufgabe zuständige Mitglied einen Anspruch.

Zulässige Schulungsthemen sind:

- Eingruppierungsrecht des BAT
  (VGH BW 19.05.1987, 15 S 1773/86, PersR 1988, S. 84 [Leitsatz])

- Nachweisgesetz (½ Tag)
  (ArbG Frankfurt/Main 29.04.1998, 9 BV 233/97, Arbeitsrecht im Betrieb 1998, S. 703)

- Personalplanung und Arbeitsorganisation
  (OVG Rheinland-Pfalz 09.04.1991, 4 A 11917/90, PersR 1992, S. 156; Nds. OVG 18.03.1992, 17 L 10/90, PersV 1994, S. 25)

Schon im eigenen Interesse sollte der Arbeitgeber nicht an der Schulung der Arbeitnehmervertretung sparen.

Dazu gehört, sich nicht auf „Low Budget-Schulungen" zu versteifen. Ein Lernen nach dem sogenannten Nürnberger Trichter wird keinen Erfolg haben. Lernen kann nicht in kürzester Zeit „erzeugt" werden. In der modernen Erwachsenenbildung bzw. Personalentwicklung spricht man in diesem Zusammenhang von der „Erzeugungsdidaktik", die keinen nachhaltigen Erfolg haben wird. Nach einer „Beamershow" im Schnell-Vortrag („200 Bilder in zwei Stunden": Aussage eines Seminarteilnehmers zu einer Veranstaltung zur Umstellung vom BAT auf den TVöD) wird der Beschäftigte – als zuständiger Sachbearbeiter in der Personalabteilung oder als Mitglied einer Stellenbewertungskommission – sicher nicht in der Lage sein, erfolgreich das neue Eingruppierungsrecht zu beherrschen. Den Gegenpol zur sogenannten Erzeugungsdidaktik bildet die „Ermöglichungsdidaktik" (vgl. Richter/Gamisch, NEO, Rn. 92 ff.).

14

Anhang: Eingruppierungsbestimmungen

15

§ 5 Eingruppierung

(1) [1]Der Arbeitnehmer ist entsprechend seiner mindestens zur Hälfte regelmäßig auszuübenden Tätigkeit in einer Entgeltgruppe nach Anlage 1 eingruppiert. [2]Soweit in Anlage 1 ausdrücklich ein von Satz 1 abweichendes Maß bestimmt ist, gilt dieses. [3]Erreicht keine der vom Arbeitnehmer auszuübenden Tätigkeiten das in Satz 1 oder 2 geforderte Maß, werden höherwertige Tätigkeiten zu der jeweils nächstniedrigeren Tätigkeit hinzugerechnet.

Niederschriftserklärung zu Absatz 1 Satz 3:

15

Bei Teiltätigkeiten, die unterschiedlichen Entgeltgruppen zuzuordnen sind, soll auf der Grundlage der nachfolgenden Beispiele verfahren werden:

Beispiel 1:

Auszuübende Teiltätigkeiten:

Entgeltgruppe	Umfang der Teiltätigkeit
8	25
7	45
6	30

Die 25 % der Teiltätigkeit in EGr. 8 sind der nächstniedrigeren EGr. 7 zuzurechnen (25 % + 45 % = 70 %). Damit ist die mindestens zur Hälfte auszuübende Tätigkeit erreicht. Der Arbeitnehmer ist in EGr. 7 eingruppiert.

Beispiel 2:

Auszuübende Teiltätigkeiten:

Entgeltgruppe	Umfang der Teiltätigkeit
8	20
7	20
6	20
5	20
4	20

Die 20 % der Teiltätigkeit in EGr. 8 sind der nächstniedrigeren EGr. 7 zuzurechnen (20 % + 20 % = 40 %). Damit ist die mindestens zur Hälfte auszuübende Tätigkeit noch nicht erreicht. Diese 40 % Teiltätigkeiten werden wiederum der nächstniedrigeren EGr. 6 zugerechnet (40 % + 20 % = 60 %). Damit ist die mindestens zur Hälfte auszuübende Tätigkeit erreicht. Der Arbeitnehmer ist in EGr. 6 eingruppiert.

Beispiel 3:

Auszuübende Teiltätigkeiten:

Entgeltgruppe	Umfang der Teiltätigkeit
8	35
7	15
6	20
5	30

Die 35 % der Teiltätigkeit in EGr. 8 sind der nächstniedrigeren EGr. 7 zuzurechnen (35 % + 15 % = 50 %). Damit ist die mindestens zur Hälfte auszuübende Tätigkeit erreicht. Der Arbeitnehmer ist in EGr. 7 eingruppiert.

(2) ¹Die Entgeltgruppen 2 bis 15 sind in sechs Stufen aufgeteilt. ²Beginnend mit der Stufe 1 erreicht der Arbeitnehmer die jeweils nächste Stufe innerhalb seiner Entgeltgruppe unter Berücksichtigung der Betriebszugehörigkeit (§ 4) nach folgenden Zeiten:

Stufe 2 nach zwei Jahren in Stufe 1,

Stufe 3 nach zwei Jahren in Stufe 2,

Stufe 4 nach drei Jahren in Stufe 3,

Stufe 5 nach vier Jahren in Stufe 4,

Stufe 6 nach vier Jahren in Stufe 5.

³Förderliche Zeiten können für die Stufenzuordnung berücksichtigt werden. ⁴Bei Leistungen, die erheblich über dem Durchschnitt liegen, kann die erforderliche Zeit in den Stufen verkürzt werden. ⁵Bei Leistungen, die erheblich unter dem Durchschnitt liegen, kann die erforderliche Zeit in jeder Stufe einmal bis zur Hälfte verlängert werden. ⁶Für Beschwerdefälle ist die betriebliche Kommission (§ 6 Abs. 5 mit dem entsprechenden Verfahren) zuständig.

(3) [1]Wird einem Arbeitnehmer vorübergehend eine höherwertige Tätigkeit übertragen und hat er sie mindestens einen Monat ausgeübt, erhält er eine Zulage für die Dauer der Übertragung. [2]Die Zulage bemisst sich aus dem Unterschied zwischen dem Entgelt, das dem Arbeitnehmer zustehen würde, wenn er in der nächsthöheren Entgeltgruppe eingruppiert wäre, und der Entgeltgruppe, in der er eingruppiert ist.

Protokollerklärung zu § 5 Abs. 2 Satz 5

Bei Leistungsminderungen, die auf einem anerkannten Arbeitsunfall beruhen, ist diese Ursache in geeigneter Weise zu berücksichtigen.

Protokollerklärung zu § 5 Abs. 2 und § 6 Abs. 5 und 6

Die Mitwirkung der Kommission erfasst nicht die Vergabeentscheidung.

Protokollerklärung zu § 5 Abs. 3

Die Regelung gilt auch für die Vertretung von Vorhandwerkern und Vorarbeitern.

§ 23 Eingruppierung ehemals arbeiterrentenversicherungspflichtiger Arbeitnehmer

[1]Für Arbeitnehmer, deren Tätigkeit vor dem 1. Januar 2005 der Rentenversicherung der Arbeiter unterlegen hätte und die neu eingestellt werden oder höherwertige Tätigkeiten übertragen bekommen, gelten bis zu einer landesbezirklichen Vereinbarung nach Nr. 3 der Vorbemerkungen der Anlage 1 die in den Bezirkstarifverträgen bzw. im Tarifvertrag zu § 20 Abs. 1 BMT-G-O (Lohngruppenverzeichnis) vereinbarten Tätigkeitsmerkmale weiter, soweit sie den Oberbegriffen nicht widersprechen. [2]Tätigkeitsmerkmale, die Bewährungs- und Tätigkeitsaufstiege regeln, gelten nicht mehr. [3]Die Lohngruppen nach den Bezirkstarifverträgen bzw. nach dem Lohngruppenverzeichnis sind den Entgeltgruppen dieses Tarifvertrages wie folgt zugeordnet:

Entgeltgruppe	Lohngruppe
1	–
2	1
3	2
4	3, 4
5	5
6	6
7	7, 9

15

Anlage 1
Eingruppierung von Arbeitnehmern in den Versorgungsbetrieben

Vorbemerkungen:

1. [1]Die Tätigkeiten des Arbeitnehmers müssen die Voraussetzungen eines Oberbegriffs und die ihm zugrundeliegende Wertigkeit erfüllen. [2]Die in den Beispielen zu den Entgeltgruppen umschriebenen Tätigkeiten entsprechen der Wertigkeit eines Oberbegriffs. [3]Sind Tätigkeiten als Beispiel nur in einer Entgeltgruppe vereinbart, wird dadurch nicht ausgeschlossen, dass die Anforderungen eines Oberbegriffes einer höheren Entgeltgruppe erfüllt sein können.

2. Sind in einer Entgeltgruppe mehrere Oberbegriffe vorhanden, stehen diese gleichwertig nebeneinander.

3. Für Arbeitnehmer in den Entgeltgruppen 1 bis 11 können durch landesbezirkliche Tarifverträge unter Beachtung der allgemeinen Voraussetzungen des jeweils zutreffenden Oberbegriffs und der ihm zugrundeliegenden Wertigkeit weitere Beispiele vereinbart werden.

4. [1]Arbeitnehmer, denen die Funktion eines Vorarbeiters oder Vorhandwerkers übertragen worden ist, werden für die Dauer dieser Tätigkeit jeweils eine Entgeltgruppe höher eingruppiert. [2]Diese Eingruppierung ist jederzeit widerruflich.

Entgeltgruppe 1

1 Arbeitnehmer mit einfachsten Tätigkeiten[1]

Ausschließlichkeitskatalog

Entgeltgruppe 2

2 Arbeitnehmer mit einfachen Tätigkeiten

(Einfache Tätigkeiten sind vorwiegend mechanische Tätigkeiten, die eine Einarbeitung erfordern. Einarbeitung setzt die Vermittlung und Aneignung von Kenntnissen und Fertigkeiten voraus, um die Tätigkeiten sach- und fachgerecht ausüben zu können.)

Beispiele:

2.1 Reinigen von Werkstätten und Labors

2.2 Einfache Bürotätigkeiten (wie Führen von einfachen Listen, Mithilfe bei der Postabfertigung, Registratur, Fotokopieren)

2.3 Tätigkeiten als Bote

Entgeltgruppe 3

3 Arbeitnehmer mit Tätigkeiten, die eine eingehende fachliche Einarbeitung erfordern

Beispiele:

3.1 Tätigkeiten als Messgehilfe

3.2 Tätigkeiten als Zählerableser

3.3 Tätigkeiten als Pförtner

3.4 Tätigkeiten als Telefonist

---

[1] Die Tarifvertragsparteien sind sich einig, dass sie erstmals nach fünf Jahren nach Inkrafttreten des Tarifvertrages prüfen wollen, welche Auswirkungen sich hinsichtlich einfacherer Tätigkeiten aus der Einführung der Entgeltgruppe 1 ergeben.

Entgeltgruppe 4

4.1 Arbeitnehmer, die Tätigkeiten ausüben, die gründliche Fachkenntnisse erfordern

(Gründliche Fachkenntnisse erfordern nähere Kenntnisse von Gesetzen, Tarifbestimmungen usw. im Rahmen der auszuübenden Tätigkeiten)

sowie

4.2 Arbeitnehmer, die aufgrund ihrer Fähigkeiten oder Erfahrungen entsprechende gleichwertige Tätigkeiten ausüben

Beispiele:

15

4.3.1 Verwaltung von Lagern und Magazinen

4.3.2 Tätigkeiten als Fahrer von Kraftfahrzeugen

4.3.3 Tätigkeiten als Schreibkraft

4.3.4 Montagearbeiten in Netzen (Gas, Wasser, Fernheizung, Kabel, Freileitung)

Entgeltgruppe 5

5.1 Arbeitnehmer mit abgeschlossener Ausbildung in einem anerkannten Ausbildungsberuf und entsprechenden Tätigkeiten

sowie

5.2 Arbeitnehmer, die Tätigkeiten ausüben, die gründliche und vielseitige Fachkenntnisse erfordern

(Gründliche und vielseitige Fachkenntnisse erfordern gegenüber gründlichen Fachkenntnissen eine Erweiterung dem Umfang nach.)

sowie

5.3 Arbeitnehmer, die aufgrund ihrer Fähigkeiten oder Erfahrungen entsprechende gleichwertige Tätigkeiten ausüben

Beispiele:

5.4.1 Bedienen und Überwachen von Kraftwerksmaschinen

5.4.2 Tätigkeiten als Schaltwart

5.4.3 Tätigkeiten als Wasserwart

5.4.4 Tätigkeiten als geprüfter Kesselwärter

5.4.5 Tätigkeiten als Fahrer von Kraftfahrzeugen mit mehr als 7,5 t zulässigem Gesamtgewicht

5.4.6 Fahren und Bedienen von Spezialkraftfahrzeugen (wie Kraftfahrzeug mit komplizierten Arbeitsmaschinen)

5.4.7 Montagearbeiten in Netzen (Gas, Wasser, Fernheizung, Kabel, Freileitung)

5.4.8 Tätigkeiten als kaufmännischer Sachbearbeiter

15

Entgeltgruppe 6

6.1 Arbeitnehmer der Entgeltgruppe 5.1, die besonders hochwertige oder besonders vielseitige Tätigkeiten ausüben

(Besonders hochwertige Tätigkeiten erfordern hochwertiges fachliches Können sowie besondere Umsicht und Zuverlässigkeit. Besonders vielseitige Tätigkeiten erfordern vielseitiges fachliches Können und breitere Einsetzbarkeit.)

sowie

6.2 Arbeitnehmer, die Tätigkeiten ausüben, die gründliche und vielseitige Fachkenntnisse und mindestens zu einem Fünftel selbständige Leistungen erfordern

(Selbständige Leistungen erfordern ein den vorausgesetzten Fachkenntnissen entsprechendes selbständiges Erarbeiten eines Ergebnisses unter Entwicklung einer eigenen geistigen Initiative. Eine leichte geistige Arbeit kann diese Anforderung nicht erfüllen.)

sowie

6.3 Arbeitnehmer, die aufgrund ihrer Fähigkeiten oder Erfahrungen entsprechende gleichwertige Tätigkeiten ausüben

Beispiele:

6.4.1 Handwerks- und Industriemeister mit entsprechenden Tätigkeiten

6.4.2 Staatlich geprüfte Techniker mit entsprechenden Tätigkeiten

6.4.3 Technische Assistenten mit entsprechenden Tätigkeiten

Entgeltgruppe 7

7.1 Arbeitnehmer der Entgeltgruppe 6.1, die Tätigkeiten ausüben, die besondere Spezialkenntnisse erfordern

sowie

7.2 Arbeitnehmer, die Tätigkeiten ausüben, die gründliche und vielseitige Fachkenntnisse und selbständige Leistungen erfordern

sowie

7.3 Arbeitnehmer, die aufgrund ihrer Fähigkeiten oder Erfahrungen entsprechende gleichwertige Tätigkeiten ausüben

15

Beispiele:

7.4.1 Handwerks- und Industriemeister mit fachlicher Aufsicht über Handwerker oder Facharbeiter

7.4.2 Handwerks- und Industriemeister, die die Voraussetzungen der Ausbildereignungs-Verordnung erfüllen und in der Berufsausbildung entsprechend tätig sind

7.4.3 Komplizierte Instandhaltungs-, Reparatur- und Überholungsarbeiten an Hochspannungs- und Hochleistungsschaltgeräten oder leittechnischen Anlagen von mindestens 110 KV

7.4.4 Versorgungstechnische, vertragsrechtliche und energiewirtschaftliche Kundenberatung An- und Abfahren aller Kraftwerksanlagen und Eingreifen bei Störungen als Kraftwerker mit Kraftwerkerprüfung

Entgeltgruppe 8

8.1 Arbeitnehmer, deren Tätigkeiten sich durch das Maß ihrer Verantwortung erheblich aus der Entgeltgruppe 7.1 herausheben

sowie

8.2 Arbeitnehmer, die Tätigkeiten ausüben, die gründliche, umfassende Fachkenntnisse und selbständige Leistungen erfordern

(Gründliche, umfassende Fachkenntnisse bedeuten gegenüber gründlichen und vielseitigen Fachkenntnissen eine Steigerung der Tiefe und Breite nach.)

sowie

8.3 Arbeitnehmer, die aufgrund ihrer Fähigkeiten oder Erfahrungen entsprechende gleichwertige Tätigkeiten ausüben

Beispiele:

8.4.1 Handwerks- und Industriemeister, die große Arbeitsstätten (Bereiche, Werkstätten, Abteilungen oder Betriebe) fachlich beaufsichtigen, in denen Handwerker oder Facharbeiter beschäftigt sind

8.4.2 An- und Abfahren von Kraftwerksblöcken mit einer Leistung von mehr als 100 MW und Eingreifen bei Störungen als Kraftwerker mit Kraftwerkerprüfung

8.4.3 Erstellen von Kostenangeboten und Bearbeiten von Versorgungsanfragen in mehreren Energiesparten

8.4.4 Selbständiges Anfertigen, Ändern und Pflegen von DV-Programmen und DV-Programmbausteinen

15

Entgeltgruppe 9

9.1 Arbeitnehmer, deren Tätigkeiten sich dadurch aus der Entgeltgruppe 8.2 herausheben, dass sie besonders verantwortungsvoll sind

sowie

9.2 Arbeitnehmer mit abgeschlossener Fachhochschul- oder Bachelorausbildung und entsprechenden Tätigkeiten

sowie

9.3 Arbeitnehmer, die aufgrund ihrer Fähigkeiten oder Erfahrungen entsprechende gleichwertige Tätigkeiten ausüben

Beispiele:

9.4.1 Handwerks- und Industriemeister, die ausdrücklich zu Leitern von großen Arbeitsstätten, in denen Handwerker oder Facharbeiter beschäftigt sind, bestellt sind

9.4.2 Bau und Betrieb von Netzen einschließlich Personal- und Materialeinsatz

9.4.3 Abschließende Bearbeitung und Zuordnung von aktivierungspflichtigen und nichtaktivierungspflichtigen Aufträgen und deren Weiterberechnung

9.4.4 Abrechnung von schwierigen und speziellen Verträgen der Sonderabnehmer

9.4.5 Selbständiges Anfertigen, Ändern und Pflegen von DV-Programmen und DV-Programmbausteinen mittleren Schwierigkeitsgrades

Entgeltgruppe 10

10.1 Arbeitnehmer, deren Tätigkeiten sich durch besondere Schwierigkeit und Bedeutung aus der Entgeltgruppe 9.1 oder 9.2 herausheben

sowie

10.2 Arbeitnehmer, die aufgrund ihrer Fähigkeiten oder Erfahrungen entsprechende gleichwertige Tätigkeiten ausüben

15

Beispiele:

10.3.1 Versorgungstechnische, vertragsrechtliche und energiewirtschaftliche Kundenberatung der Sonderabnehmer

10.3.2 Kostenrechnungen, Kostenanalysen, Kalkulationen und Wirtschaftlichkeitsberechnung

10.3.3 Bearbeiten von schwierigen Aufgaben in der Finanz-/Anlagenbuchhaltung (Kontierungen, Wertberichtigungen und Abschreibungen) mit Jahresabschlussarbeiten (Bilanz, GuV)

10.3.4 Alleinverantwortliche Überwachung von Energieerzeugungsanlagen

10.3.5 Selbständiges Anfertigen, Ändern und Pflegen von DV-Programmen und EDV-Programmbausteinen hohen Schwierigkeitsgrades

10.3.6 Asset-Manager

10.3.7 Bilanzkreismanager

Entgeltgruppe 11

11.1 Arbeitnehmer mit abgeschlossener wissenschaftlicher Hochschulbildung und entsprechenden Tätigkeiten

sowie

11.2 Arbeitnehmer, deren Tätigkeiten sich durch das Maß der Verantwortung erheblich aus der Entgeltgruppe 10.1 herausheben

sowie

11.3 Arbeitnehmer, die aufgrund ihrer Fähigkeiten oder Erfahrungen entsprechende gleichwertige Tätigkeiten ausüben

15

Beispiele:

11.4.1 Ermittlung von bereichsübergreifenden Vergleichszahlen, Soll-/Ist-Vergleich und Abweichungsanalysen als Controller

11.4.2 Analysieren, Testen und Einführen von DV-Systemen und deren Wartung als DV-Organisator

11.4.3 Analysieren, Planen, Implementieren und Kontrollieren von Betriebssystemen von Standardsoftware als Systemprogrammierer

11.4.4 Bauleitung von besonders schwierigen Neu- und Erweiterungsbauten im Strom-, Gas-, Wasser- oder Fernwärmenetz

11.4.5 Entwurf, Vortrassierung und Ausschreibung von Leitungs- und Tiefbauprojekten im MS- und HS-Netz von besonderer Schwierigkeit

Entgeltgruppe 12

12.1 Arbeitnehmer mit abgeschlossener wissenschaftlicher Hochschulbildung nach einjähriger einschlägiger Berufsausübung und entsprechenden Tätigkeiten

sowie

12.2 Arbeitnehmer, die aufgrund ihrer Fähigkeiten oder Erfahrungen entsprechende gleichwertige Tätigkeiten ausüben

Entgeltgruppe 13

13.1 Arbeitnehmer mit abgeschlossener wissenschaftlicher Hochschulbildung und entsprechenden Tätigkeiten, deren Tätigkeiten sich durch besondere Schwierigkeit und Bedeutung aus der Entgeltgruppe 12.1 herausheben

sowie

13.2 Arbeitnehmer, die aufgrund ihrer Fähigkeiten oder Erfahrungen entsprechende gleichwertige Tätigkeiten ausüben

Entgeltgruppe 14

15

14.1 Arbeitnehmer mit abgeschlossener wissenschaftlicher Hochschulbildung und entsprechenden Tätigkeiten, deren Tätigkeiten sich durch das Maß der Verantwortung erheblich aus der Entgeltgruppe 13.1 herausheben

sowie

14.2 Arbeitnehmer, die aufgrund ihrer Fähigkeiten oder Erfahrungen entsprechende gleichwertige Tätigkeiten ausüben

Entgeltgruppe 15

15.1 Arbeitnehmer mit abgeschlossener wissenschaftlicher Hochschulbildung und entsprechenden Tätigkeiten, die sich erheblich aus der Entgeltgruppe 14.1 herausheben

sowie

15.2 Arbeitnehmer, die aufgrund ihrer Fähigkeiten oder Erfahrungen entsprechende gleichwertige Tätigkeiten ausüben.

Schlussbetrachtung

Das Eingruppierungsrecht des TV-V bewegt sich zwischen Reform und Kontinuität:

Neben der Grundsatzentscheidung für Beispielstätigkeiten, die die besonderen Tätigkeitsbereiche der Versorgungswirtschaft widerspiegeln und eine bewusste Abkehr vom BAT darstellen, treten viele langjährig bekannte Oberbegriffe, die mit gewissen Einschränkungen an die alte Rechtslage anknüpfen.

Wir hoffen, dass wir mit unserem Buch einen Beitrag zur sicheren Anwendung des TV-V gegeben und den Leserinnen und Lesern Hilfe und Sicherheit für die Praxis der Eingruppierung vermittelt haben.

Gleichzeitig schließen wir eine Lücke in der Literatur, die dieses Thema nur verkürzt und am Rande anspricht, wobei zum Teil pauschal auf Rechtssätze verwiesen wird, die keine Anwendung mehr finden.

Als Autoren freuen wir uns selbstverständlich über Ihr direktes Feedback: kritische Anregungen, Nachfragen oder Erfahrungsberichte. Sie erreichen uns über das Institut für Personalwirtschaft (IPW) GmbH in Fulda:

www.ipw-fulda.de

Wir wünschen Ihnen viel Erfolg bei der Eingruppierung!

16

Literaturhinweise

Ansorge, D./Götz, H./Lentz, A.: Fachlexikon Bautechnik und Baurecht, Köln 2009

Bauer, J./Bockholt, M.: Eingruppierung im öffentlichen Dienst, Köln 2010

Berkowsky, W.: Die betriebsbedingte Kündigung, München 2002

Breier, A./Dassau, A./Faber, B.: TVöD Eingruppierung in der Praxis, Heidelberg/München/Landsberg/Frechen/Hamburg, Stand: Juli 2014

Brockhaus: Enzyklopädie (elektronische Ressource), Mannheim 2003

Brunhöber, H.: Das Weisungsrecht im Arbeitsverhältnis, Berlin 2006

Creifelds, C.: Rechtswörterbuch, München 2011

Dassau, A./Wiesend-Rothbrust, E.: TVöD-Kompaktkommentar, Heidelberg/München/Landsberg/Berlin 2006

Duden: Deutsches Universalwörterbuch, hrsg. von der Dudenredaktion, Mannheim/Leipzig 2011

Duden: Informatik A-Z, hrsg. von der Dudenredaktion, Mannheim 2006

Fitting, K.: Betriebsverfassungsgesetz, München 2010

Herzberg, B./Schlusen, R.: Tarifvertrag Versorgungsbetriebe, Köln, Stand: Oktober 2014

Hofmann, H./Reidelbach, D.: Tarifrecht im öffentlichen Dienst, Eingruppierung von A-Z, TVöD, TV-L, Köln, Stand: April 2011

Hoffmann, M.: Der Tarifvertrag Versorgungsbetriebe (TV-V) vom 5. Oktober 2000, ZTR 2001, S. 54–64

Hofstetter, S.: Stellenbeschreibungen für die Personalpraxis, Zürich 2009

Jahn, H.: Gestufte Studiengänge an deutschen Hochschulen, in: Welbers, U. (Hrsg.): Studienreform mit Bachelor und Master, Bielefeld 2003, S. 128–142

Knebel, H./Schneider, H.: Die Stellenbeschreibung, Hamburg 2012

Kollmer, N.: Arbeitsschutzgesetz und -verordnungen, München 2008

Krasemann, K.: Das Eingruppierungsrecht des BAT/BAT-O, Frankfurt am Main 2005

Kraus, M.: Lexikon der Energiewirtschaft, Köln 2004

Larenz, K.: Methodenlehre der Rechtswissenschaft, Berlin/Heidelberg/New York/London/Paris/Tokyo/Hongkong/Barcelona/Budapest 1991

Mentzel, W.: Personalentwicklung, München 2012

Olfert, K.: Lexikon der Betriebswirtschaftslehre, Ludwigshafen 2011

Reich, A.: Hochschulrahmengesetz, Bad Honnef 2012

Repkewitz, U./Richter, A.: Personalrecht A-Z, Handbuch für den öffentlichen Dienst, Köln, Stand: März 2015

17

Richter, A./Gamisch, A.: Das Eingruppierungsrecht der Wasserwirtschaft, gwf 2011, S. 606–616

Richter, A./Gamisch, A.: Das gesamte Eingruppierungsrecht für den öffentlichen Dienst, Regensburg, Stand: Februar 2015 (zit. als gEG)

Richter, A./Gamisch, A.: Das Stelleninterview als Instrument der Eingruppierung, RiA 2007, S. 145–151

Richter, A./Gamisch, A.: Das Stelleninterview zur Eingruppierung, Regensburg 2011 (zit. als StI)

Richter, A./Gamisch, A.: Der gescheiterte Weg zum Insourcing? – Die neue Entgeltgruppe 1 im öffentlichen Dienst, AuA 2009, S. 360–363

Richter, A./Gamisch, A.: Die Alternative zum Stelleninterview – Das Training und Coaching der Führungskräfte, RiA 2010, S. 97–103

Richter, A./Gamisch, A.: Die neue Entgeltordnung erfolgreich vorbereiten, Köln 2010 (zit. als NEO)

Richter, A./Gamisch, A.: Die neuen Hochschulabschlüsse Bachelor und Master im Eingruppierungsrecht des öffentlichen Dienstes, RiA 2009, S. 97–103

Richter, A./Gamisch, A.: Die Stellenbewertungskommission als Instrument der Eingruppierung, RiA 2007, S. 241–246

Richter, A./Gamisch, A.: Grundlagen der Eingruppierung TVöD und TV-L, Regensburg 2014 (zit. als Grundlagen)

Richter, A./Gamisch, A.: Tarifliche Ansprüche auf Weiterbildung, AuA 2007, S. 95–98

Richter, A./Gamisch, A.: Training und Coaching der Führungskräfte oder Stelleninterview – Königsweg zur Stellenbeschreibung, AuA 2011, S. 42–45

Richter, A./Gamisch, A.: Was kosten Stellenbeschreibungen im öffentlichen Dienst wirklich? – Richtig sparen, AuA 2010, S. 110–113

Richter, A./Gamisch, A.: Zeitanteile im Tarifrecht – ihre Ermittlung und Relevanz für die Eingruppierung, RiA 2008, S. 241–248

Richter, A./Gamisch, A./Mohr, T.: Stellenbeschreibung für den öffentlichen und kirchlichen Dienst, Regensburg 2015 (zit. als StB)

Schaefer, H. (Hrsg.): VDI-Lexikon Energietechnik, Düsseldorf 1994

Schwarz-Hahn, S./Rehburg, M.: Bachelor und Master in Deutschland, Empirische Befunde zur Studienstrukturreform, Kassel 2003

Schwintowski, H.: Juristische Methodenlehre, Frankfurt am Main 2005

Siemann, C.: Abschied von Diplom, Staatsexamen und Magister – Bachelor und Master, AuA 1/2005, S. 32–34

Waldeyer, H.: Die laufbahnrechtliche Einordnung der Studienabschlüsse der Universitäten und allgemeinen Fachhochschulen, ZBR 2003, S. 17–28

Wöhe, G./Döring, U.: Einführung in die Allgemeine Betriebswirtschaftslehre, München 2013

17

Stichwortverzeichnis

Stichwortverzeichnis

17

17

Stichwortverzeichnis

17